CHIC
清洁供热产业委员会
CleanHeatingIndustryCommittee

中国清洁供热产业发展报告

CHINA CLEAN HEATING INDUSTRY DEVELOPMENT REPORT 2019

清洁供热产业委员会（CHIC）编写

2019

主编◎周宏春

副主编◎李长征　周　春　等

中国经济出版社
CHINA ECONOMIC PUBLISHING HOUSE
北　京

图书在版编目（CIP）数据

中国清洁供热产业发展报告.2019／清洁供热产业
委员会（CHIC）编写；周宏春主编.
—北京：中国经济出版社，2019.5
ISBN 978-7-5136-5654-2

Ⅰ.①中… Ⅱ.①清… ②周… Ⅲ.①无污染能源—供热
工程—产业发展—研究报告—中国—2019 Ⅳ.①F426.9

中国版本图书馆 CIP 数据核字（2019）第 073584 号

责任编辑 张 巍
责任印制 马小宾
封面设计 华子图文

出版发行 中国经济出版社
印 刷 者 北京艾普海德印刷有限公司
经 销 者 各地新华书店
开 本 710mm×1000mm 1/16
印 张 16.75
字 数 248 千字
版 次 2019 年 5 月第 1 版
印 次 2019 年 5 月第 1 次
定 价 168.00 元
广告经营许可证 京西工商广字第 8179 号

中国经济出版社 **网址** www.economyph.com **社址** 北京市西城区百万庄北街 3 号 **邮编** 100037

本版图书如存在印装质量问题，请与本社发行中心联系调换（联系电话：010-68330607）

指导委员会

刘燕华 国务院参事、国家应对气候变化专家委员会主任、科技部原副部长

江　亿 中国工程院院士、清华大学建筑节能研究中心主任

徐锭明 国务院参事、国家发改委能源局原局长

武　涌 中国建筑节能协会会长、住房和城乡建设部建筑节能与科技司原巡视员

白荣春 原国家经贸委资源节约与综合利用司司长

周长益 工业和信息化部节能与综合利用司原司长

戴彦德 国家发展和改革委员会能源研究所原所长

编写委员会

主　编 周宏春

副主编 李长征　周　春　戴铁军　刘　斌　刘云飞　李华林　刘相东　刘　森

编　委 张　亮　郑忠海　范晓虹　胡恒松　张佳思　江庆勇　公丕芹　韩瑞娇　娄　怡　罗彬铭　周　琼　张　学　綦升辉　石恒臣　王　佳　盖笑婷　董鲁丹

鸣　谢

招银金融租赁有限公司

北京亿玮坤节能技术有限公司

森创智想（北京）科技有限公司

序言

PREFACE

发展清洁供热产业大有可为

发展清洁供热产业是一个涉及热源多元化、输配高效化、用户集约化、管理智能化、成本可承受、群众要满意的系统工程。2016 年 12 月，习近平总书记在中央财经领导小组第十四次会议上指出，推进北方地区冬季清洁取暖是重大的民生工程、民心工程，关系北方地区广大群众温暖过冬，关系雾霾天能不能减少；是能源生产和消费革命、农村生活方式革命的重要内容。近年来，北方地区坚持企业为主、政府推动、居民可承受的方针，编制专项规划，宜气则气、宜电则电、宜煤则煤、宜热则热、因地制宜，有效利用工业余热资源，大力发展可再生能源供热，取消散煤取暖，淘汰燃煤小锅炉，加快老旧热网改造，提高建筑节能低碳水平，以打好蓝天保卫战，让群众享受更多的蓝天白云，迈向生产发展、生活富裕、生态良好的全面小康社会。

清洁供热工程，是城乡公用市政设施之一，根本目的是为居民生产生活创造一个“温度适宜”的环境。从经济学角度看，清洁供热工程具有自然垄断性，是准公共物品，因为供热工程建设具有排他性特点，而供热管网则希望得到最大的利用，即管网利用上具有非排他性。从需求角度看，供热是气候寒冷和严寒地区居民的生存型需求，而南方夏季用空调、气候过渡带地区冬季“烤火”则属于居民生活的改善型需求。从发展目标看，满足居民冬暖夏凉的需求是我国可持续发展的出发点和落脚点。从管理角度看，供热行为主体涉及中央、省（市、区）、县（区）政府和供热企业，是地方或城镇事权。中央及省（市、区）政府主管部门应当进行宏观管理，县（区）政府进行直接管理。

散煤取暖替代工作取得积极进展。2017 年，各地从优化热源出发，利用污水/河水源热泵、浅层地热能、空气能、低品位工业余热、生物质能、太阳能、电能、天然气能等清洁热源，探索形成了清洁利用燃煤、多源互补、冷热联供等不同的散煤取暖替代模式，并形成了新产业、新业态。全国共完成“煤改气”“煤改电”578 万户，其中京津冀及周边地区完成以电和气代煤 394 万多户，削减散煤消耗约 1000 万吨，淘汰燃煤小锅炉 5.6 万多台。在充分肯定成绩的同时，也应当清醒地认识到，在一些地方推进清洁供热产业发展的过程中存在不可忽视的问题。为促进清洁供热产业可持续发展，提出如下建议：

一是准确定位清洁供热产业。清洁供热工程具有公益性，应发挥市场配置供热资源的基础性作用和政府的指导性作用。保证供热安全是政府和企业提供准公共物品的要求，避免出现供热管道破裂、居民因取暖发生煤气中毒等问题。要削减煤炭特别是散煤的使用，降低供热产生的污染物排放以便“蓝天常在”。要优化供热热源结构，推进工业余热、生物质能、太阳能、风能等的开发利用，提高供热热源利用效率，增加低碳能源利用，降低污染物和温室气体排放强度。依据用户信息、室内外温度差等因素自动调节室温，促进供暖行业节能低碳减排和管理智能化。在满足居民生存需求的同时，也要不断满足居民改善性需求，为居民提供冬暖夏凉的室温，满足居民群众舒适化、个性化需求，因此，供暖方式要因地制宜。

二是加强顶层设计。虽然中央和地方相关部门已经出台了政策、规划，但代煤思路、热源占比、技术路线等重大问题并未形成共识。因此必须加强顶层设计，构建“安全、高效、清洁、经济”的供热系统应当成为代煤工作的目标。安全，要求供热减少或尽可能不出事故；高效，要求供热节能低碳或能源利用效率最大化；清洁，要求供热产生的环境不利影响最小化；经济，要求以居民可承受的成本温暖过冬。热源选择，应遵循宜电则电、宜气则气、宜煤则煤、宜热则热、因地制宜的原则；在各地推进过程中，应做到多能互补、梯级利用、品位对口、洁净煤技术有效运用、供热智能化，以技术可行、能耗较少、环境友好、经济合理的途径为用户提供所需热量。

三是采取正确办法推进代煤工作。应统筹规划，推广先进适用技术、成熟经验和商业模式。余热供热、热电联产、水源气源热泵等可作为清洁供热的优先选择；垃圾发电余热利用，不仅可以“变废为宝”，也是变“邻避”为“邻利”的重要举措；实现热源供应—智能化管理—建筑节能低碳一体化，是提高供热节能低碳减排水平的重要保证。利用现有电厂（包括燃煤电厂、垃圾焚烧发电厂）余热为主，辅以钢厂、化工厂等工业余热，可收节能减排之效。据清华大学的有关估算，对“2＋26”城市50亿平方米供热需求，电厂余热供热25亿平方米，工业余热供热3亿平方米，燃煤热电联产供热5亿平方米，天然气调峰供热8亿平方米（20%燃气调峰），可比原来规划方案运行成本减少72%，减少大气污染物排放78%，减少天然气用量320亿立方米。

四是增强电供热的科学化。一方面，电直供热的效果是“先暖房后暖墙”，升温降温均很快。空调、电热缆等直热式可以用于更小面积（如一个房间）的供热，实现按需供热，也只适合于分布式供热。另一方面，电直供热不应该也没有必要采用传统的大型集中供热方式，尤其是在农村。电驱动热泵（空气源、水源、地源热泵等）能源转换效率较高，热效率经过发电和供热效率COP＝3的两次转化，一次能源利用效率在1.2左右甚至更高，更适宜用于分散式供热。此外，煤制气用于供热并非好的选择，因为增加能源转化环节势必增加能耗和污染物排放。

五是重视协同效应。不能“一刀切”地推进煤改气，农村可以从型煤和高效无烟燃煤炉供热入手，并对散煤生产流通和使用**严加监管**。代煤工作应有群众的广泛参与，充分听取群众意见，以提高群众的满意度为考核目标。推动清洁供热或散煤替代工作势必要增加政府的财政支出，也会增加群众负担。既要蓝天白云、空气质量好，又要室内灰尘少、温暖过冬，实现节能环保的有机统一，增加支出是可以理解的，但应当充分考虑群众的承受能力，让群众的满意度和幸福感明显增强。

六是完善相关政策。完善最低价中标政策，例如增加约束条件，最低价由成本加一定利润构成；禁止转让，工程建成后在显眼位置标注施工单位，防止短期行为。分户热计量虽然可以提高热效率，但将国外的按幢计量改变为我国按户热计量，不少居民买了热表却没用上。可以按楼、按单元进行热计量，以减少希望温暖过冬而又不愿付费的“蹭热”行为。对自行调节室温的家庭可在基础热价不低于一定比例下核减。供热产业发展离不开资金支持，应拓展渠道，吸引社会资金进入。对于炒作供热工程而不运行，甚至导致运行质量下降、成本上升的情形，应加强监督管理，以确保供热工程的可持续运行。

由中国清洁供热产业委员会（CHIC）组织，国务院发展研究中心周宏春研究员领衔编制的《中国清洁供热产业发展报告2019》，分七篇约20万字，讨论了清洁供热的内涵、分析了清洁供热产业发展现状；梳理了国家和地方的产业政策、规划，重点介绍了规划目标、政策重点和清洁供热试点城市实施内容；描述了区域供暖从1.0到4.0的变化特征，重点讨论了热电联产和煤炭清洁利用、工业余热、空气能、地热、生物质能、核能等供热热源的清洁利用技术；对不同供热方式和技术进行了技术经济评价，并提出指标体系和评价指标运用愿景；从新型供热技术，合同能源管理，部门职能及分工、监管等方面开展了清洁供热产业的管理体制机制的研究；对清洁供热产业发展的投融资方式，包括银行贷款、融资租赁、绿色债券、资产证券化、PPP等进行了简要而全面分析，并展示了技术和投融资的大量案例。

清洁供热作为一个新兴的万亿产业，已经吸引了清洁供热企业、产品设备生产商、节能环保服务公司、工程设计公司、金融机构、科研院所等产业链相关的7700多家企事业单位参与。作为中国清洁供热行业协会组织——清洁供热产业委员会（CHIC）将在政策研究、标准制定、品牌宣传、技术推广、能力建设、国内外交流等方面发挥“平台、桥梁和窗口”作用，规范和引领中国清洁供热产业健康稳定发展。

总之，《中国清洁供热产业报告2019》内容丰富，视野开阔，逻辑清晰，涉及政策、技术、管理、投融资，以及政府、企业、用户等方方面面。既有政策梳理也有技术路线，既有理论阐述也有实践呈现，既有技术剖析也有案例展示，是我国第一部清洁供热产业发展的年度报告，可以供政策制定者、企业经营管理者和产业研究者阅读参考。

刘燕华

国务院参事、科技部原副部长

国家气候变化专家委员会主任

内容提要

ABSTRACT

“打赢蓝天保卫战”、向散煤污染亮剑，既是近年来的清洁供热工作重点，也是清洁供热产业发展和散煤替代工作推进的基本要求。随着全国人民生活水平的提高，对改善居住温度环境的诉求也在不断增加。因此，推进安全舒适、清洁环保、节能低碳、经济便利的供暖供冷，让群众有个冬暖夏凉的居住环境，提高群众的满意度和幸福感成为清洁供热的目标。

一、系统总结了我国清洁供热产业发展状况

清洁供热相关政策陆续出台。2016 年 12 月，中央财经领导小组第十四次会议决定推进北方地区冬季清洁取暖，要求坚持企业为主、政府推动、居民可承受的方针，宜气则气、宜电则电，加快提高清洁供热比重。李克强总理在 2017 年政府工作报告中提出，坚决打好蓝天保卫战，全面实施散煤综合治理，全面淘汰地级以上城市建成区燃煤小锅炉。各有关部委联合行动，编制专项规划，明确相关目标，推进燃煤热源清洁化，因地制宜推进天然气和电供热，大力发展可再生能源供热，有效利用工业余热资源，全面取消散煤取暖，加快供热老旧管网设施改造，大力提高热用户端能效等。

报告系统总结了我国清洁供热产业发展现状，包括我国 19 个省份、313 个城市的集中供热情况，供热总面积、集中供暖管道，各种热源及其相应的供热面积，2008 年以来的供暖投资及其增长情况，供热能耗和污染物排放，两批国家清洁供热试点城市及其进展，勾画了我国清洁供热产业的总体轮廓。

散煤替代取得积极进展。在中央政府大力推动下，各级地方人民政府将清洁取暖工作当作一项重要的政治任务、民生任务、紧要任务加以推动。2017 年全国共完成“煤改气”“煤改电”578 万户，其中京津冀及周边地区完成以电、以气代煤 394 万多户，削减散煤消耗约 1000 万吨，淘汰燃煤小锅炉 5.6 万多台。各地从优化热源出发，探索形成了不同的煤改模式。既有利用污水/河水源热泵、浅层地热能、空气能、低品位工业余热、生物质能、太阳能、电能、天然气能等清洁热源的煤改模式，也有清洁利用燃煤的煤改模式，以及多种能源互补、暖/冷/热水联供等清洁供热新业态。

报告认为，应统筹规划，推广先进适用技术、成熟经验和商业模式。煤改气或散煤替代工作的推进顺序是建筑节能、供暖、供热。随着我国城镇化的快速推进，转型升级成为重要方向，建筑能耗将不断增加，占比随之迅速提高，必须将建筑节能放在重要位置；在逐步解决供暖这一生存性需求后，应将供热提到议事日程。在热源选择上应当因地制宜、就地取材、多能互补，热电联产、工业余热、水源气源热泵等可作为集中供热的优先选择；地热能由于其安全可靠、运行独立、无缝对接、柔性服务而应得到尽可能的利用；垃圾发电余热利用，不仅“变废为宝”也是变“邻避”为“邻利”的重要举措。实现热源供应保障—智能化管理—建筑节能一体化，是提高供暖节能减排水平的重大举措。在供热方式上应当坚持工业与民用相结合，供热与供冷相结合，集中与分散相结合，大型与小型相结合，固定与移动相结合，供能与储能相结合；在供热/冷服务上，应坚持人性化、个性化、柔性化和智能化。以利用现有电厂（包括燃煤电厂、垃圾焚烧发电厂）余热为主，辅以钢厂、化工厂等工业余热，可以收到节能减排之成效。

二、各地散煤替代工作中存在的问题不应忽视

在充分肯定成绩的同时，也不容否认推进供暖散煤替代工作存在以下问题：

一是缺乏顶层设计。虽然国家相关部门出台了规划、政策，大力推进冬季供热的“煤改气”，但是在供热热源选择（各种热源大致占多大比例）、技术路线、经济成本、清洁供热目标，以及随着我国经济发展和居民收入的提高南方地区供热怎么办、为什么只是在冬季供热等一些方向性、原则性问题上缺乏足够的研究基础支撑，也没有形成共识；各地在推进散煤替代工作中没有因地制宜，甚至出现违背科学的蛮干、大干快上的情形。

二是政策执行走样。一些地方将“宜电则电、宜气则气、宜煤则煤”原则片面理解为“煤改气、改电”优先；一些地方采用变了味的“最低价中标”政策，出现了“大马拉小车”或“小材大用”问题，一些供热工程不能投入运行，甚至发生了爆炸事故；一些地方的散煤替代工程承建企业缺乏经验，或因资金不足而成为“半拉子工程”；一些地方对企业缺乏必要监督，甚至与企业构成“利益共同体”，没有收到让群众温暖过冬的预期效果。

三是技术路线不当。一些地方将热效率在95%以上的热电厂炸掉，或将供热中心建在远离用热的地方，不仅降低了热电联产效率，也因为增设输热管道而提高了成本。一些地方盲目推进电锅炉（蓄热）等集中供热设施或发热电缆、电热膜、蓄热电暖器等分散式电供热设施的供热，热效率不足40%。一些部门对不保暖、没有人正常住、甚至要拆掉的农村住房也分配煤改指标，并宣称完成了这些住房的煤改任务，浪费了大量资金。

四是对农民的承受能力考虑不够。财新社记者调查发现，河北煤改地区的群众负担增加了几倍，还存在煤改气烧不起、烧不暖的情形。一些地方不顾资源国情，强推我国资源并不丰富的天然气作为供热热源，层层加码的指标、未经论证的匆忙施工不仅影响了群众日常生活，改变了北方农村“一家人热炕头”的乡土文化，甚至增加了群众不满情绪。

上述问题，均需要我们在未来的清洁供热产业发展中加以解决。

三、报告框架及主要内容

《中国清洁供热产业发展报告2019》分七篇约24万余字。综合篇和案例篇是贯通性、综合性的，其他各篇是相互独立、自成体系的。下面，扼要介绍其中的主要内容。

第一篇：综合篇。讨论了清洁供热的内涵，主要指冬季供暖及夏季供冷，覆盖清洁化能源供应、管网输配（集中供暖不可或缺的环节）及终端利用全环节，涉及工业、农业及建筑等所有生产生活场所。分析了清洁供热产业发展现状和存在的问题，对涉及供热的企业进行分析，并提出发展清洁供热产业对于提高能源效率、减少污染物和温室气体排放，满足居民温暖过冬的同时实现天蓝地绿水清的环境目标，具有重大的现实意义。

第二篇：政策篇。梳理了国家和地方的产业政策、规划，中央和地方各级政府制定出台的数十项政策。依据中央政策导向，各供热地区也相应发布规划、政策和措施，对推进清洁供热产业发展、保障并增进人民福祉发挥了至关重要的作用。还重点介绍了规划中提出的各类目标、政策重点和清洁供热试点城市等内容，并提出了未来政策应关注的问题。

第三篇：技术篇。描述了区域供暖系统从 1.0 到 4.0 的变化及其主要特征；讨论了现有清洁供热技术，从热源出发对城乡供热技术进行分类；并从燃煤热电联产及煤炭高效清洁利用，工业余热，天然气（“煤改气”），空气源热泵、水源热泵、浅层地源热泵，中深层地热能，太阳能，生物质能及垃圾焚烧供热，核能等方面分别加以阐述，可以为各地供热技术路线的选择提供参考。

第四篇：评价篇。本篇首先从项目评优和企业评级两个视角展开，对现有技术路线和案例进行经济性分析，从不同目的出发给出现有供热技术排序；提出了构建评价指标体系的考虑因素，在此基础上构建了评价指标体系和评价方法，并明确了应用场景，从而为项目和企业的合理评估奠定基础。

第五篇：管理篇。由于供热设施的自然垄断性和公共物品属性，清洁供热既需要政府的规划、监督和管理以及建筑节能保暖改造，这些均是提高政府部门管理能力、实现管理能力现代化的重要内容；也需要发挥市场配置资源的决定性作用，以提高清洁供热效率，实现安全、清洁、节能、经济、舒适的清洁供热产业发展目标。本篇还从新型供热技术，合同能源管理，部门职能及分工、监管等方面，对清洁供热产业管理进行了介绍。

第六篇：融资篇。促进清洁供热产业绿色发展和高质量发展离不开资金支持。本篇以清洁供热产业投融资工具为核心，对投融资方式包括银行贷款、融资租赁、绿色债券、资产证券化、PPP 等进行了简要而全面分析，并展示了技术和投融资的大量案例，可以为投融资机构、清洁供热企业的相关决策提供借鉴。

第七篇：案例篇。介绍了 15 个较有代表性的清洁供热项目，既有利用污水/河水热能、浅层地热能、空气能、低品位工业余热能、生物质能、太阳能、电能、天然气等清洁热源项目，也有传统热源的煤炭清洁利用项目，可以作为推进清洁供热工程的实施借鉴。

目录

CONTENTS

第一篇　综合篇

第二篇　政策篇

第三篇　技术篇

第四篇 评价篇

第五篇 管理篇

第六篇　融资篇

第七篇　案例篇

清洁供热产业委员会
CleanHeatingIndustryCommittee

第一篇　综合篇

产业核心数据：据清洁供热产业委员会（CHIC）不完全统计，截至2017年底我国北方地区供热总面积232亿平方米（城镇供热面积159亿平方米，农村供热面积73亿平方米），其中41%实现了清洁供热，面积达到95亿平方米。全国涉及清洁供热的企业7700家，实现总收入8200亿元，从业人员超过110万人，为稳定社会就业、促进经济发展、建设美丽中国发挥了重要作用。

清洁供热产业覆盖热水（蒸汽）生产和供应。除标明全口径外，本报告的清洁供热主要指冬季供暖及夏季供冷，覆盖清洁化能源供应、管网输配（集中供暖不可或缺的环节）及终端利用全环节，涉及工业、农业及建筑等所有生产生活场所。

本报告提出清洁供热权威定义，诠释清洁供热内涵外延，分析清洁供热产业及企业发展现状，产业组成及技术路线，对提高能源效率、减少污染物和温室气体排放，在满足居民温暖过冬的同时实现天蓝地绿水清的环境目标，具有重大的现实意义。

一、清洁供热产业概论

1. 清洁供热定义

清洁供热不仅仅是使用清洁化能源供热，而是指热能生产、管网输配及用户使用全过程的节能清洁环保。具体要求实现“五化”，即能源效率最大化、环境污染最小化、热能使用安全化、建筑节能低碳化及室内温度舒适化。随着我国城镇化的快速推进，建筑能耗增加不可避免，建筑能耗占比也将迅速提高，将建筑节能放在重要位置势在必行。在逐步解决供暖这一生存性需求后，应将供热提到议事日程。推进顺序应当是建筑节能、供暖、供热。

所谓清洁供热，是指因地制宜使用清洁化能源（热源），直接或通过高效输配管网为热用户提供安全、绿色、经济热能的供热方式，其实质是热能的生产、输配及使用的全过程实现节能清洁环保。清洁化能源主要指天然气、电、地热、生物质、太阳能、风能、空气能、工业余热、煤炭清洁利用及核能等能源。热用户涵盖工业、农业及建筑等所有生产、生活场所。

清洁供热定义有广义和狭义之分：

广义的清洁供热，是指工业、农业和建筑等所有生产生活场所供应热水和蒸汽的供热方式。主要是指因地制宜使用清洁化能源（热源），直接或通过高效输配管网为热用户提供绿色、经济热能的供热方式。不仅涉及清洁化能源（热源）、高效输配管网（热网）、节能建筑（热用户）等全过程，还包含供热之外的方案设计、融资服务、节能改造、工程施工、精细管理及智慧运营等环节。

狭义的清洁供热，主要是建筑清洁供暖，是指高效利用天然气、电、地热、生物质、太阳能、风能、空气能、工业余热、燃煤清洁利用及核能等清洁化能源（热源），直接或通过高效输配管网（热网）为节能建筑（热用户）提供绿色、经济热能的供暖方式。

从供热方式上看，清洁供热分为集中清洁供热、区域清洁供热和单体清洁供热等。

从供热用途上看，清洁供热分为清洁供暖、清洁供冷和清洁供蒸汽等。

2. 清洁供热范围

清洁供热产业覆盖源头、生产过程和末端（如图 1 - 1），包括技术路线、装备生产、规划建设、运行管理和提供就业机会等方面，不仅关注技术路线也关注产业发展、社会福祉和环境效益。从技术上看，清洁供热产业不仅要求热源清洁化，还要求供热过程中的污染物排放尽可能少、能源利用效率尽可能高、提供的就业机会多，以及用户建筑物节能保暖等。

清洁供热产业，从产业链来看大致分为上游、中游和下游。上游行业为能源供应及装备制造。能源供应包括天然气、电、清洁燃煤、地热、生

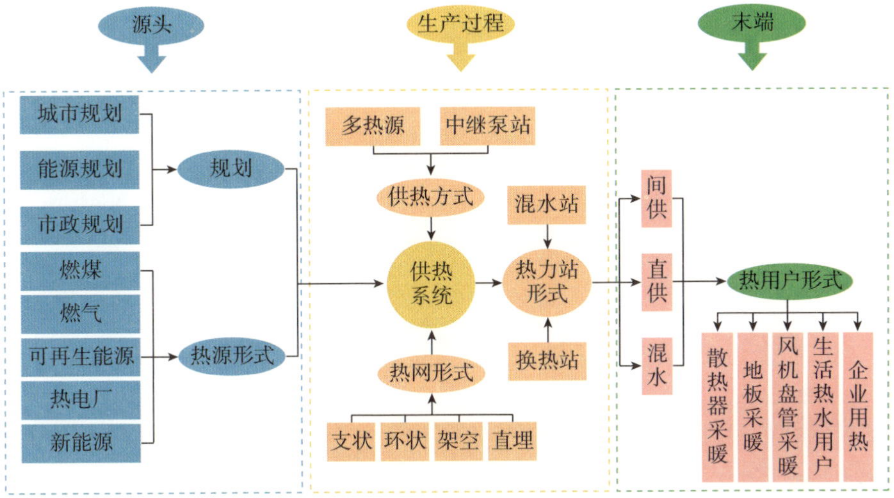

图 1-1 清洁供热产业全生命周期示意图

物质、工业余热、太阳能等，设备制造包括热电站、光伏系统、热泵系统、储能等设备的设计制造。设备提供商处于多元化竞争态势，行业细分领域均有多家设备供应商，并呈现分散化、小型化趋势。

中游主要覆盖热力生产和供应，包括热电联产、集中供热、区域能源供应、分布式能源以及供热管网和配热站的规划、建设、运营维护等。从中游看，城市热力公司承担公共服务职能，大多需要公共财政补贴，通常采用锅炉集中供热，热源分散、供热效率低、经营管理粗放，属于高耗能、高污染、低效率的企业。新时代，大量清洁供热企业和资本涌入传统供热市场，央企、地方国企、上市公司也开始前瞻性布局，开展清洁供热业务。传统供热企业面临转型升级的挑战，各种供热模式应运而生。

从行业下游来看，主要供热管网属于城市基础设施，一般由政府规划建设至用热终端（如小区、工业园区），用热终端管网一般由热力公司建设、安装运营并收取接网费。下游热量消费包括居民消费、工业消费、公用建筑消费等。

清洁供热产业的细分领域，如图 1-2 所示。

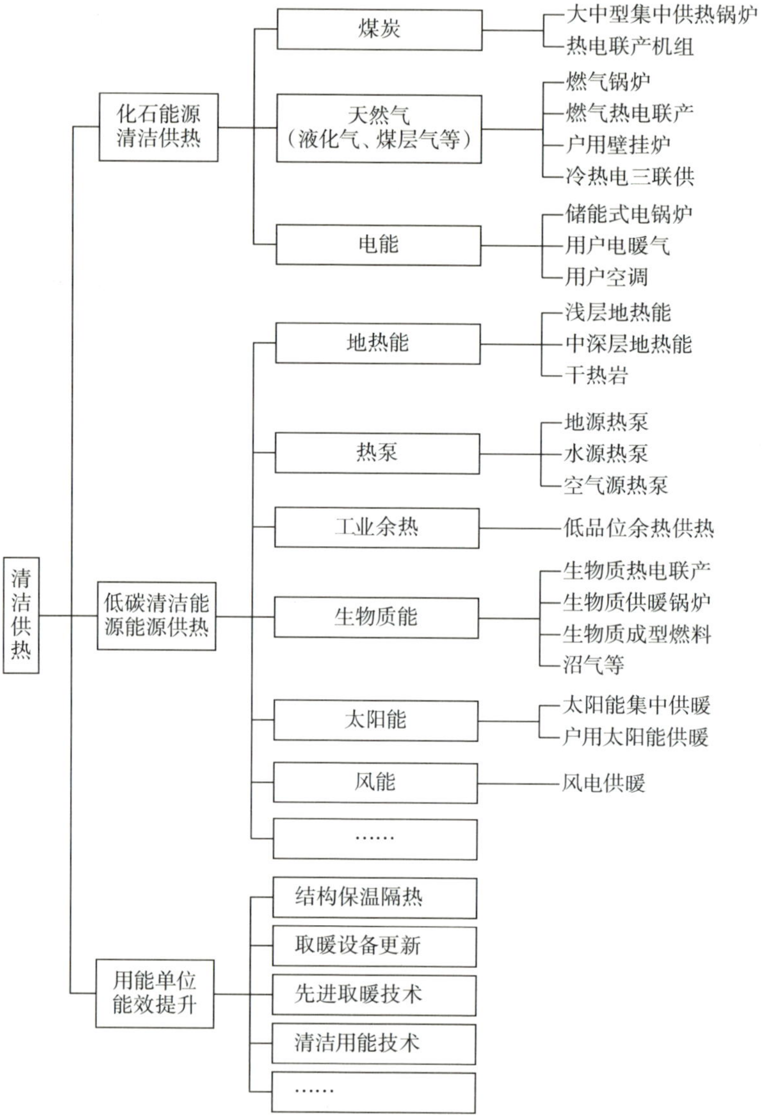

图 1－2　清洁供热产业覆盖领域示意图

二、清洁供热产业发展现状

2017 年，清洁取暖上升为国家战略，成为党中央、国务院关注的重大民生工程之一。国家发改委、财政部、住建部等部门陆续出台了产业发展规划、财政奖补资金等支持政策，综合利用行政手段、财税政策、价格保障、绿色金融、市场机制等推动清洁供热产业加快发展，中国清洁供热产业迎来了宝贵的历史机遇期。

据清洁供热产业委员会（CHIC）不完全统计，截至2017年底，我国北方地区供热总面积232亿平方米（城镇供热面积159亿平方米，农村供热面积73亿平方米），其中41%实现了清洁供热，面积达到95亿平方米。全国涉及清洁供热的企业7700家，从业人员超过110万人，实现总收入8200亿元，为稳定社会就业、促进经济发展、建设美丽中国发挥了重要作用。

1. 供热行业总体概况

（1）北方城乡供热

2016年，北方地区城镇集中供热面积约91.4亿平方米。其中城市占比80%，可见城市集中供热在我国北方集中供热中占主体地位；小城镇占比20%，相比2006年的小城镇占比12.8%有显著提升，可见近年来我国小城镇集中供热发展迅速。《中国统计年鉴》中给出的集中供热面积，仅统计了经营性集中供热系统的供暖面积，实际上还存在大量的非经营性集中供热系统的供暖面积。例如高校、部队、机关大院以及一些大型企业自己的独立供热管理团队来运营的集中供暖系统，由于各种原因并未被有关部门统计。

在《中国统计年鉴》中给出的集中供热面积的基础上，考虑加入非经营性集中供暖面积，修正后得到北方城镇地区2016年集中供热面积约为110亿平方米，集中供热率为84.5%，相对于2013年76.6%的集中供热率有明显提升。

（2）全国城市集中供热

《中国统计年鉴（2018）》对我国19个省份、313个城市的集中供热情况进行了统计（如图1-3）。山东省集中供暖的城市最多，为44个，其次是河北和黑龙江，均有31个城市涉及。需要说明的是，北京、天津是作为一个城市统计的，这是排位接近末尾的原因。而贵州、西藏则是由于自然地理和气候等方面的原因，仅在六盘水和拉萨建设了集中供热项目。

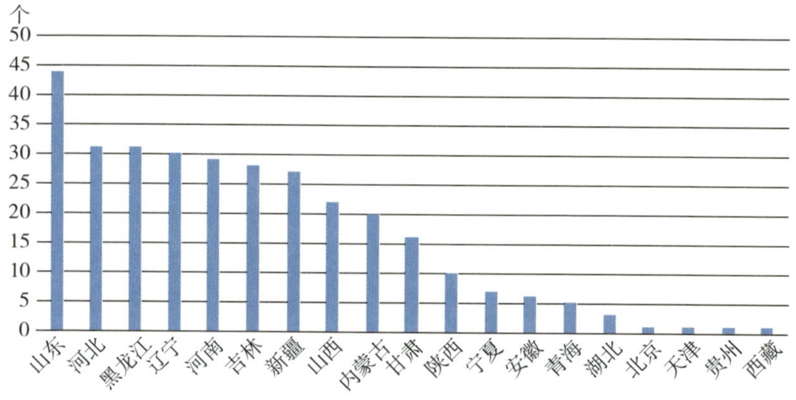

图 1－3　全国集中供热城市分布

近年来，国家提高了对集中供热的重视程度，在加大投资力度和供热需求的双重影响下，全国供热面积和供热量稳定增长。全国城市集中供热面积由 2008 年的 34.89 亿平方米上升到 2017 年的 83.09 亿平方米，年均递增 10.12%（如图 1－4），供热总量约 37 亿吉焦（其中蒸汽供热量为 5.8 亿吉焦，热水供热量为 31.03 亿吉焦）。我国供热产业热源总量中，蒸汽占 15.74%、热水占 84.26%。热力市场按消费终端客户划分为工业市场和居民采暖市场两大类。目前工业部门是我国热力消费的主要领域，热力需求约占总热量的 70%。

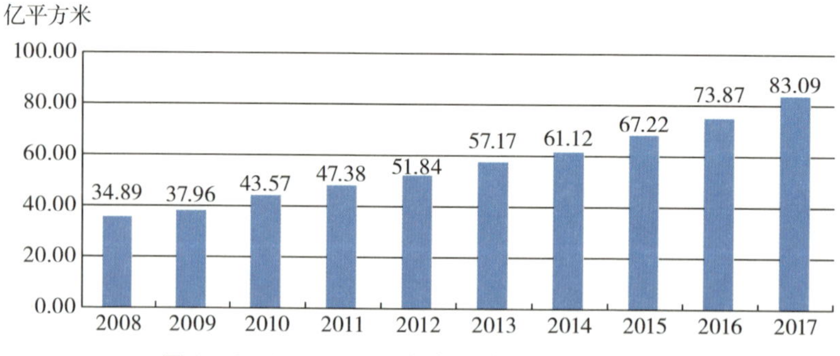

图 1－4　2008—2017 年全国城市集中供热面积

2008—2017 年，我国城市热水供热能力稳中有升，年均增长率 8.70%（如表 1－1）。2017 年增长很快，供热能力（热水）为 64.78 万兆瓦，比 2016 年增长 31.33%；蒸汽供热能力为 9.83 万吨/小时，比 2016 年增长 25.57%。

表 1-1 2008—2017 年集中供热能力

年份	供热能力		供热总量	
	蒸汽（万吨/小时）	热水（万兆瓦）	蒸汽（亿吉焦）	热水（亿吉焦）
2008	9.45	30.57	6.91	18.75
2009	9.32	28.61	6.31	20.01
2010	10.51	31.57	6.64	22.47
2011	8.53	33.87	5.18	22.92
2012	8.65	36.53	5.16	24.38
2013	8.44	40.35	5.32	26.65
2014	8.47	44.71	5.56	27.65
2015	8.07	47.26	4.97	30.21
2016	7.83	49.33	4.15	31.80
2017	9.83	64.78	5.80	31.03

截至 2016 年底，我国城镇集中供热管线总长度约 21.36 万千米，比 2008 年增加 9.30 万千米（如图 1-5）。其中蒸汽管道 1.22 万千米，比 2008 年减少 0.39 万千米；热水管道 20.14 万千米，较 2008 年增加 9.68 万千米。

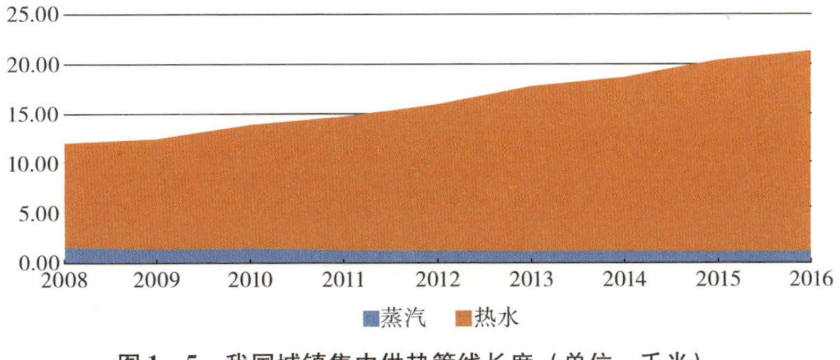

图 1-5 我国城镇集中供热管线长度（单位：千米）

注：2017 年数据尚未统计出来。

1）供热地域特点。

秦岭——淮河一线，是中国的南北地理分界线，此线南北无论是气候还是生活习惯都有很大的不同。上世纪 50 年代，新中国刚成立，能源短缺，在前苏联的帮助下以南北分界线确立了南北供暖分界线，并在秦岭——淮河以北建造了完善的城市供暖系统，此后的半个多世纪一直延续北方供暖，南方不供暖的传统。全国集中供热具有明显的地域分布特征（如图1－6）。从区域看，主要集中在北方采暖地区，包括黑龙江、吉林、辽宁、新疆、青海、甘肃、宁夏、内蒙古、河北、山西、北京、天津和陕西、山东、河南等15个省份。城镇供热需求强劲，发展速度较快，这些地区城市建筑供热面积80多亿平方米。2017年，山东和辽宁两省供热面积分别达到12.66亿和11.82亿平方米，居全国前列。另一方面，我国城乡集中供热仍处于较低水平，尽管北方地区主要城镇建有集中供热系统，南方城镇和农村地区基本没有供热设施，仅依靠天然气炉、空调、电炉和蜂窝煤等方式分散供热取暖。

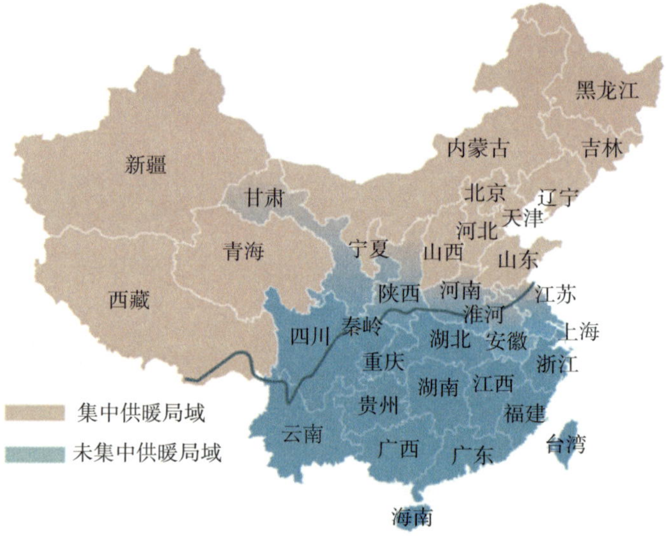

图1－6 南北方集中供热分布

按照经济发展水平分区，加总各省份数据，得出东、中、西和东北地区供热面积占全国总面积之比（如图1－7）。2017年供热总面积比上年增加9.21亿平方米，其中中部和东北地区供热总量增加不多，占全国供热面积的比重比2016年略有下降；西部地区集中供热增量明显，占全国供暖总面积的比重比2016年增加了1.36%。

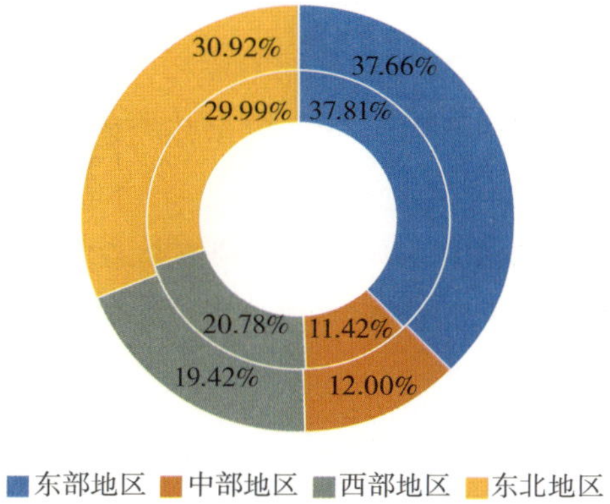

图 1－7　分区供热面积及其分布

2）供热热源情况。

我国城市集中供热的热源基本形成以热电联产为主、区域锅炉房为辅、其他热源补充的格局。80% 的热源炭以煤为主要燃料，燃煤锅炉、燃气锅炉、电锅炉和燃煤热电联产等为主要供热形式。从供暖方式看，集中采暖方式约占 70%，分散供热约占 30%。在集中供热热源中，热电联产和锅炉是主体，热电联产（多数燃料为煤炭）占 45%，燃气锅炉占 11%，其余为其他来源（如图 1－8 所示）。此外，高污染、低效率的落后产能超过 50%。

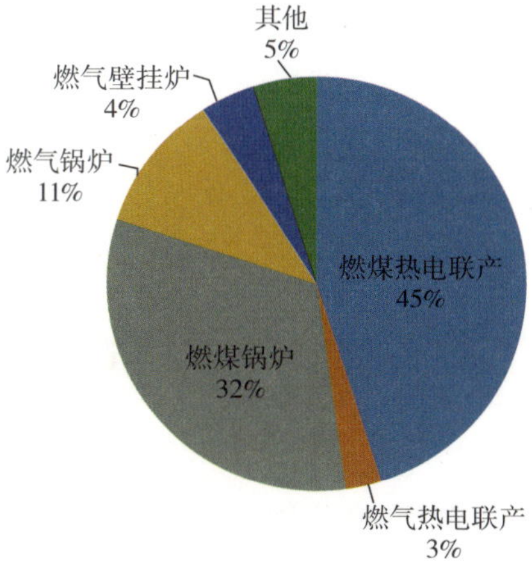

图 1－8　2016 年中国北方地区供暖热源结构

工业余热供热。工业余热是一种清洁热源，用于供暖是“变废为宝”。

我国是世界上最大的制造业国家，2015 年工业能耗 29.23 亿 tce，占社会总能耗的 2/3 强。2015 年高耗能工业部门的能耗为 19.13 亿 tce，约占工业能耗的 2/3。高耗能工业部门排放的低品位余热空间集中度高，余热品位相对较高，回收利用的潜力巨大。

2017 年 12 月，十部委联合发布了《北方地区冬季清洁取暖规划（2017—2021)》（以下简称《规划》)，《规划》调研得到我国工业余热供暖面积 1 亿平方米。总体上，我国利用余热供暖比例很小，仍有巨大的潜力可挖。

天然气供热。近年来，在国家蓝天行动的推动下，天然气用于供热的消费量增长超乎想象。截至 2016 年底，我国北方地区天然气供暖面积约 22 亿平方米。2017 年通过煤改汽工程建设，天然气供暖面积呈现爆发式增长。根据国家发展改革委的统计数据，2017 年上半年天然气消费总量同比增长了 15% 以上。

中国石油给出的非官方统计数据显示，2017 年北方地区天然气耗量 1125 亿立方米，接近全国天然气总消费量的 50%；仅统计燃气锅炉房和燃气壁挂炉的供暖用天然气耗量，北方地区集中供热总耗气量约为 159 亿立方米，占北方地区总耗量的 14% 以上。

地热供热。地热能开发利用得到快速发展。2000 年，我国浅层地热能供热（制冷）建筑面积仅为 10 万平方米。伴随绿色奥运、节能减排和应对气候变化等政策措施的推进，浅层地热能利用进入快速发展阶段。2004 年供热（制冷）建筑面积 767 万平方米，2010 年以来以年均 28% 的速度递增。2017 年底中国地源热泵装机容量达 2 万兆瓦，位居世界第一。

我国水热型地热能已连续多年位居世界首位。近 10 年来，我国水热型地热能直接利用以年均 10% 的速度增长。年利用浅层地热能折合 1900 万吨标准煤，实现供热（制冷）建筑面积超过 5 亿平方米。1990 年，全国水热型地热能供热建筑面积为 190 万平方米，2000 年增至 1100 万平方米，2015 年达到 1.02 亿平方米。截至 2017 年底，全国水热型地热能超过 1.5 亿平方米，其中山东、河北、河南增长较快。

城镇污水供热热源。国内污水源热泵应用的供热面积较小。根据《中国城乡建设统计年鉴（2016)》中的污水处理数据，按照取热前后 5℃温差估算，北方各地市的污水余热量并与当地城镇热负荷比较，可得出大部分地市的污水余热占当地城镇建筑热负荷的比例为1%~4%，北方地区城镇污水余热占城镇建筑热负荷的整体比例约为2.5%。可见污水源热能并非城镇供暖的主力热源，但作为辅助和补充热源仍具备一定的开发潜力。

农林生物质供热。《北方地区冬季清洁取暖规划（2017—2021年）》表明，截至2016年底，我国北方地区生物质能（含农林生物质和城镇垃圾）清洁供暖面积共约2亿平方米。生物质能清洁供暖布局灵活，适应性强，适宜就近收集原料、就地加工转换、就近消费、分布式开发利用，可用于北方生物质资源丰富地区的县城及农村取暖，在用户侧直接替代煤炭。

城镇垃圾焚烧供热。《中国城乡建设统计年鉴（2016）》数据显示，2016年，我国城镇总垃圾无害化处理量达到25354万吨，总无害化处理率达到93.8%。《北方地区冬季清洁取暖规划（2017—2021年）》显示，截至2016年底，我国北方地区城镇垃圾与农林生物质的总清洁供暖面积约2亿平方米。北方城镇垃圾热电联产余热可负担北方城镇建筑热负荷的2.7%，可见垃圾焚烧热电联产并非城镇的主力热源，应定位为城镇供热辅助和补充热源。

电供热。电直热供热虽然便利，却是能源转换效率较低的一种方式。电是二次能源，是高品位的能源，而热是低品位的能源。一份电只能转换为一份热量，电直热方式供暖效率相当于40%的燃煤锅炉。只有在一些特殊场合，例如环境保护要求严格，热网和燃气网辐射不到，而且气候寒冷，空气源热泵无法运营的地方，才能考虑蓄热式电直热供热方式。

热泵供热。根据中国建筑科学研究院等单位的相关调研统计，到2016年底，北方地区建筑供暖面积中各类热泵供暖面积约6.7亿平方米（包括农村地区）。2017—2018年，各类热泵新增供暖面积约2.08亿平方米，在新增非煤、非天然气热泵中占比约60%。

2016年空气源热泵在电热泵供暖面积中占比34%，土壤源、地下水源、污水源、海水源和淡水源热泵系统供热面积占比分别为29%、18%、9%、3%和7%（如图1-9）。

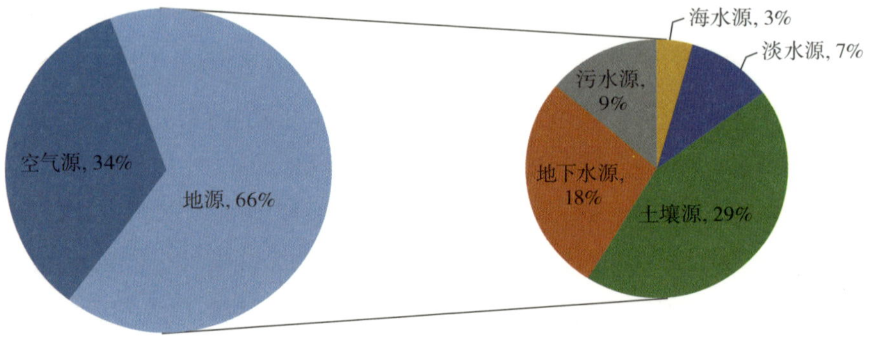

图 1－9　2016 年电热泵类型比例

3）集中供热投资情况。

近年来，我国对集中供热建设的政府投资额波动性较大，从 2008 年的 328.18 亿元增加到 2017 年的 778.33 亿元，增加 450.15 亿元，10 年年均增长 10% 以上（如图 1－10）。其中 2014—2016 年的投资额逐年减少，在 2012 年和 2017 年出现大幅增长，分别增加 204.73 亿元和 115.81 亿元，反映出行业投资环境改善，供热市场逐渐回暖。

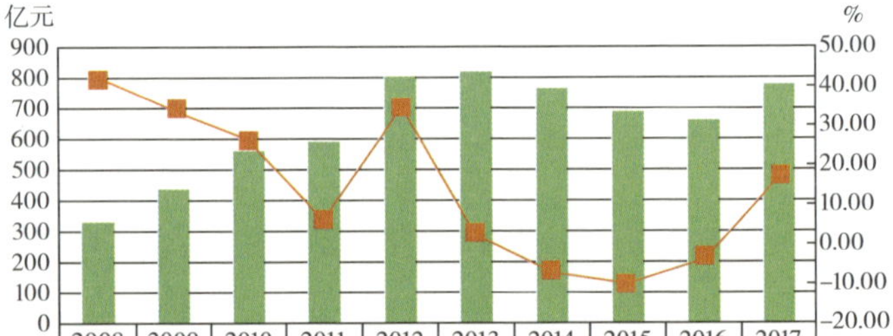

	2008	2009	2010	2011	2012	2013	2014	2015	2016	2017
城市集中供热建设投资额	328.18	441.52	557.47	593.34	798.07	819.48	763	687.8	662.52	778.33
增长率	42.69	34.54	26.26	6.43	34.50	2.68	-6.89	-9.86	-3.68	17.48

图 1－10　2008—2017 年供热行业建设投资额及增长率

（3）供热能源消耗

2017 年全国公共建筑面积约为 123 亿平方米，其中农村公共建筑约有 13 亿平方米。2017 年建筑运行的总商品能耗为 9.63 亿 tec，约占全国能源消费总量的 21%，建筑商品能耗和生物质能共计 10.5 亿 tec（其中生物质能耗约 0.9 亿 tec）。公共建筑总面积的增加、大体量公共建筑占比的增长，以及用能需求增长等原因，导致公共建筑单位面积能耗从 16.8kgce/m^2 增加到

23.9kgce/m^2，能耗总量增幅显著，能耗强度增长也较为迅速。

2017 年公共建筑总能耗（不含北方供热）为 2.93 亿 tce，占建筑总能耗的 31%，其中电力消耗为 7436 亿 kW·h。北方城镇住宅能耗（不含北方供热）为 2.26 亿 tce，占建筑总商品的能耗的 23%，其中电力消耗 5074 亿 kW·h。从 2001 年到 2017 年我国城镇住宅各终端用能途径的能耗总量增长近 2 倍，而建筑能耗总量增长不到 1 倍，体现了建筑节能工作取得了明显成绩。

建筑运行消耗的能源种类主要有电、煤、天然气和城市集中供热系统的热量。其中城镇住宅和公共建筑这两类建筑运行消耗的能源主要为电。农村住宅与城镇住宅消耗的能源品种有较大差异，除了电以外，农村住宅尤其是北方农村地区住宅建筑还消耗了大量的煤用于供热和炊事热水。北方城镇供热消耗的热力主要来源为热电联产和各类燃煤燃气锅炉生产的热力，一次能源消费也主要为煤。我国北方城市各类热源所占一次能源能耗比例见图 1－11。

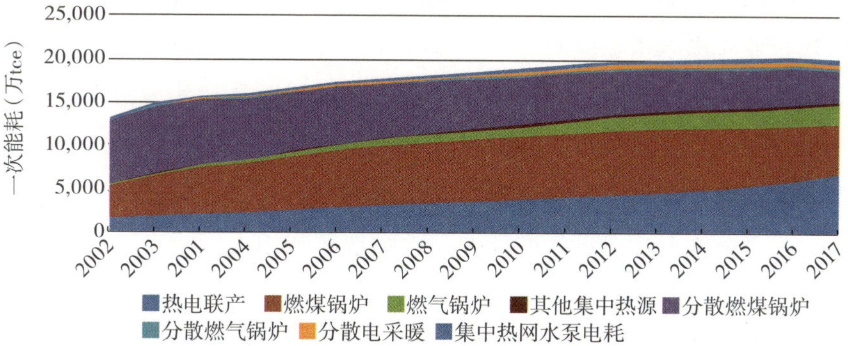

图 1－11　北方城镇供热各类热源的一次能源消耗

2017 年农村住宅商品能耗为 2.43 亿 tce，占建筑总能耗的 25%，其中电力能耗为 2287 亿 kW·h，生物质能（秸秆、薪柴）消耗约折合 0.9 亿 tce。随着城镇化的发展，2001—2017 年农村人口从 8.0 亿减少到 5.8 亿人，而农村住房面积从人均 26 平方米/人增加到 40 平方米/人，随着城镇化的逐步推进，农村住宅的规模已经基本稳定在 230 亿~240 亿平方米。

另一方面，由于各地的大力推动，天然气缺口加大，对外依存度迅速攀升。中国石油天然气集团经济技术研究院《2018 年国内外油气行业发展报告》显示，2018年天然气对外依存度达到45.3%，对外依存度的迅速攀升将影响经济安全乃至能源安全（图1-12）。

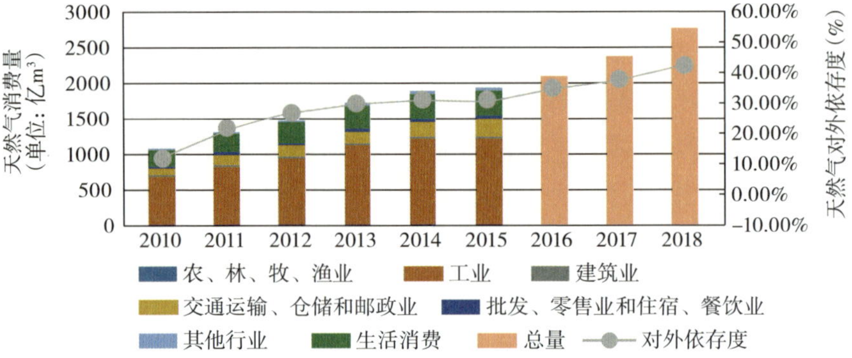

图1-12　我国天然气消费量和对外依存度

（4）供热污染情况

供暖期间的雾霾发生与供暖排放污染物密切相关，与此对应，雾霾治理供热行业应当承担相应的责任，减少煤炭终端使用、淘汰散煤小锅炉成为共识。有关研究表明，城镇供热排放基本达到标准，其污染物排放约占冬季燃煤污染物排放总量的10%。农村约73亿平方米的建筑物需要供热，以散煤燃烧为主，占燃煤污染物排放总量的40%。部分为燃煤暖气片、小煤炉，少部分为分户式燃气壁挂炉，少数地区利用太阳能、沼气和空气源热泵等供热。

2017年四个建筑用能分项的碳排放比例为：农村住宅29%，公共建筑26%，北方供暖26%，城镇住宅19%。公共建筑由于建筑能耗强度最高，所以单位建筑面积的碳排放强度也最高，为48kg/m²。而北方供暖分项由于大量燃煤生产热力，碳排放强度次之，为38kg/m²。农村住宅和城镇住宅单位面积的一次能耗强度相关不大，但农村住宅用能结构中电力和天然气的比例均低于城镇住宅，直接燃煤比例高，所以单位面积的碳排放强度高于城镇住宅。农村住宅单位建筑面积的碳排放强度为26kg/m²，而城镇住宅单位建筑面积的碳排放强度为17kg/m²。

在我国发电结构中，火电占72%，水电占20%，其余是核电、风电和太阳能。根据全国发电量的结构、火力发电的能源平衡表，可以计算得到全国平均的度电碳排放因子。根据建筑运行的能源结构及各类能源的碳排放因子，可以计算得到全国建筑运行能耗相关的碳排放总量。2017 年中国建筑运行的化石能源消耗相关的碳排放为 21.3 亿吨 CO_2。其中由于电力消耗带来的碳排放为 9 亿吨，占建筑运行相关碳排放总量的 43%。其次由于北方集中供暖的热力消耗带来的碳排放占 22%，直接燃煤导致的碳排放占 20%。从全国总量来看，人均建筑运行的碳排放量为 1.5t/cap，约占全国人均总碳排放量的 20%。

北京大学统计科学中心和光华管理学院对北京城区 2010—2014 年 PM2.5 污染状况分析发现，在统计学意义上 PM2.5 浓度在供暖期（红色）的平均水平要比非供暖期（绿色）显著增高。3 月，供暖期 PM2.5 平均浓度比非供暖期升高 33%～66%。11 月，供暖后 PM2.5 平均浓度增长 23%～179%，其中 2010 年增加 179%，2014 年增加 169%。2014 年的大幅增加是由于供暖前 APEC 期间减排措施的反弹效应（见图 1－13）。

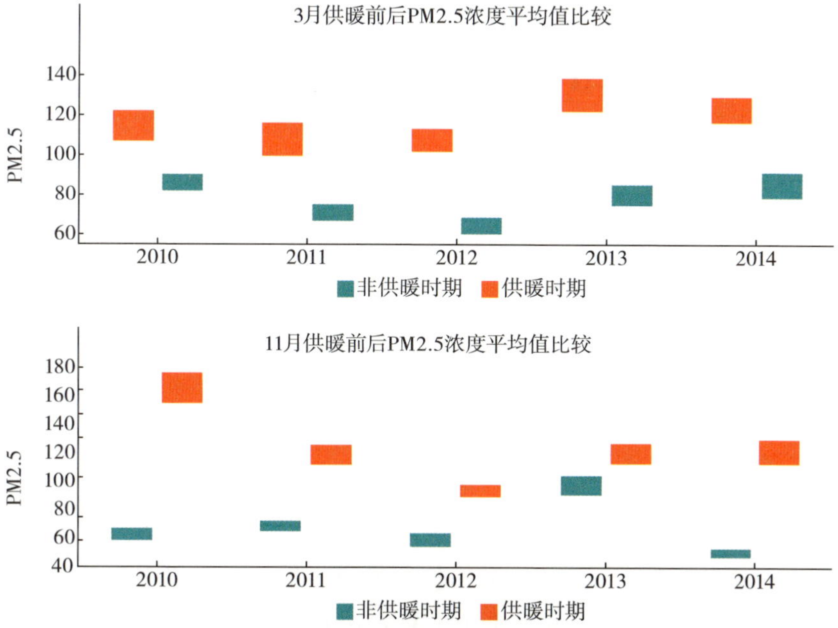

图 1－13　PM2.5 浓度在供暖期比非供暖期显著增高

针对燃煤火电厂的污染物排放，现行国家标准《火电厂大气污染物排放标准》GB13223—2011 中规定（在基准氧含量 6% 条件下）一般地区新建燃煤火电锅炉 NO_x、SO_2、烟尘排放浓度分别为 100mg/m^3 烟气、100mg/m^3 烟气和 30mg/m^3 烟气；在运行锅炉的 NO_x、SO_2、烟尘排放浓度分别为 100mg/m^3 烟气、200mg/m^3 烟气和 30mg/m^3 烟气；重点地区煤电锅炉 NO_x、SO_2、烟尘排放浓度限度分别为 100mg/m^3 烟气、50mg/m^3 烟气和 20mg/m^3 烟气。近年来，大型燃煤电厂污染物排放因子整体呈现逐年下降趋势，其中 SO_2 和粉尘排放下降明显（如图 1－14）。

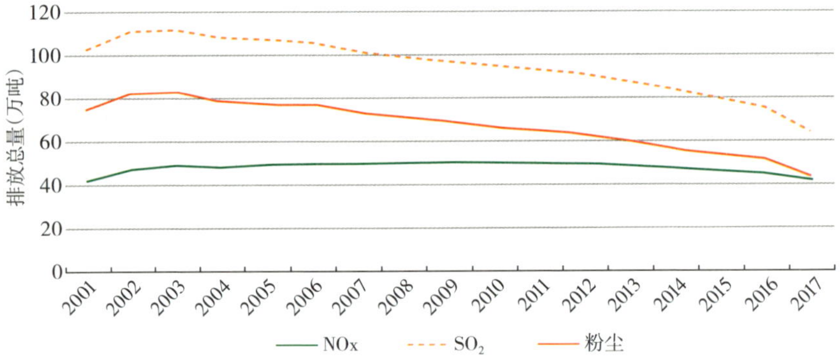

图 1－14　北方城镇供热各类污染物排放总量

依据中国空气质量在线监测分布平台（网址 https：//www. aqistudy. cn）数据，对京津冀及周边地区 2＋26 个城市的大气污染相关性分析表明：传输通道城市 PM2. 5 在时间尺度上存在相关关系，多数城市之间相关系数在 0. 8 以上，呈现高度正相关关系；其余城市间的相关关系也均在 0. 5 以上，中度正相关。

（5）供热试点城市

供热试点城市分批确定，试点取得积极成效。2017 年 6 月，天津、石家庄、唐山、保定、廊坊、衡水、太原、济南、郑州、开封、鹤壁、新乡 12 个北方城市被确立为中央财政支持北方地区冬季清洁取暖第一批试点城市。2018 年 5 月，《关于开展中央财政支持北方地区冬季清洁取暖试点工作的通知》要求推进清洁方式取暖替代散煤燃烧取暖，确定了 23 个第二批试点城市，同步开展既有建筑节能改造。中央财政奖补标准分档确定，补贴资金陆续到位，有力推动了北方供热市场的发展。

煤改工作取得积极进展。环保部部长李干杰在 2018 年全国环保工作会议上表示，2017 年全国共完成煤改气、煤改电 578 万户，其中仅京津冀及周边地区 28 个城市完成 394 万户。2018 年，北方地区清洁能源改造工作预计将完成煤改气、煤改电 400 万户，加快淘汰 10 蒸吨及以下燃煤小锅炉，全面启动城市建成区 35 蒸吨及以下燃煤锅炉淘汰工作，并把确保民众温暖过冬作为推进煤改的根本要求。

到 2017 年底，农村“煤改”工作也取得积极进展。如北京农村完成 97.4 万户清洁供热改造工作，替代燃煤量约为 258.11 万吨，PM2.5 减排 2.79 万吨，SO_2减排 1.91 万吨，VOCs 减排 1.03 万吨，NOx 减排 0.41 万吨（如图 1－15），成效显著。

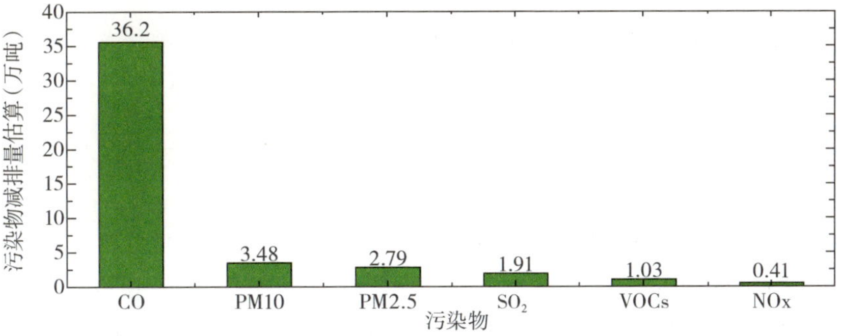

图 1－15　2017 年北京农村地区供暖清洁改造带来的污染物减排量

各地探索形成了煤改的可行模式。例如在本报告的案例介绍中，既有利用污水/河水源热泵、浅层地热能、空气能、低品位工业余热、生物质能、太阳能、电能、天然气能等清洁热源的煤改模式，也有燃煤清洁利用的模式，以及多种能源互补、暖/冷/热水联供等清洁供热新业态。这些案例和模式，可以作为类似地区推进煤改工作时借鉴。

粗略估计，节能供热产生了巨大的环境效益，相当于年节约标准煤 485 万吨，年减排二氧化碳 993 万吨，成为打赢蓝天保卫战的重要贡献力量。

2. 供热企业数据分析

(1) 样本数据说明

随着我国城镇市政行业市场化进程的加快，供热行业处于体制改革、设备更新、技术进步的加快阶段。随着清洁供热市场的升温，一批外资、民营企业和多种经济成分纷纷进入供热市场，供暖技术路线缤彩纷呈、百花齐放。选择上市企业进行数据分析，存在行业发展水平高估的可能性，因为供暖只是上市公司的部分业务。

我们选择上市公司的步骤是：首先确定企业入围标准，进而收集上市企业与非上市企业相关数据，以保证数据的可得性和样本的代表性。上市企业选定标准是企业年报中有明确的供热经营活动，并有相关供热数据。市级热力集团的选择覆盖北方14个省区，企业所在城市具有供暖行业代表性；重点供热企业主要以发展速度快、潜力足、市场拓展能力强为选择标准。考虑到极值可能引起的偏差，剔除了供热营业收入低于总收入1%的企业，最终选定100家供热企业（见表1－2），包括55家深沪上市企业（40家主板企业、15家新三板企业）和45家非上市企业（30家地市级热力企业、15家行业内重点企业）。

数据主要来源于wind数据库、前瞻数据库、相关企业官方网站、国家企业信用信息网等，日期截至2017年底。由于清洁供热产业是一个新兴行业，涉及国民经济和社会发展的方方面面，国家统计局没有现成数据，企业也没有统一口径的统计上报数据。这些客观因素的存在，增加了数据获取的难度，尽管如此，本报告还是尽最大努力进行了探索。

(2) 行业集中度与规模

供热行业以及供热企业的市场覆盖面巨大。清洁供热行业具有极强的行业交叉性，涉及电力、热力、房地产、节能环保等多个领域。技术应用场景持续拓展，大数据、物联网、互联网和人工智能等新一代信息技术与传统集中供热技术的深度融合，一方面促使行业技术进步，极大提升了能源效率，降低了污染物排放强度；另一方面服务专业化、社会化、市场化和智能化，服务型企业已从一维产品竞争迈向多维复合“价值竞争”，在提升管理水平、极大降低自身风险的同时，也获得富有价值的产品、服务，并形成了可持续的新业态。

本报告收集和分析的百家样本企业中，清洁供热型企业43家，以新能源的投资建设为基础，主要涉及咨询服务、技术研发、运营管理等服务领域。对百家企业主营业务相关内容，采用目前运用最多的统计信息关键词提取方法TFIDF算法进行分析，通过标签云图直观展示频数大于5的关键词信息（如图1－16）。供热和热力出现频数分别为60和55次，反映供热企业紧紧围绕核心业务从事经营活动；节能降耗成为企业关注，新能源（40次）、节能（20次）、清洁能源（17次）、环境保护（10次）、低碳（9次）等关键词的出现频率，体现了供热企业正由传统的高能耗供热向清洁供热转型升级。企业发挥各自比较优势，服务模式呈多元化特征，从事热能输送、运营及相关配套服务，集研发设计、工程安装、房地产开发及股权投资于一体，为居民和企事业单位提供集中供热和售后维护的一站式服务。

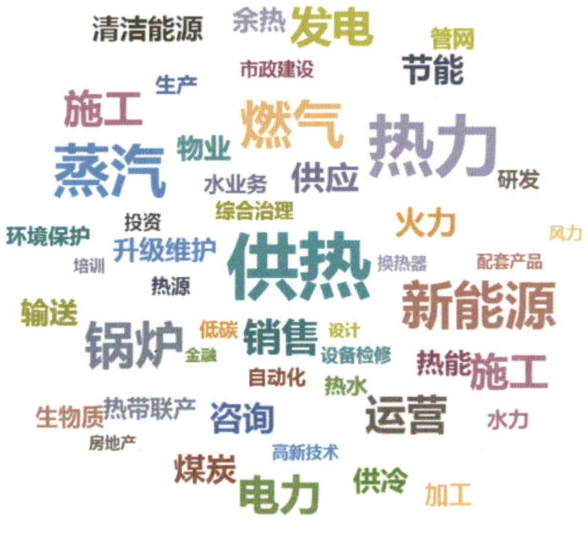

图1－16 百家企业主营业务标签云图

供热企业不仅涉及行业众多、业务广泛，而且规模较大，具有很强的社会影响力。2017年百家企业总资产企业规模17038.76亿元，在岗职工总数

31.42 万人。其中华能国际电力股份有限公司员工 5.3 万人；紧随其后的是华电国际电力股份有限公司、国电电力发展股份有限公司，分别拥有 2.8 万和 2.6 万在岗职工，合计总资产 8691 亿元。3 家企业成立 20 多年以来，充分利用现代化技术和设备不断扩大经营范围，是供热领域的老牌上市企业，在行业内具有领先地位。需要提出的是，供暖只是这些企业的部分业务。

考虑到上市企业供暖产值占总资产的比例因素，除上述 3 家企业外，对剩余样本数据做了总资产与在岗职工的相关性分析（如图 1－17）。大多数企业总资产与职工人数的比例较为稳定，人员的配置与管理科学合理，集中在一定区间内。集中带上方的企业主要是高新技术企业，供热业务基于先进的管理制度和技术设备，具有资本和技术密集的特点，这类企业数量较少，是供热企业转型升级的先行者。集中带下方多是劳动密集型企业，大量工人仍从事传统供热相关工作。

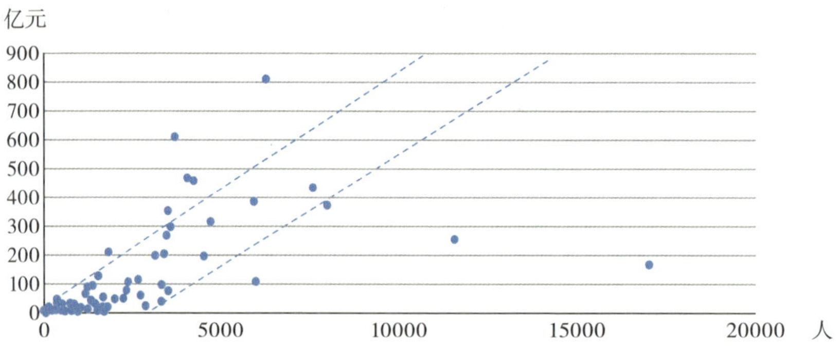

图 1－17　总资产与在岗职工规模分析

（3）企业盈利与业务能力

行业规模逐渐扩大，供热企业实力雄厚。截至 2017 年底，百家企业注册资本总计 1301.41 亿元，28% 的企业注册资本在 10 亿元以上，42% 的企业在 1 亿~10 亿元之间，具有从事供热经营活动的雄厚物质基础，企业信誉随之提高，筹资、融资也相对容易。华能国际电力和国电电力两家上市企业注册资本均高于 150 亿元，显示了综合发展实力。

2017 年，55 家上市企业中，47 家企业的营业收入稳定增长。上市企业或大型非上市企业，规模较大，交易频繁，营业周期较短，营业收入持续稳定。天津滨海能源发展股份有限公司、广州迪森热能技术股份有限公司、阳泉煤业（集团）股份有限公司、北京蓝天瑞德环保技术股份有限公司等企业的营业总收入较2016年增加50%以上。同时需要提出的是，通常供热项目投资回报周期较长，资金周转速度和使用效率较低，完整的评价需要跟踪评价企业连续周期中的营业收入。

就营业成本而言，89.09%的企业比2016年营业成本上升，只有26家企业营业利润增加，甚至有9家企业2017年净利润亏损，同比下降超过110%。在供热行业升温背景下，企业供热成本增加，或多或少地反映了现实矛盾、困扰和无奈。如民生行评和节约降本之间的矛盾、建（低质量）与管（高浪费）的矛盾、城市供热增量与环保减排的矛盾、持续积累的老旧系统无资金投入与重复低效投入的矛盾等。百家企业中有2家企业连续两年处于亏损状态，但亏损数额有所减少，成本费用也明显降低，这反映出企业虽然亏损但在不断提升管理能力，依托成本管理、加强资金运营能力来减少损失。总之，供热企业必须创新发展思路，利用好自身资源优势，寻找并发挥核心竞争优势，才能摆脱困境。

样本中的非上市企业以供热专业运营企业为主，统计中更侧重于实际供热能力。2017年底，45家非上市企业供热面积累计12.74亿平方米，占全国总供热面积的15.34%，平均供热面积2832万平方米。各企业供热运营收入占总收入的50%以上。市级热力集团肩负着地方企事业单位及居民住宅集中供热和供热工程建设任务，在地方供热项目建设和服务中起到了关键作用。重点供热企业依靠完善的规范管理、科学谋划、综合服务、后勤保障，逐渐承担起更多的社会责任。

（4）供热需求与市场潜力

供热行业与供电、供水等行业有着较大区别，热力资源损失不容忽视，在企业提供产品和服务过程中，生产成本上升和供热地域局限性等问题时常出现。在“单位”体制下，供暖是职工的福利，受发展水平和物资供应匮乏等因素制约，城市供热集中在北方地区，特别是严寒地区，这一态势迄今并没有发生明显改变。在本报告的百家企业中，北方供热企业数量约为南方的3倍。虽然诸多地区明确提出要增加热力资源消费，而受经济发展水平、基础设施建设、居民消费习惯等因素的影响，我国北方地区的供热企业为居民提供热力资源消费呈现出明显的上升趋势，供应热水成为城市建成区的基本需求。与此同时，开展南方地区的供热呼声日益高涨，一些原来不供热的地区甚至也出台了集中供热的政策。报告介绍了贵阳的供热案例，反映供热市场的前景广阔，需要企业去拓展。

按照经济发展水平和发展速度划分，东部地区的企业数量占比为47%，中部和东北部企业数量相当，西部地区供热企业略少（如图1－18）。这主要来自供热网络的地域局限性，即供热管网具有自然垄断性，并表现出不同地区的供热企业在为用户提供热力资源过程中存在的差异性，尤其在数量、质量和供热范围等方面。

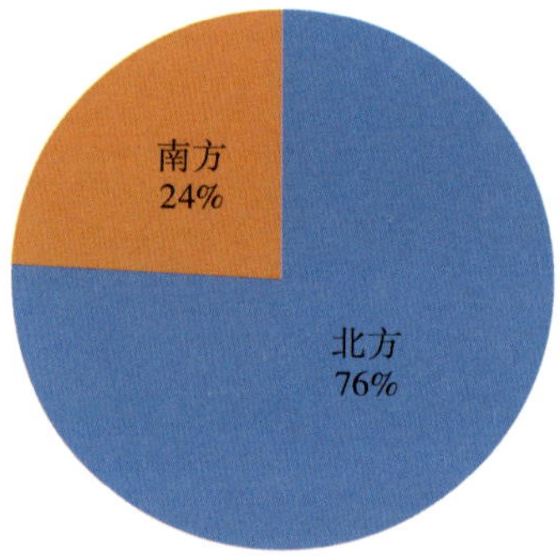

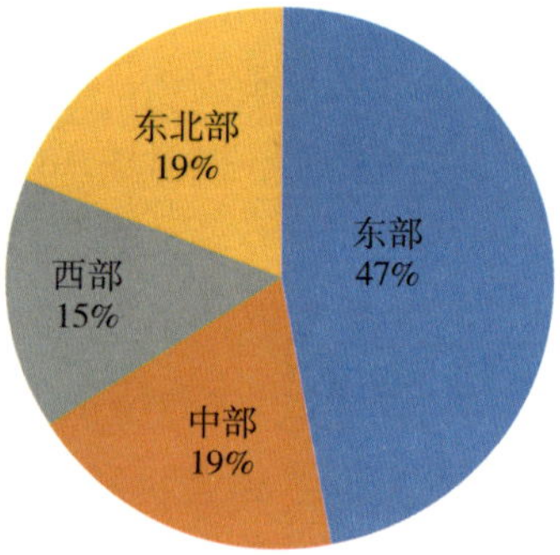

图1－18　供热企业地域分布

注：东、中、西和东北的划分参照《中国城市建设统计年鉴》

随着用户热需求的不断增长和个性化供热产品的需求增加，我国整体上对室内采暖供热需求越来越大，需求拉动了供热消费增长。面对复杂的综合性需求，热力企业不仅需要供热产品、系统或解决方案等先进生产力支持，更需要有广阔、高远的发展视野，以适应市场的需要。

供热行业是关乎民生的基础性行业。供热节能服务商所提供的产品和服务需要经过较长时间的实践检验，才能获得客户的认可和接受。就成熟度而言，企业运作时间越久，经验就越丰富、实力也可能越强（如图1－19）。上市主板企业成立年限平均为22年，其中广州恒运有着31年的运营经验。市级热力集团在成立之初主要以国有独资、全民所有等身份出现，平均运营年限约20年。这两类企业多数经历过改制和整合过程，具有非常强大的资金、技术和人才储备。一些供热企业抓住机遇积极布局，保持稳定持续发展的势头。

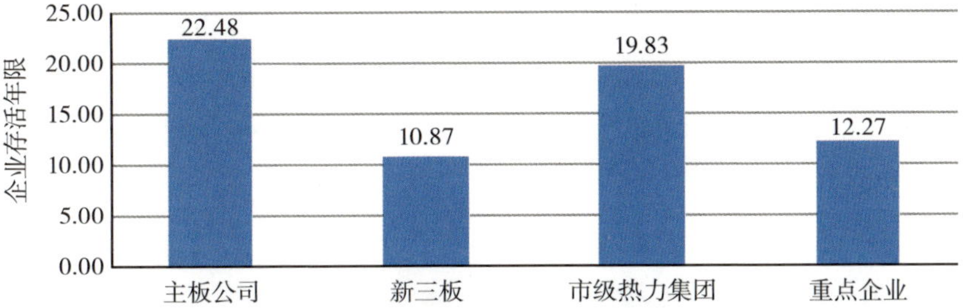

图1-19 各类型企业平均存活年限

新三板企业和重点企业平均运营年限分别为10年和12年。随着各地相关支持政策的密集出台，清洁供热市场持续升温。相关行业企业顺应清洁供热需求增长大势，创新供热产业发展思路，因地制宜地拓展业务、实现升级转型。新三板市场为中小企业提供了新的融资渠道，给新兴供热企业打开了快速成长通道。营商环境的改善也为中小型供热企业发展提供了良好的契机，缩短了企业发展壮大的时间。

3. 供热市场前景预判

总体上，清洁供热行业市场化程度较高，竞争较为充分。根据获得的百家企业数据，对清洁供热市场容量进行初步测算，旨在为未来清洁供热企业产业发展提供参考。

（1）供热需求将持续增长

随着供热消费需求的增加，北方采暖用户对供热质量和自主调节的要求提高，南方消费需求将呈现个性化态势。未来房地产业的转型发展、城市化率的提高、区域小锅炉的拆除和旧城的管网建设改造等，均为集中供热创造了巨大而持续的市场需求。在国家政策激励和大力支持下清洁供热面积将大幅提升。根据2008—2017年供热面积数据构建预测模型，指数预测分析模型的准确度最高，拟合优度（R^2）为0.9971。由此得到2018、2019和2020年供热面积的预测值分别为90.21亿平方米、99.09亿平方米和108.84亿平方米。供热行业设备创新，基础设施装备水平提高，则会极大提高我国供热能力以及系统效率。

（2）供热服务需求多样化

清洁供热行业经过多年的市场竞争，产生了一批实力强劲的骨干企业，在业内具有较高的影响力和较强的竞争力，占据了较大的市场份额。能源革命、天变蓝等诉求使供热成为朝阳产业，资金、技术、人才逐渐涌入。企业应积极顺应新理念、新技术、新装备、物联网以及资源整合、互联互通的趋势，抢占南方市场先机。从行业集中度来看，供热领域涉及的行业将越来越广泛，资金来源更多样、技术设备更先进、运营管理更智能、服务水平更专业是未来发展的趋势。

江西、江苏、安徽、上海等地供热企业成立平均时间较短，说明越来越多的新市场参与者已经被吸引到这一领域。新进入者大多从业时间短，服务内容偏重于某一细分市场，服务区域局限于特定地区。这些新进入者可能会加剧所在地域的市场竞争，但具有全国范围较强竞争能力的新进入者尚未大量出现，在今后一段时期现有的骨干企业仍将保持一定的竞争优势。未来供热市场将被分割，形成北方为主、南方为辅的供热格局。

表1-2　百家企业名单

上市企业（主板）	
安徽省皖能股份有限公司	华能国际电力股份有限公司
北京华远意通热力科技股份有限公司	吉林电力股份有限公司
北京京能电力股份有限公司	凯迪生态环境科技股份有限公司
北京首航艾启威节能技术股份有限公司	联美量子股份有限公司
大连热电股份有限公司	辽宁红阳能源投资股份有限公司
福建福能股份有限公司	内蒙古蒙电华能热电股份有限公司
光正集团股份有限公司	宁波热电股份有限公司
广东长青（集团）股份有限公司	上海电力股份有限公司
广州迪森热能技术股份有限公司	深圳南山热电股份有限公司
广州恒运企业集团股份有限公司	沈阳惠天热电股份有限公司
贵州燃气集团股份有限公司	沈阳金山能源股份有限公司

续表

上市企业（主板）	
国电电力发展股份有限公司	天津滨海能源发展股份有限公司
国电长源电力股份有限公司	天津创业环保集团股份有限公司
国家电投集团东方新能源股份有限公司	新疆东方环宇燃气股份有限公司
哈尔滨哈投投资股份有限公司	新疆天富能源股份有限公司
河北建投能源投资股份有限公司	阳泉煤业（集团）股份有限公司
河南豫能控股股份有限公司	亿利洁能股份有限公司
湖北能源集团股份有限公司	浙江富春江环保热电股份有限公司
华电国际电力股份有限公司	中原环保股份有限公司
华电能源股份有限公司	重庆三峡水利电力（集团）股份有限公司
上市企业（新三板）	
安徽汇能动力股份有限公司	江西百通能源股份有限公司
北京华誉能源技术股份有限公司	江西前程新能源科技股份有限公司
北京蓝天瑞德环保技术股份有限公司	辽宁首嘉智慧城市综合服务股份有限公司
北京瑞特爱能源科技股份有限公司	盘锦辽东湾丰源热力股份有限公司
广东中投环保股份有限公司	陕西紫光新能科技股份有限公司
恒盛能源股份有限公司	沈阳新北方热电股份有限公司
慧居科技股份有限公司	珠海市柏克莱能源科技股份有限公司
吉林宏日新能源股份有限公司	
市级热力集团	
包头市热力总公司	牡丹江热电有限公司
宝鸡市热力有限责任公司	濮阳市热力公司
北京热力集团有限责任公司	齐齐哈尔阳光热力集团
承德热力集团有限责任公司	秦皇岛市热力总公司
大庆市热力集团有限公司	天津市滨海新区供热集团有限公司
德州市热力公司	乌海市热力公司
国家电投集团石家庄供热有限公司	乌鲁木齐热力（集团）有限公司
合肥热电集团有限公司	西安市热力总公司
河南能信热力有限责任公司	西宁城达供热有限责任公司
鸡西市热力公司	咸阳市热力公司
吉林市热力集团有限公司	忻州市热力有限公司
济南热力集团有限公司	延安市热力公司

续表

重点企业	
锦州热力（集团）有限公司	银川市热力公司
兰州市热力总公司	长春市供热（集团）有限公司
廊坊市热力总公司	淄博热力有限公司
北京北燃供热有限公司	临沂市恒源热力集团有限公司
北京华清融合投资集团有限责任公司	上海昱真水处理科技有限公司
北京金房暖通节能技术股份有限公司	深圳市英威腾能源管理有限公司
北京燃气能源发展有限公司	天津锋尚智慧能源科技发展有限公司
北京新城热力有限公司	易普优能热力能源有限公司
北京纵横三北热力科技有限公司	中国电子系统技术有限公司
河北苏珊新能源科技有限公司	中节能建筑节能有限公司
恒光热力（集团）有限公司	

三、清洁供热产业存在问题

我国清洁供热产业有着高能耗、高排放、高投入、低效率的“三高一低”特点，城镇单位建筑面积供暖能耗是同纬度国家的2~3倍。此外，在煤改过程中一些地方也出现了不容忽视的问题。

缺少顶层设计。长期以来，一些地区供热缺乏对煤炭、天然气、电、可再生能源等供热能源的统筹谋划，热力供需难以平衡，供热布局不科学、区域优化困难。现役纯凝机组供热改造缺乏统筹优化，改造后的电网调峰能力下降，部分地区弃风、弃光现象严重。

一些地区将清洁供热等同于“一刀切”去煤化，一些地方强调了污染物减排却忽视了供热的能源高效利用，导致煤改中的“单打一”情形，环保、节能、供热相互分离，远离确保群众温暖过冬出发点，引发污染治理目标和群众实际需要的矛盾。

建筑节能保暖水平低。一些地区特别是广大农村地区建筑，围护结构隔热工性能较差，导致热量损耗较大。基础设施建设落后，建设投资缺口大，新建小区供热、管网投资可由城市建设配套费解决，但老旧小区供热、管网建设和改造缺乏资金保障。部分供热区域热源调节受限，热电联产供热范围内小锅炉关停缓慢情况比较普遍。部分集中供热管网老化严重，影响供热系统安全与供热质量。清洁供热产业发展涉及的管理部门职能分散，在推进煤改工作中存在协调联动不足、难以形成合力等问题。

技术支撑欠缺。清洁供热技术研发应用不够，相关技术标准和规范尚不完善。一些地方关闭了热效率在95%以上的热电联产电厂，或将供热中心建在远离热需求的地方，不仅背离了热电联产的本意，还会因增加管道设施建设提高成本。一些地方大力推进的煤改电，特别是采用空调等电能直接供热（热效率经过发电效率和空调效率的两次转化而不足40%），极大降低了能源利用整体效率。一些地方供暖设备选型不匹配，导致“大马拉小车”现象，极大地浪费了能源；一些部门将建立在城市单元房基础之上的煤改气、改电推广到农村，对不能保暖的、没有人住、要拆掉的住房也分配煤改指标，甚至宣称完成了煤改任务，造成资金的浪费。集中供热按面积计费方式不科学，没有收到节能效果。

模式创新不足。受传统的计划经济供热模式影响，供热企业既要承担公共职能又要服务居民。投资运行依靠财政补贴，服务方式单调，在经营模式、融资方式、服务范围和管理水平等方面有待提升。一些地方的煤改工程，或因承担建设任务的企业没有能力、或因资金缺乏，而成为“半拉子工程”；一些地方的“企业”缺乏监督，甚至与地方政府构成“利益共同体”；热电联产机组“以热定电”调控能力较弱，出现电力平衡和热力平衡相背离的情景；一些地方只关心蓝天保卫战，没有把人民群众关心的温暖过冬摆上应有位置，也没有重视当地能源资源禀赋。长期以来受观念、习惯等影响，相当数量用户依赖传统、落后的供热方式满足取暖需求，对清洁供热方式接受度较低。

政策执行走样。一些地方将习近平总书记提出的“宜电则电、宜气则气”及李克强总理补充的“宜煤则煤”要求片面理解为“煤改气、改电”优先。尽管国家部委和地方出台了清洁供热规划，但在工作推进中没有因地制宜，甚至出现违背科学的蛮干、大干快上的情形。一些地方采用变味的“最低价中标”政策，引发“大马拉小车”“小材大用”问题。一些供热工程安全系数较低，多地甚至发生了爆炸事故。热价、天然气价、电价等均执行地方政府统一定价，风电供热项目没有直接进行电量交易，不能发挥富余风电低价优势。天然气供应中间环节过多，成本偏高制约了推广应用。除京津冀等地区的支持力度较大外，大部分地区支持政策特别是资金、价格、市场交易等具有实质性推动作用的政策仍然较少。

上述问题的存在，影响清洁供热产业的健康发展，需要在未来的工作中不断加以完善。

四、清洁供热产业发展意义

推进清洁供热产业发展可以减轻大气污染压力。我国环境和节能形势严峻，一是能源消费持续增长，尤其是高耗能行业能源消费的增加，对单位国内生产总值能源强度指标形成较大压力；二是雾霾频发，国家强化环境约束，严格控制污染物排放指标，压煤减量，推广清洁供热技术，对于提高能源利用效率、打好雾霾污染防治攻坚战意义重大。

1. 改善空气质量，提高健康水平

我国北方雾霾天气常发，严重威胁人民生命健康。据有关测算，雾霾天气中燃煤排放贡献率约占40%。在我国能源消费构成中，2017年煤炭消费占比60.4%，高于OECD国家平均水平20个百分点以上。我国二氧化硫排放量的90%、氮氧化物排放量的67%、烟尘排放量的70%、二氧化碳排放量的70%来自于燃煤，这些污染物是雾霾的主要物质构成。压减燃煤，推进清洁供热已是当务之急，如使用工业余热、电、天然气等优质能源以及可再生能源替换煤炭作为城镇供热的主要热源。

清洁供热的出发点和落脚点均是改善环境质量，且具有节能减排和减少温室气体排放等协同效应。2017年中国城镇供热（集中、分散）能耗1.24亿吨标煤，北方地区冬季供热期燃煤量大、管理粗放，导致北方地区冬季大气污染严重、空气质量下降明显。美国健康影响研究所（HEI）与清华大学2016年8月发布的研究报告《燃煤和其他主要大气污染源所致的中国疾病负担》中指出：燃煤污染物排放是中国疾病的重要诱发因素之一，估计2013年造成约36.6万人死亡，燃煤产生的大气PM2.5成为诱发

死亡的第 12 大风险因素，死亡率甚至高于高胆固醇、吸毒和二手烟。

2. 供暖品位对口，提高能源效率

我国已探明煤炭储量占世界储量的 11%，原油占 2.4%，天然气占 1.2%，总体上人均能源资源占有量不到世界平均水平的一半。我国能源资源有限，城乡供热热源必须从基本国情和资源禀赋出发，坚持节约资源、能源品位对口和分级利用的原则。热是低品位的能源，燃烧优质、高品位的天然气并非最佳选择，而应将余热利用作为首选。如利用略高于供热温度的余热，可以真正实现品位对口，使能源资源得到高效、充分、合理利用，才能实现以资源的可持续利用支撑我国经济社会可持续发展。

我国城镇集中供热经过 40 多年的发展，已经形成以燃煤热电联产为主要热源、以区域锅炉为辅助热源的大型集中供热为主体，以天然气、热泵、地热能、工业余（废）热等其他清洁能源分布式或分散式供热为补充的基本格局。近几年，随着各地贯彻《大气污染防治行动计划》，“煤改气”的力度逐年加大，城镇供热对天然气的需求日益增加，每年冬天都会形成高达 100 多亿立方米的天然气供应缺口。部分缺口完全可以用清洁能源区域供热来填补，为天然气供热锅炉或天然气热电联产锅炉加装清洁能源集热场，可大幅度减少对天然气的依赖，提高城镇清洁供热的能源供应安全性。

3. 减排温室气体，引领低碳发展

依据《中美气候变化联合声明》中国的承诺，基于现有的集中供热安装容量 447GW，中国计划在 2030 年前后 CO_2 减排达到峰值并将努力早日实现；2015 年底非化石能源占一次能源消费比重为 12%，计划到 2020 年达到 15%。若非化石能源全部采用清洁供热技术可以实现 CO_2 减排 3000 万吨、NO_2 减排 19 万吨、SO_2 减排 38 万吨、PM10 减排 29 万吨，极大地缓解城镇空气污染压力，并能协同降低温室气体排放强度。但中国实际情况与计划目标尚有较大差距，到 2015 年底北京市供热能源消耗中可再生能源比重仅为 0.8%。提高非化石能源占一次能源消费的比重，大规模采用清洁能源区域供热、发展清洁供热产业，势在必行。

中国的行动已经得到国际社会的认可。联合国环境署2016发布的《绿水青山就是金山银山：中国生态文明战略与行动》指出，中国的生态文明建设是对可持续发展理念的有益探索和具体实践，为其他国家应对经济、环境和社会的类似挑战提供了借鉴。习近平主席多次在国际舞台表示，中国将一如既往地深度参与全球环境治理，通过“一带一路”倡议等多边合作机制，为维护全球生态安全作出积极贡献，并成为全球生态文明建设的重要参与者、贡献者、引领者。

总之，采用清洁供热方式替代传统的污染严重的燃煤供热，发展清洁供热产业，对降低供热能耗、提高能源效率，实施蓝天行动计划、减少雾霾天数等具有重要意义。

CHIC
清洁供热产业委员会
CleanHeatingIndustryCommittee

第二篇 政策篇

近年来，我国高度重视北方地区清洁供热问题。2016 年 12 月，习近平总书记在中央财经领导小组第十四次会议上对推进北方地区冬季清洁取暖提出明确要求。中央和地方各级政府依据中央部署，制定出台了数十项政策，对推进清洁供热产业发展、保障人民生活福祉发挥了至关重要的作用。依据中央政策导向，各供热地区也相应发布规划、政策和措施，有力推进了清洁供热产业的健康、快速发展。

本篇梳理了国家和地方有关清洁供热的政策和规划，对现有政策和规划中的目标、供热能源的清洁化、扶持重点等做了较为详细的介绍，分析了现有政策存在的问题和未来发展趋势，并提出了政策改善的方向。

一、清洁供热产业政策与发展目标

近年来，中央政府及相关部门发布的有关清洁供热产业的文件见表 2－1。

表 2－1 近年来中央政府及相关部门发布的有关清洁供热产业文件

时间	文件名称	发布部门
2004 年 5 月 1 日	《节能中长期专项规划》	国家发改委
2016 年 5 月 16 日	《关于推进电能替代的指导意见》	国家发改委、国家能源局、财政部、环保部、住建部、工信部、交通部、民航局
2016 月 6 月 21 日	《关于推动东北地区电力协调发展的实施意见》	国家能源局
2016 年 6 月 21 日	《京津冀及周边地区 2017 年大气污染防治工作方案》	环保部、国家发改委、财政部、国家能源局、北京市、天津市、河北省、山西省、山东省、河南省
2017 年 4 月 18 日	《关于征求对 <关于促进可再生能源供热的意见> 的函》	国家能源局综合司

续表

时间	文件名称	发布部门
2017年5月16日	《关于开展中央财政支持北方地区冬季清洁取暖试点工作的通知》	财政部、住建部、环保部、国家能源局
2017年6月6日	《北方地区可再生能源清洁取暖实施方案编制大纲》	国家能源局综合司
2017年6月23日	《加快推进天然气利用的意见》	国家发改委、科技部、工信部、财政部、国土部、环保部、住建部、交通部、商务部、国资委、税务总局、质检总局、国家能源局
2017年8月4日	《关于开展生物质热电联产县域清洁供热示范项目建设的通知》	国家能源局综合司
2017年8月18日	《京津冀及周边地区2017—2018年秋冬季大气污染综合治理攻坚行动方案》	环保部、国家发改委、工信部、公安部、财政部、住建部、交通部、工商总局、质检总局、能源局、北京市、天津市、河北省、山西省、山东省、河南省
2017年9月6日	《关于推进北方采暖地区城镇清洁供热的指导意见》	住建部、国家发改委、财政部、国家能源局
2017年9月22日	《关于促进储能技术与产业发展的指导意见》	国家发改委、财政部、科技部、工信部、国家能源局
2017年12月4日	《关于做好2017—2018年采暖季清洁供热工作的通知》	国家能源局综合司
2017年12月5日	《北方地区冬季清洁取暖规划(2017—2021年)》	国家发改委、国家能源局、财政部、环保部、住建部、国资委、质检总局、银监会、证监会、军委后勤保障部
2017年12月5日	《北方重点地区冬季清洁取暖“煤改气”气源保障总体方案》	国家发改委、国家能源局、财政部、环保部、住建部、国资委、质检总局、银监会、证监会、军委后勤保障部
2018年1月19日	《关于开展“百个城镇”生物质热电联产县域清洁供热示范项目建设的通知》	国家能源局
2018年6月16日	《关于全面加强生态环境保护坚决打好污染防治攻坚战的意见》	中共中央和国务院
2018年6月27日	《打赢蓝天保卫战三年行动计划》	国务院
2018年7月23日	《关于扩大中央财政支持北方地区冬季清洁取暖城市试点的通知》	财政部、住建部、环保部、国家能源局

续表

时间	文件名称	发布部门
2018年10月26日	《中华人民共和国节约能源法》	第十三届全国人民代表大会常务委员会
2018年10月26日	《中华人民共和国循环经济促进法》	第十三届全国人民代表大会常务委员会

1. 已有政策规划目标

（1）按清洁化率的目标

在国家有关规划和政策中，提出了到2019年和2021年的两个阶段目标。

到2019年，北方地区清洁取暖率总体达到50%，替代散烧煤（含低效小锅炉用煤）7400万吨，其中“2+26”重点城市城区清洁取暖率要达到90%以上，县城和城乡结合部达到70%以上，农村地区达到40%以上。其他地区，城市城区清洁取暖率达到60%以上，县城和城乡结合部清洁取暖率达到50%以上，农村地区清洁取暖率达到20%以上（见表2-2）。

表2-2 2019年和2021年各地区清洁化率目标

地域范围		时间	
		2019	2021
北方地区	总体	50%	70%
	“2+26”重点城市城区	90%	100%
	县城和城乡结合部	70%	80%
	农村地区	40%	60%
其他地区	城市城区	60%	80%
	县城和城乡结合部	50%	70%
	农村地区	20%	40%

到2021年，北方地区清洁取暖率总体达到70%，替代散烧煤（含低效小锅炉用煤）1.5亿吨。其中“2+26”重点城市城区全部实现清洁取暖，35蒸吨以下燃煤锅炉全部拆除；县城和城乡结合部清洁取暖率达到80%以上，20蒸吨以下燃煤锅炉全部拆除；农村地区清洁取暖率60%以上。另外，北方地区供热系统平均综合能耗降低至15千克标准煤/平方米

以下，北方城镇地区既有节能居住建筑占比达到80%。在其他地区，城市城区清洁取暖率达到80%以上，20蒸吨以下燃煤锅炉全部拆除，新建建筑全部实现清洁取暖；县城和城乡结合部清洁取暖率达到70%以上，10蒸吨以下燃煤锅炉全部拆除；农村地区清洁取暖率达到40%以上。

（2）按供热方式的发展目标

2017—2021年，按供热方式分，我国清洁供热的主要政策目标如表2-3、2-4、2-5所示。

表2-3 2020年可再生能源供热开发利用主要指标①

内容	利用规模（亿平方米）	折标煤（万吨/年）
1. 地热能供热制冷	16	7000
2. 生物质能供热	10	3000
3. 可再生能源电力供热	5	1500
4. 太阳能供热	4	1200
5. 空气源、水源热泵、工业供热、种植养殖供热等	0	2300
合计	35	15000

表2-4 2021年清洁供热发展目标

清洁供热方式	面积（亿平方米）
地热能	10
生物质能	21
太阳能清洁供热	0.5
“2+26”城市天然气供热	18
电供热（含热泵）	15
工业余热（不含电厂余热）	2
清洁燃煤集中供热	110
清洁供热面积	176.5
总供热面积	252

① 国家能源局综合司：《关于促进可再生能源供热的意见》，2017年4月18日。

需要补充的是，除以上政策中的规划目标外，我国供热政策中还有如下发展目标：

淘汰燃煤锅炉：2017 年 10 月底前，北京、天津、石家庄、廊坊、保定、济南、郑州行政区域内基本淘汰 10 蒸吨及以下燃煤锅炉，以及茶炉大灶、经营性小煤炉。其他城市建成区及县城全面淘汰 10 蒸吨及以下燃煤锅炉。2017 年“2 +26”城市实现煤炭消费总量负增长，新建用煤项目实行煤炭减量替代。20 万人口以上县城基本实现集中供热或清洁能源供热全覆盖。

表 2 –5　各种供热方式的发展目标

<table>
<tr><th colspan="2">清洁供热方式</th><th colspan="2">面积（亿平方米）</th><th>备注</th></tr>
<tr><td rowspan="2">地热能</td><td>中深层地热</td><td>5</td><td rowspan="2">10</td><td rowspan="2">含电供热中的地源、水源热泵</td></tr>
<tr><td>浅层地热</td><td>5</td></tr>
<tr><td rowspan="4">生物质能</td><td>生物质热电联产</td><td>10</td><td rowspan="4">21</td><td rowspan="4"></td></tr>
<tr><td>城镇生活垃圾热电联产</td><td>5</td></tr>
<tr><td>生物质成型燃料</td><td>5</td></tr>
<tr><td>生物天然气与其他生物质气化</td><td>1</td></tr>
<tr><td colspan="2">太阳能清洁供热</td><td>0. 5</td><td>0. 5</td><td>配合其他清洁供热方式</td></tr>
<tr><td rowspan="2">“2 +26”城市天然气供热</td><td>城镇地区</td><td>11</td><td rowspan="2">18</td><td rowspan="2">燃气热电联产新建/改造规模 1100 万千瓦，新增用气 75 亿立方米；
燃气锅炉新建/改造 5 万蒸吨，新增用气 56 亿立方米；
“煤改气”壁挂炉用户增加 1200 万户，新增用气 90 亿立方米；
天然气分布式能源增加 120 万千瓦，新增用气 9 亿立方米</td></tr>
<tr><td>农村地区</td><td>7</td></tr>
<tr><td rowspan="3">电供热（含热泵）</td><td>分散式电供热</td><td>7</td><td rowspan="3">15</td><td rowspan="3">其中城镇电供热 10 亿平方米，农村 5 亿平方米</td></tr>
<tr><td>电锅炉</td><td>3</td></tr>
<tr><td>热泵</td><td>5</td></tr>
<tr><td colspan="2">工业余热（不含电厂余热）</td><td>2</td><td>2</td><td></td></tr>
<tr><td rowspan="2">清洁燃煤集中供热</td><td>超低排放热电联产</td><td>80</td><td rowspan="2">110</td><td rowspan="2"></td></tr>
<tr><td>超低排放锅炉房</td><td>30</td></tr>
</table>

续表

清洁供热方式	面积（亿平方米）	备注
清洁供热面积	176.5	
总供热面积	252	到2021年，北方地区清洁取暖率达到70%

以气代煤或以电代煤工程：2017年10月底前，“2+26”城市完成以电代煤、以气代煤300万户以上，其中北京市30万户、天津市29万户、河北省180万户、山西省39万户、山东省35万户、河南省42万户。[①] 京津冀大气污染传输通道内除了北京、天津、廊坊、保定市以外的其他城市，按照宜气则气、宜电则电的原则，每个城市完成5万~10万户以气代煤或以电代煤工程。

生物质供热：“百个城镇”生物质热电联产县域清洁供热示范项目力争2018年底前建成（或完成技改），为河北省广宗县等70个县城、河北省宽城县龙须门镇等63个乡镇提供民用清洁供热，供热面积约9000万平方米，惠及县城及乡镇居民约400万人；为76个中小工业园区提供清洁热力，合计约6900万吉焦。示范项目供热部分每年替代散煤约660万吨，区域内相应规模的燃煤供热设施关停。相当于每年节约天然气约40亿立方米。

天然气供热：逐步将天然气培育成为我国现代清洁能源体系的主体能源之一。到2020年天然气在一次能源消费结构中的占比力争达到10%左右，地下储气库形成有效工作气量148亿立方米。到2030年力争将天然气在一次能源消费中的占比提高到15%左右，地下储气库形成有效工作气量350亿立方米以上[②]。

① 2017年8月18日，环保部等十部委及六省人民政府联合发布《京津冀及周边地区2017—2018年秋冬季大气污染综合治理攻坚行动方案》。

② 2017年6月23日，国家发展改革委等十三个部委联合发布《加快推进天然气利用的意见》。

2. 清洁供热市场规模

2017—2021 年，清洁供热将增加面积为 91 亿平方米。计算依据：①十部委联合下发的《北方地区冬季清洁取暖规划（2017—2021 年）》，清洁取暖率在 2019 年达到 50%，2021 年达到 70%；②根据 2016 年的供热面积 206 亿平方米和清洁供热率 34% 的基数；③根据《北方地区冬季清洁取暖规划（2017—2021 年）》，到 2021 年北方地区清洁供热面积为 176.5 亿平方米，清洁供热率达到 70%，则 2021 年北方地区供热总面积为 252 亿平方米。由此可以推算，2017—2021 年新增清洁供热面积为：252 ×（70% −34%）=91 亿平方米。

给定 2017—2021 年清洁供热的新增面积为 91 亿平方米，按 100 元/平方米计算，2017—2021 年清洁供热的市场规模为 9100 亿元，这也就是行业内常说的清洁供热万亿市场。其中，热电联产集中供热和清洁燃煤供热占 50%；生物质清洁供热占 20%；煤改电（包括各类热泵方式和电直接加热方式）占 20%；煤改气（包括燃气三联供和燃气锅炉方式）占 6%；其他（包括余热利用和其他能源方式）占 4%。

二、既有政策重点

1. 大力推进热源清洁化

国家几乎所有政策均鼓励各地因地制宜，从实际出发选用电力、天然气、可再生能源和余热作为热源。

（1）加快推进清洁燃煤供热

环境保护要求热源清洁化，减少甚至消除燃煤供热，但是考虑到成本约束，诸多清洁热源难以成为基础热源。相比之下，清洁燃煤集中供暖是实现供热与成本平衡的有效方式。有鉴于此，我国供热政策要求对暂不具备清洁能源替代条件的山区，积极推广洁净煤，加强煤质监管，严厉打击销售使用劣质煤行为；燃气壁挂炉能效不得低于 2 级水平。

未来较长时期内，在北方多数城市城区、县城和城乡结合部，清洁燃煤应作为基础性热源使用。根据规划，到 2021 年我国清洁燃煤集中供暖面积达到110亿平方米，占全部清洁供热面积的62.3%。这意味着在未来较长时期内，清洁燃煤集中供暖仍是我国供热清洁化的主要方向。

清洁燃煤集中供暖发展路线是：①以大型抽凝式热电联产机组作为大中型城市集中供热基础热源，充分利用存量机组的供热能力，扩大供热范围，鼓励进行乏汽供热改造。做好热电机组灵活性改造工作，提升电网调峰能力。②以背压式热电联产机组作为城镇集中供热基础热源，新建热电联产应优先考虑背压式热电联产机组。③以大型燃煤锅炉（房）作为集中供热的调峰热源，与热电联产机组联合运行。在大热网覆盖不到、供热面积有限的区域（如小县城、中心镇、工矿区等）也可作为基础热源。重点是提升燃煤锅炉的清洁化程度，逐步淘汰环保水平落后、能耗高的层燃型锅炉。

（2）因地制宜推进天然气和电供热

天然气和电供热是我国热源清洁化的重要方向。我国政策明确要求逐步将天然气培育成为现代清洁能源体系的主体能源之一[①]，新增天然气量优先用于城镇居民和大气污染严重地区的生活和冬季取暖散煤替代[②]；相比之下，我国政策往往要求在燃气管网覆盖范围以外的地区使用电供热[③]。需要强调的是，在条件允许的地方尽量少用直热式采暖方式。

在发展天然气供热方面，我国针对区域布局提出“2+26”城市要力争到2021年累计新增天然气供热面积18亿平方米，新增用气230亿立方米；新增清洁取暖“煤改气”需求集中在城镇地区，新增146亿立方米，占63%；农村地区新增85亿立方米，占37%[④]；有条件的城市城区和县城

① 2017年6月23日，国家发展改革委等十三个部委联合发布《加快推进天然气利用的意见》。

② 2018年6月27日，国务院印发《关于印发打赢蓝天保卫战三年行动计划的通知》。

③ 住房城乡建设部 国家发展改革委 财政部 能源局《关于推进北方采暖地区城镇清洁供暖的指导意见》。

④ 2017年12月5日，国家发展改革委等十部委联合发布《北方地区冬季清洁取暖规划（2017—2021年）》。

优先发展天然气供热，延伸覆盖城乡结合部，并向农村地区推广①。在技术选择上，政策要求因地制宜选择天然气分布式能源、燃气壁挂炉、燃气热电联产、燃气锅炉等方式供热，在部分地区将燃气锅炉作为集中供热区域调峰和应急保障热源②。政策还要求专门启动了以推进北方地区冬季清洁取暖，快速提高城镇居民燃气供应水平和打通天然气利用“最后一公里”为主要内容的城镇燃气工程③。

在推进电热方面，政策要求不同区域使用不同电热技术：在电力充足地区，优先发展用户终端电供热方式，综合运用各类热泵、高效电锅炉等方式推进电供热，积极发展电供热与蓄热相结合供热模式④；在采暖刚性需求的北方地区和有采暖需求的长江沿线地区，重点对燃气（热力）管网覆盖范围外的学校、商场、办公楼等热负荷不连续的公共建筑，大力推广碳晶、石墨烯发热器件、发热电缆、电热膜等分散电采暖替代燃煤采暖；在燃气（热力）管网无法达到的老旧城区、城乡结合部或生态要求较高区域的居民住宅，推广蓄热式电锅炉、热泵、分散电采暖。为了支持电热的发展，国家能源局还明确要求在配电网建设改造、电网接入、峰谷电价、直接交易、辅助服务市场等方面给电能替代予以支持；选择若干城市开展电能替代试点示范，鼓励先行先试，编制实施方案，在供热等领域实施以电代煤。

（3）大力发展可再生能源供热

可再生能源供热主要包括地热能供热、生物质能供热、太阳能热利用、风电供热等多种类型。积极促进可再生能源供热利用符合我国推进供给侧结构性改革的战略要求，是实施民生工程、治理大气污染、落实能源

---

① 2017 年 12 月 5 日，国家发展改革委等十部委联合发布《北方地区冬季清洁取暖规划（2017—2021 年）》。

② 2017 年 9 月 6 日，住建部、发展改革委、财政部、国家能源局联合发布《关于推进北方采暖地区城镇清洁供暖的指导意见》。

③ 2017 年 6 月 23 日，国家发展改革委等十三个部委联合发布《加快推进天然气利用的意见》。

④ 2017 年 9 月 6 日，住建部等四部委联合发布《关于推进北方采暖地区城镇清洁供暖的指导意见》。

生产和消费革命的重要内容，对我国实现能源转型和建设生态文明具有重要意义。

根据发展目标，到2020年全国可再生能源取暖面积达到35亿平方米左右，比2015年增加约28亿平方米，可再生能源供热总计约1.5亿吨标准煤。在京津冀及周边地区可再生能源供热面积达到10亿平方米，长三角地区可再生能源供热（制冷）面积达到5亿平方米。在城镇和农村地区实现较大规模的可再生能源替代民用散煤取暖①。为了促进可再生能源供热的发展，我国政府采取了以下措施：

中央财政支持可再生能源供热试点。试点城市要因地制宜推广可再生能源分布式、多能互补应用的取暖模式，试点示范期为3年。中央财政奖补资金标准根据城市规模分档确定，直辖市每年安排10亿元，省会城市每年安排7亿元，地级城市每年安排5亿元②。

开展示范项目建设。政策要求，探索生物质热电联产在县域清洁供热中的定位和作用、技术经济性和绿色低碳环保特性，为治理县域散煤、特别是农村散煤开辟新路子；形成一批以生物质热电联产清洁供热为主的县城、乡镇及中小工业园区；为探索生物质发电全面转向热电联产道路、完善生物质热电联产政策措施提供依据。为此支持示范项目，政策规定对示范新建项目优先核准，保障示范项目享受各地清洁供热支持政策，建成后优先获得国家可再生能源发电补贴③。

督促各地因地制宜推进再生能源供热。要求北方地区将可再生能源供热作为城乡能源规划的重要内容加以推进，建立可再生能源与传统能源协同的多源互补和梯级利用的综合能源利用体系④。要求各地因地制宜确定

---

① 2017年4月18日，国家能源局综合司发布《关于征求对 <关于促进可再生能源供热的意见> 的函》。

② 2017年5月16日，财政部、住建部、环境保护部、国家能源局联合发布《关于开展中央财政支持北方地区冬季清洁取暖试点工作的通知》。

③ 2017年8月4日，国家能源局综合司发布《关于开展生物质热电联产县域清洁供热示范项目建设的通知》。

④ 2017年9月6日，住建部等四部委联合发布《关于推进北方采暖地区城镇清洁供暖的指导意见》。

主推可再生能源供热方式，提出可再生能源清洁取暖的重大工程，列出各地启动的可再生能源清洁取暖工程，争取一部分工程在2017年度供热季前完工投入使用①。

有选择地支持可再生能源供热技术。政策规定，在地热供热方面，积极推进水热型（中深层）地热供热，大力开发浅层地热能供热；在生物质能清洁供热方面，大力发展县域农林生物质热电联产，稳步发展城镇生活垃圾焚烧热电联产，加快发展生物质锅炉供热，积极推进生物沼气等其他生物质能清洁供热，严格生物质能清洁供热标准要求；在太阳能供热方面，由于太阳能热利用技术成熟，所以政策要求大力推广太阳能供热，在资源丰富地区实现太阳能热水、供热复合系统的应用②。

（4）有效利用工业余热资源

我国工业余热资源丰富，广泛存在于工业各行业生产过程中，余热资源约占其燃料消耗总量的17%~67%，其中可回收率达60%，余热利用率提升空间潜力巨大③。

目前虽然包含鼓励工业余热供热的政策不少，但大多只有只言片语，如2016年6月21日环保部等部委及北京市等六个省级人民政府联合发布的《京津冀及周边地区2017年大气污染防治工作方案》、2017年6月6日国家能源局发布的《关于开展北方地区可再生能源清洁取暖实施方案编制有关工作的通知》及2017年6月23日国家发展改革委等十三个部委发布的《加快推进天然气利用的意见》都只有一句话，分别是“加大工业低品位余热、地热能等利用”，“根据电力、燃气、余热条件，使用电热泵、燃气、余热等适宜的热泵设备”和“以‘2+26’城市为抓手，力争5年内有条件地区基本实现天然气、电力、余热、浅层地能等取暖替代散烧”。

---

① 2017年6月6日，国家能源局综合司发布《关于开展北方地区可再生能源清洁取暖实施方案编制有关工作的通知》。

② 2017年12月5日，国家发展改革委等十部委联合发布《北方地区冬季清洁取暖规划（2017—2021年）》。

③ 《工业余热供暖未来五年的市场到底如何》，https://www.sohu.com/a/235035773_99909797，2018-06-11。

对工业余热供热做出较为详细规定的政策主要包括2015年10月29日国家发改委和住建部联合发布的《余热暖民工程实施方案》、2017年9月6日住建部等四部委联合发布的《关于推进北方采暖地区城镇清洁供热的指导意见》以及2017年12月5日国家发改委等十部委联合发布的《北方地区冬季清洁取暖规划（2017—2021年）》。其中：

《余热暖民工程实施方案》作为专门针对余热供热的政策，就发展余热供热的目标和主要任务做出了明确规定，要求以开展余热资源和热负荷需求调查、制定余热暖民工程实施方案、建设余热集中回收利用体系和健全余热暖民工程运营机制体制为主要任务，力争到2020年通过集中回收利用低品位余热资源，替代燃煤供热20亿平方米以上，减少供热用原煤5000万吨以上。实施余热暖民示范工程，选择150个示范市（县、区）。

《关于推进北方采暖地区城镇清洁供热的指导意见》将有效利用工业余热资源作为北方地区供热清洁化的重点任务之一，要求各地充分利用工业余热资源供热。与《余热暖民工程实施方案》所提出的主要任务相比，该意见进一步强调工业余热热源必须协调配置清洁化备用热源和调峰热源，保障供热系统安全稳定、运行可靠。

《北方地区冬季清洁取暖规划（2017—2021年）》专项论述了工业余热供热。除规定2021年工业余热供热面积利用规模外，还要求开展工业余热示范利用，大力发展热泵、蓄热及中低温余热利用技术，进一步提升余热利用效率和范围。该规划对工业余热供热的适用条件做出了规定：供热区域内，存在生产连续稳定并排放余热的工业企业，回收余热，满足一定区域内的取暖需求。余热供热企业应合理确定供热规模，不影响用户取暖安全和污染治理、错峰生产、重污染应对等环保措施。

2. 供热管网设施建设改造

在供热管网设施建设改造方面，2017—2021年北方地区新建供热管网8.4万千米，其中新建供热一级网、二级网各4.2万千米。完成供热管网改造里程5万千米，其中改造供热一级网1.6万千米、二级网3.4万千米。2017—2021年北方地区新建智能化热力站2.2万座，改造1.4万座。

在天然气管网设施建设方面，政策要求限时完成天然气管网的互联互通，打通“南气北送”输气通道。在主干管道方面，2017—2021 年新增干线管道 8 条，建成投产后向六省市增加供应能力约 750 亿立方米/年。在天然气支线方面，完善六省市输配气管网系统，加强省际联络线建设，提高管道网络化程度，加快建设通往城市周边、城乡结合部和农村地区的支线管道，打通天然气供应“最后一公里”，提升天然气管道覆盖率，到 2021 年“2 +26”重点城市县级行政单位全部实现天然气管道覆盖。

在液化天然气接收及储存设施方面，通过现有扩容和新建两种途径，加快京津冀和山东沿海液化天然气接收站建设步伐，配套建设气化外输设施后，2021 年底前增加气化外输能力约 1.65 亿立方米/天。

在储气调峰设施方面，2020 年采暖季前，地方政府、城镇燃气企业和上游供气企业的储备能力达到量化指标要求。中石油、中石化、中海油等要加快推进地下储气库、沿海液化天然气应急调峰站等设施建设；相关地方各级人民政府要加快城市储气设施建设进度，城市燃气必须具备一定的储气能力。截至 2021 年，将扩容改造板南、苏桥等 11 座储气库，逐步建成中石化文 23 和中石油文 23 共 2 座储气库，到 2021 年六省市地下储气库日采气能力达到 7000 万立方米/天①。

在电热管网设施建设方面，政策要求国家电网公司与相关城市统筹“煤改电”工程的规划和实施，制定工作方案；相关地方省级、市级政府对配套电网工程给予补贴，承担配套输变电工程的征地拆迁前期工作和费用，统筹协调“煤改电”用地指标②。

在供热老旧管网设施改造方面，要求：①建立老旧管网运行状况检测评估机制，及时摸底排查，制定改造计划；②重点加快改造严重漏损或存在安全隐患的管网和热力站设施，降低供热输配损耗，解决影响供热安

① 2017 年 12 月 5 日，《北方重点地区冬季清洁取暖“煤改气”气源保障总体方案》。

② 2016 年 6 月 21 日，环保部等四部委及北京市等六个省级人民政府联合发布《京津冀及周边地区 2017 年大气污染防治工作方案》。

全、节能和节费方面的突出问题[①]；③国家电网公司要加大与清洁供热相关的配电电网改造力度[②]；④加快农村“煤改电”电网升级改造[③]。

3. 不断提高用户能效水平

为了提高热用户端能效，有关政策提出了以下几方面的措施：

（1）大力推进供热计量收费

严格执行供热计量相关规定和标准，做好供热计量设施建设、使用、收费等工作，促进热用户端节能降耗。新建住宅在配套建设供热设施时必须全部安装供热分户计量和温控装置，既有住宅要逐步实施供热分户计量改造。要配套制定计量计费标准。不断提高居民分户计量、节约能源的意识，建立健全用热监测体系，实现用户行为节能。

（2）推进建筑节能

一方面，新建建筑严格执行建筑节能标准，在有条件的地区推行超低能耗建筑和近零能耗建筑示范，争取2017—2021年北方城镇新建建筑全面执行国家建筑节能强制性标准，京津冀及周边地区等重点区域新建居住建筑执行75%建筑节能强制性标准。另一方面，加快推进既有居住建筑节能改造，优先改造采取清洁供热方式的既有建筑，争取2017—2021年实施既有建筑节能改造面积5亿平方米，其中城镇既有居住建筑节能改造4亿平方米，公共建筑节能改造5000万平方米，农村农房节能改造5000万平方米；北方城镇地区既有节能居住建筑占比达到80%[④]。为了推进建筑节能，中央政府还决定以中央财政支持建筑节能试点，要求3年示范期结束后试

① 2017年9月6日，住建部等四部委联合发布《关于推进北方采暖地区城镇清洁供暖的指导意见》。

② 2017年8月18日，环保部等十部委及六个省级政府单位联合发布《京津冀及周边地区2017－2018年秋冬季大气污染综合治理攻坚行动方案》。

③ 2018年6月27日，国务院印发《国务院关于印发打赢蓝天保卫战三年行动计划的通知》。

④ 2017年9月6日，住建部等四部委联合发布《关于推进北方采暖地区城镇清洁供暖的指导意见》；2017年5月16日，财政部、住建部、环保部、国家能源局联合发布《关于开展中央财政支持北方地区冬季清洁取暖试点工作的通知》；2018年6月16日，中共中央 国务院发布《关于全面加强生态环境保护坚决打好污染防治攻坚战的意见》；2018年6月27日，国务院印发《国务院关于印发打赢蓝天保卫战三年行动计划的通知》。

点城市新建居住建筑执行节能标准水平较国家标准再提高30%，城市城区具备改造价值的既有建筑全部完成节能改造，城乡结合部及所辖县要完成80%以上①。

（3）力推高效末端散热设备

争取到2019年，新增用户全部使用高效末端散热设备，既有用户逐步开展高效末端散热设备改造。

（4）引导公众绿色生活特别是绿色居住

通过加强生态文明宣传教育，倡导简约适度、绿色低碳的生活方式，促进合理控制冬季取暖室内温度。

三、清洁供热产业的既有政策清单

清洁供热是近年来供热领域关注的重点，也是未来供热的发展方向。为了促进供热清洁化，中央和地方政府将从节能、财税、金融等方面提供政策支持，见表2－6和表2－7。

表2－6　中央政府及各部门有关清洁供热相关政策

时间	文件名称	发布内容	出台部门
2015年10月29日	《余热暖民工程实施方案》	各地区要统筹节能相关资金使用，通过多种方式加大对余热暖民工程的投融资支持力度，并研究制定余热暖民工程配套政策措施。鼓励金融机构创新金融产品和融资模式支持余热暖民工程建设	国家发改委、住建部
2016年5月16日	《关于推进电能替代的指导意见》	严格环保和能效达标准入，加大监督检查力度。各地方政府应有效利用大气污染防治专项资金等资金渠道，通过奖励、补贴等方式，对电能替代项目或技术研发予以支持。鼓励电能替代项目单位积极申请企业债、低息贷款，采用PPP模式，解决项目融资问题	国家发改委、国家能源局、财政部、环保部、住建部、工信部、交通部、民航局

① 2018年7月23日，财政部、住建部、环保部、能源局联合发布《关于扩大中央财政支持北方地区冬季清洁取暖城市试点的通知》。

续表

时间	文件名称	主要内容	发布部门
2016 年 6 月 21 日	《京津冀及周边地区 2017 年大气污染防治工作方案》	加大中央大气污染防治专项资金支持力度，优化使用方式，向任务量较大的省份和城市倾斜。相关地方各级政府全面加大本级大气污染防治资金支持力度，重点用于燃煤锅炉替代、散煤治理等领域	环保部、国家发改委、财政部、国家能源局、北京市、天津市、河北省、山西省、山东省、河南省
2017 年 4 月 18 日	《关于征求对 <关于促进可再生能源供热的意见> 的函》	对可再生能源供热项目建设用地按照社会公益事业划拨使用。税收方面参照公共基础设施项目和居民供热企业享受相关的税收优惠政策。将可再生能源供热纳入国家政策性开发性金融优先支持范围，鼓励发行绿色债券。出台差别化奖补政策，对积极满足地方民生供热需求、改造任务重、改造成效明显、严格遵守环保标准等地区的项目加大资金支持力度。建立严格的环境和排放标准，协调环保等相关部门加强对可再生能源供热项目的全过程环境监管	国家能源局
2017 年 5 月 16 日	《关于开展中央财政支持北方地区冬季清洁取暖试点工作的通知》	中央财政支持试点城市推进清洁方式取暖替代散煤燃烧取暖，试点示范期为三年，中央财政奖补资金标准根据城市规模分档确定，直辖市每年安排 10 亿元，省会城市每年安排 7 亿元，地级城市每年安排 5 亿元	财政部、住建部、环保部、国家能源局
2017 年 6 月 23 日	《加快推进天然气利用的意见》	划定并逐步扩大高污染燃料禁燃区范围；将煤改清洁能源纳入环保考核；鼓励地方政府因地制宜配套财政支持；支持地方政府、金融机构、企业等创新合作机制和投融资模式，创新和灵活运用多种金融工具，加大天然气利用及基础设施建设运营领域融资支持	国家发改委、科技部、工信部、财政部、国土部、环保部、住建部、交通部、商务部、国资委、税务总局、质检总局、国家能源局
2017 年 8 月 18 日	《京津冀及周边地区 2017—2018 年秋冬季大气污染综合治理攻坚行动方案》	设立京津冀及周边地区大气环境管理相关机构，持续开展大气污染防治强化督查，深入开展中央环保专项督察；中央财政加大北方地区冬季清洁取暖支持力度，将天津、石家庄、唐山、廊坊、保定、衡水、太原、济南、郑州、开封、鹤壁、新乡市列入第一批试点城市。中央财政安排大气污染防治专项资金和清洁取暖试点城市奖励资金体现“奖优罚劣”原则。鼓励各地政府利用融资平台筹措资金，支持清洁取暖工作	环保部、国家发改委、工信部、公安部、财政部、住建部、交通部、工商总局、质检总局、能源局、北京市、天津市、河北省、山西省、山东省、河南省

续表

时间	文件名称	主要内容	发布部门
2017年9月6日	《关于推进北方采暖地区城镇清洁供热的指导意见》	以"2+26"城市为重点，开展北方地区冬季清洁取暖试点，中央财政通过现有资金渠道支持试点城市推进清洁取暖。各地应统筹使用相关财政资金，通过价格、补贴、投融资等政策支持和引导，有效降低清洁供热项目建设及运营成本	住建部、国家发改委、财政部、国家能源局
2017年9月22日	《关于促进储能技术与产业发展的指导意见》	充分发挥中央财政科技计划（专项、基金）作用，支持开展储能基础、共性和关键技术研发。引导社会资本加快先进储能技术的推广应用。鼓励通过金融创新降低储能发展准入门槛和风险，支持采用多种融资方式，引导更多的社会资本投向储能产业	国家发改委、财政部、科技部、工信部、国家能源局
2017年12月4日	《关于做好2017—2018年采暖季清洁供热工作的通知》	各地发展改革委（能源局）要配合财政部门高效合理使用中央或地方的财政资金，在清洁供热项目建设和运行上给予支持。对于大气污染防治重点城市的农村地区，也要享受与城市地区同等的财政补贴。充分发挥财政资金的带动作用，在先行实施一批清洁供热项目的基础上，鼓励更多投资主体进入清洁供热市场	国家能源局
2017年12月5日	《北方地区冬季清洁取暖规划（2017—2021年）》	精准高效使用财政资金；多方拓宽资金渠道；创新优化取暖用电价格机制；多措并举完善取暖用气价格机制；因地制宜健全供热价格机制	国家发改委、国家能源局、财政部、环保部、住建部、国资委、质检总局、银监会、证监会、军委后勤保障部
2017年12月5日	《北方重点地区冬季清洁取暖"煤改气"气源保障总体方案》	中央财政充分利用现有大气污染防治等资金渠道，加大对清洁取暖"煤改气"的支持力度。鼓励地方政府因地制宜配套财政支持，推进清洁取暖"煤改气"项目发展。鼓励银行业金融机构对符合信贷条件的清洁取暖气源项目和"煤改气"项目给予信贷支持。支持地方政府、金融机构、企业等创新合作机制和投融资模式，创新和灵活运用多种金融工具加大对清洁取暖"煤改气"领域的融资支持。积极推广政府和社会资本合作（PPP）等方式。对于央企支持北方清洁取暖在偏远地区建设天然气管道所造成的亏损，在业绩考核中予以适当考虑	国家发改委、国家能源局、财政部、环保部、住建部、国资委、质检总局、银监会、证监会、军委后勤保障部

续表

时间	文件名称	主要内容	发布部门
2018 年 6 月 16 日	《关于全面加强生态环境保护坚决打好污染防治攻坚战的意见》	完善生态环境监管体系，严格生态环境质量管理。健全生态环境保护经济政策体系。健全生态环境保护法治体系，强化生态环境保护能力保障体系，构建生态环境保护社会行动体系	中共中央和国务院
2018 年 6 月 27 日	《打赢蓝天保卫战三年行动计划》	拓宽投融资渠道：各级财政支出要向打赢蓝天保卫战倾斜；增加中央大气污染防治专项资金投入，扩大中央财政支持北方地区冬季清洁取暖的试点城市范围，将京津冀及周边地区、汾渭平原全部纳入。支持依法合规开展大气污染防治领域的政府和社会资本合作（PPP）项目建设。加大经济政策支持力度。严格执行环境保护税法	国务院
2018 年 7 月 23 日	《关于扩大中央财政支持北方地区冬季清洁取暖城市试点的通知》	试点申报范围扩展至大气污染防治传输通道“2+26”城市、张家口市和汾渭平原城市。中央财政奖补资金标准根据大气污染影响程度、城市规模、采暖状况、改造成本等因素确定。其中，“2+26”城市奖补标准按照财政部、住建部、环境保护部、国家能源局《关于开展中央财政支持北方地区冬季清洁取暖试点工作的通知》执行。张家口市比照“2+26”城市标准。汾渭平原原则上每市每年奖补 3 亿元	财政部、住建部、环保部、国家能源局

表 2-7　地方清洁供热相关政策

时间	文件名称	主要内容	发布部门
2017 年 2 月 11 日	《2017 年北京市农村地区村庄冬季清洁取暖工作方案》	将使用燃气分户自采暖的农户由市城市管理委员会研究具体补贴办法。村委会和村民公共活动场所实施“煤改清洁能源”改造，由市财政对取暖设备购置费用给予一次性补贴。对冬季取暖农业设施实施“煤改清洁能源”和“减煤换煤”，相关项目纳入本市大气污染防治资金补贴范围，区财政给予适当补贴。对农村地区采用清洁能源集中供热的项目，其配套建设的水蓄热设施投资计入热源投资，由市政府固定资产投资按一定比例给予支持。对以往“煤改电”、“煤改气”相关政策进行明确和调整	北京市政府办公厅

续表

时间	文件名称	主要内容	发布部门
2018 年 4 月 14 日	《2018 年北京市农村地区村庄冬季清洁取暖工作方案》	继续执行 2013 年至 2017 年市政府及相关部门确定的农村地区“煤改清洁能源”和“减煤换煤”政策措施	北京市政府办公厅
2018 年 7 月 4 日	《北京市中心热网热源余热利用工作方案（2018—2021 年）》	支持全市范围内建设的余热利用项目，鼓励余热利用项目与水蓄热实施相结合，市政府固定资产投资对热源和一次管网给予 30% 的资金补助，同步配套建设的水蓄热项目享受同比例的资金支持	北京市发改委、城管委
2017 年 7 月	《天津市燃气锅炉低氮改造项目定额补助实施办法》	燃气锅炉低氮改造项目资金补助采用“定额补助”方式，资金来源为中央专项资金和市环保专项资金。本市辖区内的项目单位实施锅炉低氮改造，改造后氮氧化物排放浓度达到 80 毫克/立方米及以下的，且纳入中央专项资金补助范围的项目，可申请补助资金。本市辖区内的全部项目单位实施锅炉低氮改造，改造后氮氧化物排放浓度达到 30 毫克/立方米及以下的，且纳入中央专项资金补助范围的项目，均可申请补助资金	天津市环保局、财政局
2018 年 7 月	《天津市打赢蓝天保卫战三年作战计划（2018—2020 年）》	完善监测网络，严格执法监督。用好中央财政支持北方地区清洁取暖试点城市专项资金。市、区两级政府每年加大本级大气污染防治资金投入。推广政府和社会资本合作，鼓励开展合同环境服务，推进第三方环境治理。建立奖励与约束机制，加快实施联合惩戒和黑名单管理制度	天津市政府
2016 年 9 月 23 日	《关于加快实施保定廊坊禁煤区电代煤和气代煤的指导意见》	给予采暖期居民用电 0.2 元/千瓦时补贴；给予配套生活用气补贴。给予采暖用气 1 元/立方米的气价补贴，每户每年最高补贴气量 1200 立方米。对农村地区“电代煤”“气代煤”用户的设施改造进行补贴。凡列入“电代煤”或“气代煤”实施方案的农村、农户，在期限内未实施的，以后不再享受以上支持政策	河北省政府办公厅
2017 年 4 月 25 日	《河北省城镇供热“十三五”规划》	积极发挥财政资金导向作用，通过财政资金的“种子”作用，撬动金融和社会资本。允许通过发行地方政府债券等多种方式拓宽建设融资渠道。鼓励地方整合政府投资平台设立城市市政基础设施投资平台，支持地方政府推行基础设施证券化，提高城市基础设施项目直接融资比重	河北省住建厅

续表

时间	文件名称	主要内容	发布部门
2017年7月	《河北省省级大气污染综合治理财政补助资金管理办法》	农村地区电代煤补助按户设备购置安装（含户内线路改造）投资的85%给予补贴，每户最高补贴金额不超过7400元；给予采暖期居民用电0.2元/千瓦时补贴。对燃煤锅炉淘汰改造给予补助，单独取缔拆除的3万元/蒸吨，实施清洁能源改造的8万元/蒸吨。对关停火电机组按300元/千瓦给予奖补	河北省财政厅、环保厅
2018年2月23日	《河北省农村地区太阳能取暖试点实施方案》	各级政府通过实行奖补、贷款贴息等激励政策，有效利用各类专项资金对太阳能取暖项目予以支持，建立稳定的财政投入机制。实行企业化、市场化运作。开展合同能源管理和银企对接等社会融资方式，引导社会资金和外资投向技术水平高、市场前景广、预期效益好的太阳能取暖项目。鼓励企业通过改组、改制，盘活存量资金，吸纳社会资金，发展和壮大太阳能取暖产业	河北省住建厅、发改委、财政厅
2018年7月18日	《河北省2018年冬季清洁取暖工作方案》	政府补助资金111.71亿元，其中省级52.32亿元、市县59.39亿元，按照省级先预拨50%安排，2018年省级需落实26.16亿元，拟通过中央下达的大气污染防治资金统筹解决	河北省气代煤电代煤工作领导小组办公室
2018年8月23日	《河北省打赢蓝天保卫战三年行动方案》	组织邯郸、邢台、沧州、张家口市争取国家北方地区清洁取暖试点城市。加大对退“后十”任务城市的政策倾斜力度。完善冬季清洁取暖财政补贴政策。发挥财政资金引导作用，鼓励社会资本进入清洁取暖领域。全面贯彻落实国家关于支持节能环保绿色发展的税收优惠政策，对符合条件的大气污染治理重点项目、实现超低排放改造的环保企业，实施环境保护税优惠减免政策	河北省政府
2016年11月23日	《关于推进农村地区供热工作的实施意见》	省财政对农村供热试点地区给予一定资金奖补。各级政府要通过奖补、贷款贴息等激励政策，建立稳定的财政投入机制；有效利用相关专项资金对符合条件的农村清洁供热技术研发予以支持。放开农村供热市场，鼓励和支持社会资本进入农村供热领域，采用政府与社会资本合作（PPP）等模式，解决项目融资问题	山东省政府办公厅
2017年10月10日	《山东省关于推进全省城镇清洁采暖的实施意见》	各地应出台支持清洁采暖的政策措施，统筹使用相关财政资金，加大对清洁采暖工作的支持力度。引导企业和社会资本进入清洁采暖领域，利用政府和社会资本合作（PPP）模式建设运营清洁采暖项目	山东省住建厅、发改委、财政厅、物价局、质监局

续表

时间	文件名称	主要内容	发布部门
2018 年 4 月 2 日	《山东省关于做好燃煤小锅炉“清零”和超低排放改造工作的通知》	2018 年山东省财政进一步扩大资金奖补范围，再拨 2 亿元对 2016 年完成任务较好的市进行奖励，确保 2018 年底前完成全省 10 万千瓦及以上的燃煤机组、单台 10 蒸吨/小时以上的燃煤锅炉超低排放改造任务	山东省环境保护厅
2018 年 8 月 29 日	《山东省冬季清洁取暖规划（2018—2022 年）》	积极争取淄博、济宁、德州、聊城、滨州、菏泽等市获得中央财政专项奖补资金支持；积极争取中央预算内投资对我省储气调峰设施、配套电网建设改造等清洁取暖基础设施建设项目的支持。出台省级清洁取暖财政资金支持政策。强化金融支持力度：为清洁取暖项目争取政策性低息贷款；推广质押融资方式；鼓励上市融资、债务融资；鼓励社会资本设立产业投资基金	山东省政府
2016 年 4 月 26 日	《山西省推进城乡采暖“煤改电”试点工作实施方案的通知》	对安装高效节能电采暖设备的居民用户，设备购置费用由省、市两级财政各补贴三分之一；省、市两级财政对采暖季低谷时段电价各补贴 0. 1 元/度；对安装高效节能电采暖设备的非营利性公益事业单位，设备购置费用由省、市、县三级财政各补贴三分之一；对全省高速公路服务区“煤改电”投资，按投资额的平均水平给予 10%～20%的奖补；加大对电采暖产业发展扶持力度	山西省政府办公厅
2017 年 6 月 20 日	《山西省全面加快城市集中供热建设推进冬季清洁取暖的实施意见》	各市要加大财政投入，同时也要积极争取国家相关专项补助资金支持。要拓宽融资渠道，积极运用政府和社会资本合作（PPP）模式，鼓励多元投资主体和各类社会资本进入城市供热领域，充分利用市场机制优化资源配置。要积极用足用好各类贷款优惠政策。鼓励和培育市场主体参与城市供热行业建设和运营，不断提高供热行业发展水平	山西省住建厅
2017 年 7 月	《山西省冬季清洁取暖省级专项奖补资金管理办法》	省财政积极筹措资金 10 亿元，对全省 11 个市冬季清洁取暖进行奖补，第一批 8 亿元专项资金已先行下达各市，充分考虑各市清洁取暖工程任务量、各市大气污染物下降幅度和各市工作基础，按照因素法将第一批冬季清洁取暖省级奖补资金分配至 11 个市	山西省政府办公厅、财政厅、环保厅、发改委、经信委

续表

时间	文件名称	主要内容	发布部门
2018 年 7 月 13 日	《山西省冬季清洁取暖实施方案》	多渠道筹措资金通过发展绿色金融、开展 PPP 等方式支持清洁供热项目建设运营，积极引导多元投资主体和各类社会资本进入清洁供热领域	山西省发改委、财政厅、环保厅、住建厅、国资委、经信委、国土厅、农业厅、科技厅、煤炭工业厅、质监局、工商局、银监会山西局、证监会山西局
2016 年 8 月 18 日	《河南省电能替代工作实施方案（2016—2020 年）》	各地方政府应有效利用大气污染防治专项资金等渠道对符合条件的电能替代项目给予支持。重点对实施燃煤锅炉、燃煤窑炉电能替代的企业，政府确定的农村“煤改电”试点用户，以及安装节能电采暖设施的城镇居民用户，开展设备一次性补助和运行补贴	河南省发改委
2017 年 6 月 13 日	《吉林省关于推进电能清洁供热实施意见》	省级财政安排电能清洁供热专项补助资金，对电能清洁供热项目进行补助；鼓励各地出台配套补助政策，共同加快电能清洁供热推广利用。对新增电能清洁供热项目，相应配电网企业要安排专项资金用于红线外供配电设施的投资建设。对燃煤锅炉严格环保和能效达标准入，加大对燃煤锅炉排放物的监督检查力度，加快超标排放燃煤供热锅炉关停，鼓励电能清洁供热的推广。鼓励重点企业采用合同能源管理、政府与社会资本合作（PPP）模式建设电能清洁供热项目，解决融资问题。支持电能清洁供热企业申报国家和我省的相关专项资金项目补助	吉林省能源局
2017 年 3 月 23 日	《海南省 2017 年燃煤小锅炉淘汰实施方案》	按照《海南省节能与循环经济专项资金管理暂行办法》的要求，对符合规定的燃煤锅炉清洁能源替代改造，按原燃煤锅炉吨位，每蒸吨补助 3 万元。每季度对各市县燃煤锅炉淘汰情况组织联合督导检查，燃煤锅炉淘汰工作完成情况纳入市县政府年度环保目标和节能目标考核内容	海南省工信厅、环保厅、质监局

四、我国清洁供热产业的政策完善

1. 我国现有供热政策局限性

国家和地方一系列政策的出台，对清洁供热行业的规范发展起到了重要作用。但从实施情况来看，现有政策仍然存在一些问题，影响政策的实施效果和行业的可持续发展。

一是政策的“一刀切”问题普遍存在，差别化政策设计不足。供热行业政策“一刀切”问题较为严重。近年来，特别是2018年以来，国家开始改进这一问题。例如，2018年7月国家能源局表示，清洁取暖工作必须突出一个“宜”字，宜气则气，宜电则电，宜煤则煤，宜可再生则可再生，宜余热则余热，宜集中供热则管网提效，宜建筑节能则保温改造。进一步强调清洁取暖方式不应该趋同化，方式选择应适用不同条件和地区情况。2018年河北省专门发布《严格禁止生态环境保护领域“一刀切”的指导意见》。然而在政策制定和实施中“一刀切”问题仍然存在，对供热行业的健康发展及民生保障带来了不利的影响，提高了供热成本，亟需改变。

二是政策制定中部门协同性不足，影响到政策落地和实施效果。供热涉及的管理部门较多，各自为政的问题突出，片面强调自身职能，对政策的系统性考虑不足，一些政策甚至存在着明显冲突，影响政策落实。例如环保部门主要强调环保标准，推进供热清洁化，而对其他部门管理的热源供应保障考虑不足。一些地方为了确保环保达标，在气源等得不到保障的情况下，不允许烧煤取暖，影响居民温暖过冬。

三是供热的公益性与市场化界定模糊。2000年前后我国开始酝酿供热体制改革，引入竞争机制，培育和规范城镇供热市场。经过十几年的探索和推进，我国供热领域的市场化仍显不足，供热原料基本市场化了，但热价由政府确定以确保每个居民温暖过冬。对供热企业而言，原料市场化和热价由政府控制，难免出现“入不敷出”的亏损局面，造成这一窘境的原因是对供热公益性界定模糊、认知有偏差。

四是对煤炭在供热中作用的认识尚需进一步深化，过度强调去煤化。在我国的能源禀赋和消费格局下，煤炭在供热热源中的作用不可忽视。我国日益严重的散煤利用污染，根源在于煤炭利用的环保措施不够。清洁取暖本质上并不意味去煤化，清洁利用煤炭也可以达到环保目标。我国清洁取暖政策已经重视了因地制宜，但在实施中一些地方依然存在过度去煤化倾向，追求煤改气、煤改电，对成本以及供应保障等问题考虑不足，没有收到居民幸福感和满意度提高的效果。

五是过分依赖财政补贴，公共财政压力巨大。当前，有采暖刚性需求的北方地区冬季清洁供热改造资金绝大多数依靠各级政府的财政补贴。由于思维和行为惯性，各地在“不计成本”地推进清洁供热工程建设；由于政策制定和实施对成本考虑不够，不仅使居民的采暖支出明显增加，也因为各地采用了财政补贴措施，对公共财政造成巨大压力。

2. 我国供热政策的亟待关注

未来我国供热政策的演变，需要关注以下几种趋势：

一是政策关注重点将由城市延伸到农村。我国有关城市地区供热政策架构基本成型，政策关注点越来越多地延伸到农村地区。一方面，相对城市居民，我国农民收入水平更低，更难以承受高价的清洁供热。另一方面，我国农村居住模式不像城市，实行统一集中供热既会提高农村集中供热成本，对大气环境的影响也会更加不利，进而制约农村供热的清洁化。因此，农村供热清洁化是我国未来供热政策的重点和难点。

二是供热区域范围扩大势不可挡。供热区域范围的确定，既受到自然地理、气候条件等因素的影响，也受到经济发展水平、技术条件的影响。一方面随着我国经济发展水平和人均收入的不断提高，以及与供热相关的各种技术不断进步，南方地区供热曾经面临的经济技术约束条件都将逐渐弱化甚至不复存在。另一方面，经济发展和技术进步也使得分散供热更具经济可行性。考虑到技术是我国原来集中供热合理边界的重要约束条件，随着技术不断进步，我国将来供热（冷）区域范围的确定，满足居民的热（冷）需求成为重要考量。而供热方式则会因地制宜，取决于技术经济性。

三是供热智能化应该受到重视，发挥的作用也会更加凸显。随着技术特别是信息技术创新不断取得进步并得到越来越多的应用，我国供热智能化将成为必然趋势。通过让人们更全面、及时和精准地了解、控制供热系统，智能化有助于提高能源生产、传输和使用诸环节效率，进而能够帮助节能减排，有助于提高清洁热源的经济可行性。

四是推进顺序应当受到重视。循序渐进是我国推进工作的一般原则，同样适用于供暖工作的推进。推进清洁供热产业发展的顺序是，在将清洁放在优先位置的同时，应当循序渐进地推进建筑节能、供暖、供热工作的相继展开。随着我国城镇化的快速推进，建筑能耗势在必然，占比随之迅速提高。如欧盟国家的建筑能耗在40%以上，推进建筑节能的结果是用能效提高将建筑能耗增加抵消了，大致保持建筑能耗相对稳定或没有增长的局面，将建筑节能放在重要位置是必然选择。在逐步解决北方寒冷和严寒地区供暖这一生存性需求后，应当将供热提到议事日程。

五是促进供热清洁化政策得到不断完善。我国多年来的粗放式发展已经让环境付出了巨大代价，我们也付出了巨大的经济和健康代价。传统的供热模式是我国粗放式发展的组成部分，也是导致我国环境恶化的重要原因之一。绿色发展是我国实现可持续发展的必然要求和紧迫任务，而供热清洁化正是绿色发展的题中应有之义。追求供热清洁化不会是一时之策，将会一直作为我国未来供热政策的目标和努力方向。

3. 完善供热政策的相关建议

为切实有效促进供热行业健康发展，建议政策做以下调整：

一是强化政策的差别化，鼓励因地制宜制定政策，避免“一刀切”。在供热方式选择上，要赋予地方政府更大的选择权，中央政府部门主要负责调控清洁供热效果。另外，应该要求地方政府在暂不具备清洁能源替代的山区，清洁能源替代没有覆盖的区域，气源、电源没有保障的地方，实施洁净煤托底政策。要把确保群众取暖放在各项工作的首位，热源供应必须因地制宜、就地取材，尽可能优先使用低品位能源。在气源、电源没有充分保障到位的前提下，不得先行拆除群众现有取暖设施，在气、电资源紧张时，优先保障群众温暖过冬。

二是支持煤炭的清洁高效经济使用。在现有技术经济条件下，必须综合考虑经济成本因素，充分认识到在很多地区煤炭在供热方面仍有重要作用；为减轻燃煤污染，必须更加重视煤炭的安全清洁高效利用。为此，应该尽快建立煤炭加工、流通和消费等领域的协同治理机制，加大多领域、多行业煤炭清洁高效利用的统筹协调力度；加大清洁高效用煤的财税金融政策支持；研究制定和完善煤炭清洁高效利用标准；加快煤炭清洁高效利用技术创新和产业化应用，以消减石油、天然气对外依存度迅速攀升带来的能源乃至经济安全隐患。

三是调整财政补贴方向。在供热体制不做根本性调整、市场化供热体制尚未形成的条件下，财政应该更多支持供热领域的技术研发，以技术进步来降低清洁能源使用成本，提高清洁能源的经济性。一方面，加大对提高清洁取暖技术水平、降低清洁能源利用成本工作的支持力度。另一方面，大力推动供热智能化，积极支持包括大数据、云计算、物联网等在内的新兴技术在供热领域的试点和推广。

四是明确政府与市场作用，为政策制定提供明确方向。首先应承认供热具有一定的公益性，供热系统是城市的重要基础设施，直接关系到公众利益和人民群众的生活质量，关系到社会稳定。当然，将供热界定为公益性并不意味必须排斥市场化。政府责任在于，保证长期可持续的供热运营、民众可承受的取暖价格，排斥市场机制会影响政府作用的发挥。同时，应重视以市场化机制推动清洁能源经济化，引导社会资本进入清洁供热市场，打破垄断经营格局。在计价方式上也应结合各地及居住小区实际，积极推进供热计量化改革。

五是建立协调机制，增强政策制定与执行的部门协同性。针对供热政策设计中的政策冲突问题，应该成立相关部门参加的清洁供热协调议事机构，就保障清洁供热所涉及的环保标准、热源供应、供热技术应用、供热方式选择等方面的问题进行统筹协调，为清洁供热提供强有力的保障。

CHIC
清洁供热产业委员会
CleanHeatingIndustryCommittee

第三篇　技术篇

本篇介绍区域供热从 1.0 到 4.0 的发展规律；梳理现有清洁供热技术；从热源出发对城乡供热技术进行分类，并从燃煤热电联产及煤炭高效清洁利用，工业余热，天然气（“煤改气”），空气源热泵、水源热泵、浅层地源热泵，中深层地热能，太阳能，生物质能及垃圾焚烧供热，核能等方面分别加以阐述，从而为各地供热的技术路线选择提供参考。

一、区域供热：从 1.0 到 4.0

丹麦、瑞典等北欧学者提出了第四代区域供热（集中供热）技术体系（4th Generation District Heating Technologies and Systems）（如图 3－1 所示）。

第一代（1880—1930 年）蒸汽供热系统。供汽温度 200℃；水泥管道，管网布置简单；热源单一，只有燃煤和地区性热力公司。

第二代（1930—1970 年）高温热水系统。供水温度超过 100℃；管网扩大；热源有燃煤、燃气，部分地区有热电联产，调峰采用燃油供热；重型设备，现场建造热力站。

第三代（1970 年至今）混合供热系统。供水温度在 100℃以下，供热规模继续扩大。在第二代基础上增加预制保温管，工业化紧凑型换热站，引入计量和监控系统；除燃煤和天然气外，利用生物质燃料、工业余热和垃圾焚烧技术；出现跨地区大型热力企业。

第四代，低温区域供热系统，供水温度在 50℃～60℃。完全摒弃化石燃料，充分利用太阳能、地热能、风能、生物能等可再生能源，用户被动房产生的能量可并入能源网，分布式智能化能源网。从热力公司向用户的单向供热转为根据用户需求的双向互动选择。

第四代区域供热的重点是能源效率、灵活性及所有可用的可再生能源、余热资源的综合集成。供水温度更低，有利于提高能源利用效率；更好地利用工业余热和储热在经济上也更合理；未来建筑将更节能，将降低单位建筑面积的热需求，低温高效的区域供热系统将扮演越来越重要的角色。

第四代区域供热基于所有可用能源实践的整合，继续集成更多可再生能源和余热资源。能量存储及供需间的动态互动将确保系统的灵活性和高效性。使用低温供热和更优的管道系统，使热量损失最小化。区域供热可以用在更多的地方。

我国的不同区域和城镇，处于区域供热的不同阶段，难以一一比对，但区域供热 4.0 给出了清洁供热产业发展愿景和未来方向，可以供我国不同地区推进供热工作参考。

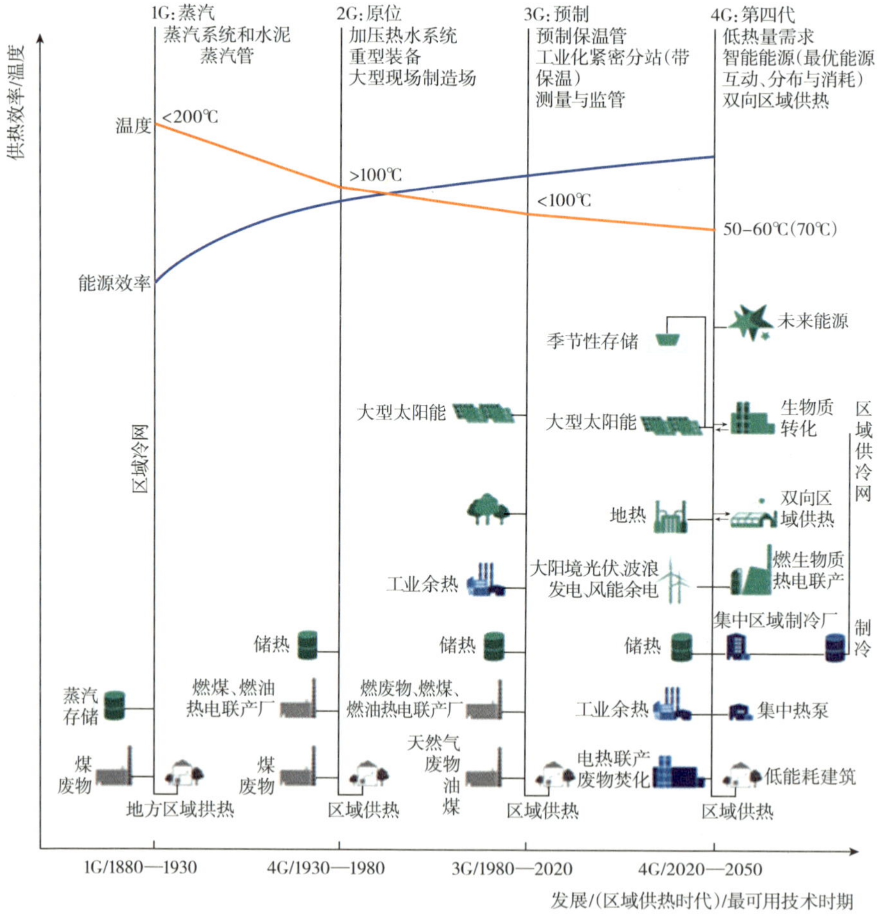

图 3-1　区域供热发展升级及其主要特征

二、燃煤热电联产及清洁高效供热技术

我国煤炭资源储量大可作为供热的主要能源，燃煤供热主要有热电联产和锅炉两种方式。从能源效率和污染物排放看，燃煤宜热电联产，宜集中不宜分散，容量宜大不宜小；散煤小锅炉、土暖气使用效率极低，排放较大，严重污染环境，应予坚决淘汰。现有供热用大型燃煤锅炉房（链条炉、循环流化床炉、水煤浆炉、煤粉炉等），锅炉效率在80%~90%之间。大型燃煤锅炉房既有独立区域供热，也有作为集中供热热电联产的调峰热源。

热电联产是高效的能源转换方式，满足能源“梯级利用，品位对口”原则，高品位热用于发电，低品位热用于供热，容量越大效率越高，并可实现超低排放，是供热方式中最具竞争力的，也是集中供热的主热源。大型热电联产集中供热系统如图3－2所示。

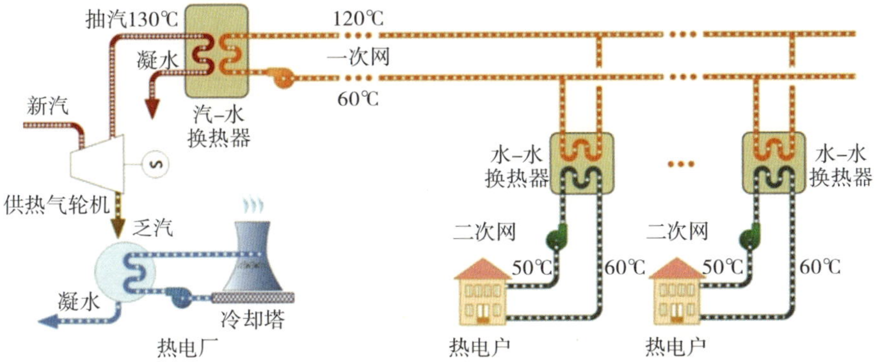

图3－2 大型热电联产集中供热系统示意图

我国是火电和热电联产装机容量大国。近些年，城市周边既有火电厂进行纯凝汽式发电机组改造为城市供热，在能效、经济性和环保等方面具有得天独厚的优势。但是，现有热电联产集中供热系统也存在几个问题：

一是热电联产供热比低，乏汽和烟气余热未得到全面回收。供暖季，大型燃煤热电联产机组（300MW、600MW、1000MW）热效率由纯凝电厂的30%~40%提高到60%~70%，若充分回收排空余热（湿冷机组循环水

或空冷机组乏汽余热、烟气余热），既能将热效率提高到80%~90%以上，还可避免循环冷却水蒸发、消除白烟中大量雾（水蒸气）而取得巨大的节水效益。

二是大型热电联产机组“以热定电”，冬季电网调度困难。因此，应提高热电比，解决热源短缺问题。而大量新建电厂会加剧电力过剩，也使煤炭消耗量和污染物排放量增加。

三是化石能源消耗导致大量二氧化碳排放，与此同时“弃风弃光”现象加剧，无法满足应对气候变化和可持续发展的长远要求。

四是集中供热管网建设初期投资大，输送能力受限，深度回收的余热遇到热网输送能力不足的制约。供热管网系统的复杂性及建筑节能标准提高带来的热负荷需求降低，以及热量输配不均匀损失、保温损失和输送电耗等占能耗和成本比例上升，部分抵消了集中供热的优势。

为此，若把热网回水温度降低到20℃~30℃以下，可大量回收电厂余热。清华大学的大温差余热供热技术（如图3－3所示）可以利用网供水温度的高温水（100℃~130℃）驱动吸收式热泵把回水温度降到25℃~30℃，通过末端天然气补燃的吸收式热泵或电力作为驱动热泵进一步把回水降到15℃。高温供水、低温回水（大温差输送）又可以减少热量输送要求的循环流量，实现同样管径输送更多的热量，实现长距离输热的经济合理性，使得远离城市电厂的余热供热成为可能。

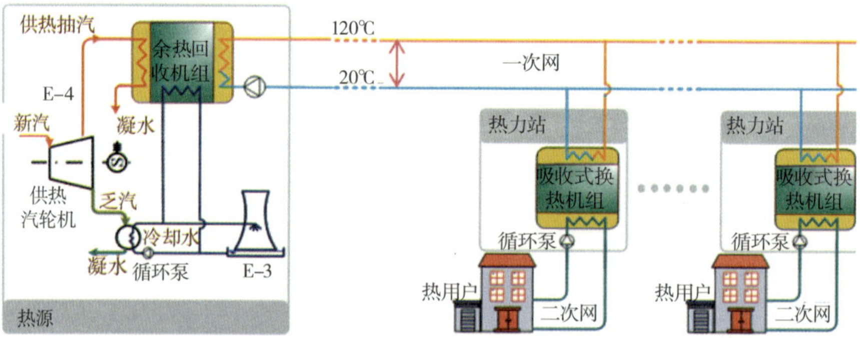

图3－3 新型大型热电联产集中供热系统示意图

将电热泵与集中热网结合用于末端降低回水温度，是一种利用电热泵的更好供热方式。在热网水输送投资和能耗不增加前提下输送更多热量。利用城市大热网管网将热源乏汽余热送给末端用户。电热泵低温侧、高温侧工况比传统空气源热泵、水源热泵、地源热泵更有利，热泵能效指标COP值也高，利用电力回收余热、提升热网输送能力。

通过蓄热技术、热泵技术和建筑热惰性等特点，可以进一步实现热电联产的“热电协同”，解耦热电矛盾。例如，“热电协同”方式之一是在蓄热运行时，通过增加抽汽减少热电机组发电，设置电热泵消纳低谷过剩电力，并制取低温水和高温水分别储存在两个自然分层式蓄热水罐中，低谷期蓄能热泵消耗过剩电力将低温罐中储存的余热转移至高温罐。放热运行时，可通过减少抽汽增加热电机组发电，并释放高温罐与低温罐中的储水，来平衡减少抽汽所带来的排汽量变化及供热量变化。

余热深度回收的热电联产系统效率，比目前其他热电转换方式效率高。换言之，热电联产是能量利用效率最高的电—热转换方式。整体解决方案是，小区热力站或用户设置大温差换热机组，以热、气或电驱动降低回水温度，电厂设置余热回收专用机组，以汽轮机采暖蒸汽驱动，通过直接换热、高背压或热泵等方式，梯级吸收乏汽余热用于城市供热，系统对比见表3－1。

表3－1 热电联产余热利用的集中供热系统比较

	常规热电联产	大温差热电联产
热源	抽汽供热，减少发电	抽汽：乏汽＝60%：40%
热源价格	30元/GJ	15~20元/GJ
热力站	换热器	大温差换热机组
一次网供回水温度	100℃~130℃/50℃~60℃	100℃~130℃/15℃~30℃
一次网输送	大流量，不适宜长距离输送	小流量大温差，输送距离增大
调峰	单热源	天然气分布式调峰，热、气或电驱动，进一步降低进入电厂的回水温度

我国北方城镇供热主要依赖于洁净煤高效利用。2014年，国家发改委、环保部等部委出台相关政策支持采用燃煤“超低排放”技术应用，排

放标准如表3－2所示。

表3－2　污染物排放标准　　单位：mg/Nm^3

污染物项目	燃煤锅炉排放限值	燃煤锅炉重点地区排放限值	天然气燃气轮机组排放限值
烟尘	30	20	5
二氧化硫	100（新建） 200（现有）	50	35
氮氧化物	100	100	50

洁净煤利用可以有效降低燃煤污染排放，如果供热距离较近，主要采用以下几种方式：

一是对现有燃煤锅炉和热电厂加以改造，降低烟气污染物排放强度，达到相应标准。

二是在城市一定距离内利用已有大型燃煤电厂余热为城市供热，替代城区范围内小型燃煤热源。若在城镇内新建电厂可以增加地方税收和就业，但有一定量的污染物排放包括废渣废水、运输过程其他排放，且燃煤和碳排放总量无法减少，有可能加剧我国尤其是北方采暖地区的电力过剩和“弃风弃光”局面。

三是燃煤热电联产机组与大型燃煤锅炉协调联网运行，按照《热电联产管理办法》及规范对热化系数60%~70%的要求，调峰锅炉供热能力可按供热区最大热负荷的25%~40%考虑，使初投资大、能效高、运行成本低的热电联产机组承担基本热负荷，而初投资小、能效低、运行成本较高的调峰锅炉承担尖峰热负荷。

三、天然气供热技术

我国天然气资源少，2018年对外依存度已达45%。天然气是优质能源，应该“好钢用在刀刃上”，在优先保障民生、生产和重要领域需求基础上，技术合理、高效、因地制宜地用于供热。天然气用于供热理论上属于品位不对口、“大材小用”。2017年冬天各地“煤改气”导致天然气缺口高达220亿立方米。全面推广“煤改气”，不仅使我国能源安全面临巨大压力，居民也难以承担高昂的采暖费用。

“煤改气”的利弊主要有：一是易于建设，适用分散的居民壁挂炉用户，调节灵活，适用大、中小学等间歇性采暖用户，也宜用于集中热网调峰；二是污染物排放较少，几乎无烟尘和二氧化硫排放，但会排放大量NOx，进而增强大气氧化性、使大量污染气体氧化成颗粒物或细颗粒物（PM2.5），二氧化碳排放约为燃煤的60%；三是我国天然气价格较高，是燃煤的2~3倍，每年需要对供热和发电大量补贴；四是我国城市配套设施不足，需要完善城市各压力等级的输配网络及季节调峰设施，管网建设安全要求高。

1. 燃气锅炉及壁挂炉

天然气直接燃烧供热方式主要有两类，一是在集中供热区域与城市热网结合，承担供热调峰；二是燃气锅炉或壁挂炉作为分散供热方式，作为集中供热的有效补充。

与燃煤锅炉房不同，燃气锅炉房效率和容量关系不大，容量宜小不宜大，宜分散不宜集中。对壁挂炉来说，冷凝式壁挂炉效率高，用户末端调节运行灵活、节能；但和燃气炊事一样，存在氮氧化物无组织排放处理问题。

在燃气锅炉独立运行时，初末寒期都要运行，燃气耗量大，供热成本高。如果采用热电联产供热，初末寒期热网供热能力富裕，但惯性大，不易调节，燃气锅炉可作为集中热源的分布式调峰，整合成一个系统。该系统有以下优点，一是优化配置供热负荷，高效低成本的热源承担基础负荷，高成本燃气承担尖峰负荷；二是通过增大热网输送能力，可以提高管网利用率；三是可用于降低热网回水温度，为余热回收创造条件；四是多源联网供热，保障供热安全性、调节灵活性，也有利于全网的热力、水力平衡（见图3-4）。

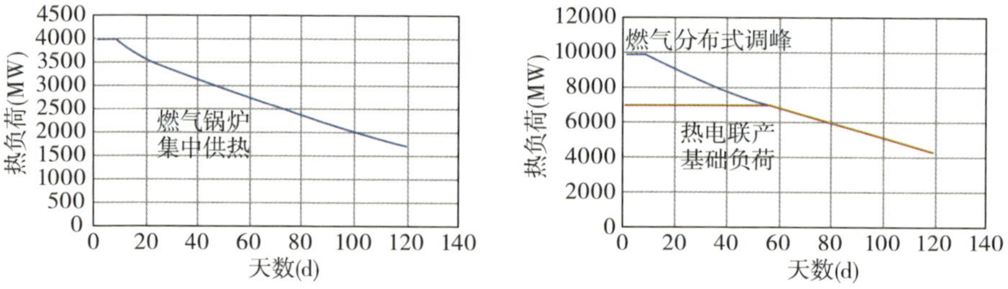

图 3－4　燃气锅炉独立供应和燃气分布式调峰系统

天然气锅炉效率一般可达 90%（低位燃烧值），烟气余热全热（显热和潜热）的回收潜力巨大，可使利用效率提高 15%～20%（如图 3－5 所示），锅炉效率可达到 110%（低位燃烧值），可实现余热节能、节省天然气运行经济和节水消白、减排效果。

传统的烟气余热回收包括空气预热方式、热网水间壁式换热方式及其组合，可提高供热效率 3%～5%，但不能实现显热、潜热的深度回收，换热设备体积大、易酸性腐蚀，受外界冷源温度限制，排烟温度降低有限。

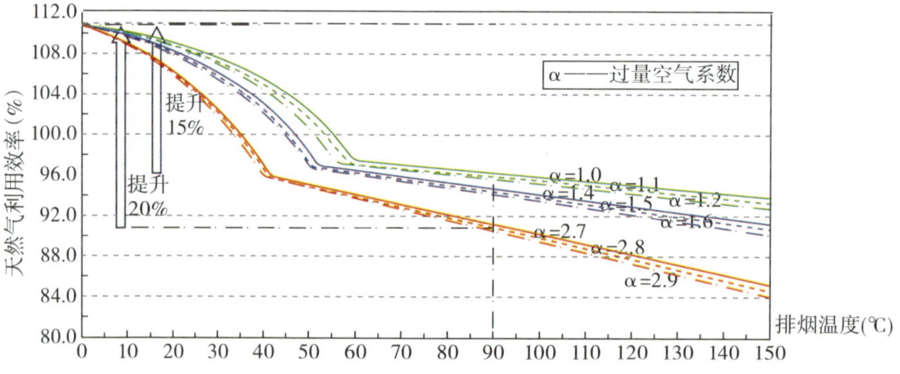

图 3－5　燃气锅炉烟气余热潜力

清华大学提出直接接触式换热与热泵相结合的全热回收新流程（如图 3－6所示），利用高温热水、烟气或燃气、电力作驱动力减小换热过程中的不可逆损失，同时回收烟气显热和潜热，将排烟温度降至 20℃ 以下，可提高锅炉供热效率 10% 以上。

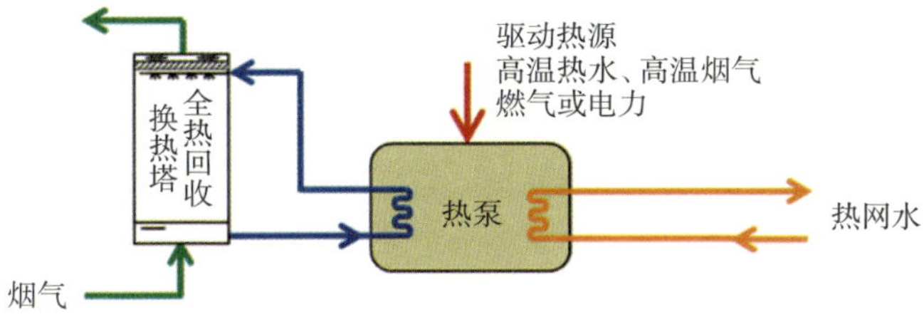

图 3－6 燃气锅炉直接接触式换热与热泵相结合的全热回收

采用直接接触式换热，一是换热效果好，气液两相接触面积大，喷淋换热烟气与冷却水间换热端差可达 2℃左右，比传统换热温差 5℃降低 60%；二是结构简单，体积小，成本低，仅为间壁式结构的 20%～50% 左右；三是可以实现余热回收与减排一体化，喷淋水加碱中和，解决了酸性冷凝水对金属的腐蚀问题。

2. 大型燃气热电联产

一方面，相对于燃气锅炉直接燃烧用于供热，燃气蒸汽联合循环大型燃气热电联产是天然气的高效利用方式（如图 3－7 所示）。

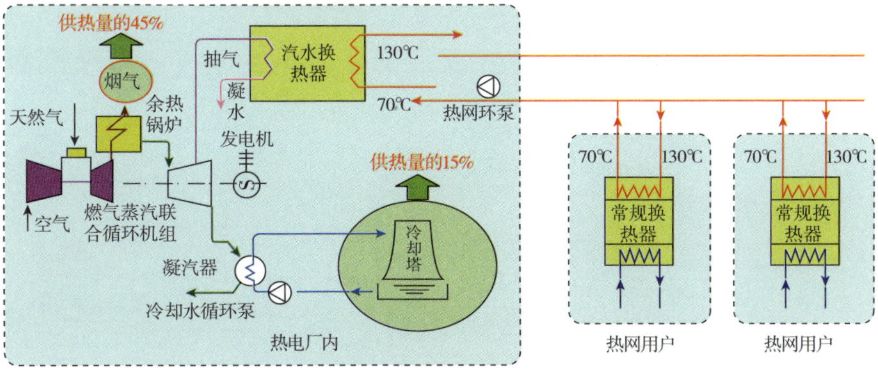

图 3－7 大型燃气热电联产集中供热系统

另一方面，在应用中仍存在以下挑战：

一是供热成本高，将发电按当地上网电价折算，供热成本约为 200 元/GJ，需政府每年支付大量补贴同时用于发电和供热，例如 2 台 9F 机组每年约需要 10 亿元补贴。

二是相比燃煤热电厂，热电比低，约为0.6。在相同供热面积下，该技术的耗气量是燃气锅炉的8倍左右，全年天然气消耗量大，加上燃烧温度高，造成氮氧化物总排量大，燃气供应安全保障性相对较差。

三是余热浪费严重，占供热量的60%，大量余热随烟气和乏汽排放到环境中。

四是燃气电厂的调节作用缺少灵活性，“以热定电”运行模式难以作为电网的调峰电源主要方式之一。

3. 天然气分布式供热

这种方式适用于热负荷需求稳定的用户，尤其工业企业蒸汽负荷需求，具有特定应用场合和对象。分布式能源供应的发电容量一般在50MW及以下，发电效率不如大型燃气热电联产。由于接近用户，管网等基础设施投资小，用户侧用电价格高，在一定条件下供热成本可低于大型燃气热电联产。

如能充分利用余热资源特别是烟气余热，可进一步提高能效、降低成本（如图3－8所示）。清华大学设计了热泵型燃气热电冷联供系统，排烟温度可降至20℃，综合效率（发电效率＋供热效率）可达到90%以上，可以进一步降低供热成本。

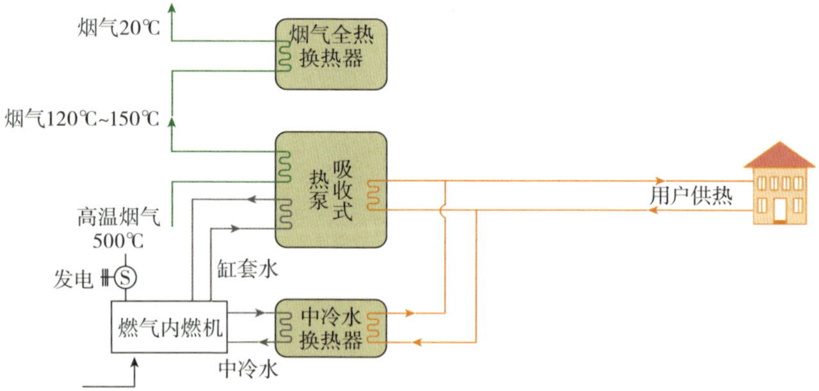

图3－8　基于余热利用的燃气分布式能源供热系统

4. 天然气热泵供热系统

天然气直接燃烧用于供热，一次能源利用效率低于1；在1份燃料转换化为热量时，还可从外界低品位自然冷热源（如空气源、水源、地源、余热等）提取热量，实现一次能源利用效率大于1（图3－9所示）。燃气空气源吸收式热泵（GAP）是其中的一类设备，以燃气作驱动能源，用氨水吸收式热泵技术，1份燃气可从空气中获取约0.7份的低品位热能，制取高品位热能的装置，减少环境温度对供热量的影响。

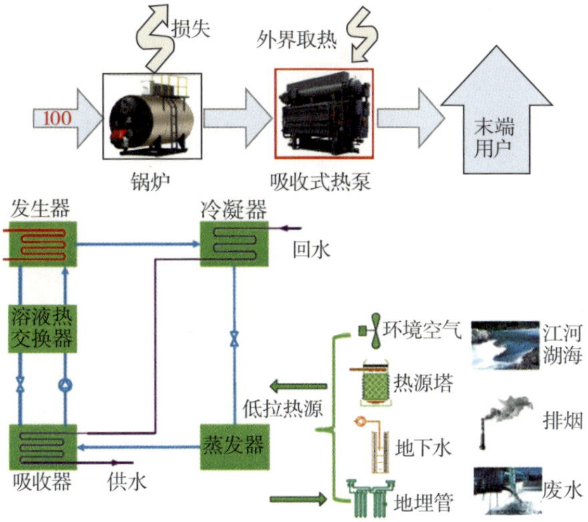

图3－9 天然气燃烧驱动吸收式热泵系统示意图

四、工业余热供热技术

我国工业能耗占全国能源消费总量2/3强，但能源利用率低，至少50%的工业能耗以各种形式的余热废弃。国家能源统计数据表明，工业部门能耗排名前五名的行业分别为：石油、炼焦及核燃料生产，化工材料及化工产品生产，非金属矿物制品生产，黑色金属冶炼及锻压，有色金属冶炼及锻压等。五类工业部门占工业总能耗的2/3，其中的大半分布在北方地级城市，余热品位较高（但属低品位余热），具有较高的回收可行性。据有关估测，我国目前钢铁、有色、化工、炼油、建材五大行业在北方冬季排放的热量足以承担北方城镇一半以上建筑冬季供暖需求。如能用上70%也可以每年节约供暖用能1亿吨标煤。因此，将现在没有得到充分利用的低品位热用于冬季建筑采暖，不仅冬季几大高能耗产业能源热利用效率可以提高到80%以上，还可以避免循环冷却水蒸发而获得巨大的节水效益。

工业余热用于供热，基本不增加能耗。从热量品位看，设计梯级取热流程，通过热交换及热泵等技术，按品位从低到高依次回收余热，考虑热交换过程中的损失，回收低品位工业余热的热量品位一般不超过100℃。集中供热属于高品位热源（图3－10）。工业烟气含尘、含酸性气体成分，体积流量大，回收余热时容易出现酸腐蚀及设备体量过大、现场难以安装等问题。冷却循环水、洗涤水等工业循环水，余热量大、品位低、水质差，回收余热时余热采集设备和管路可能发生磨损、堵塞或腐蚀，品位需要提升后才能用于供暖。

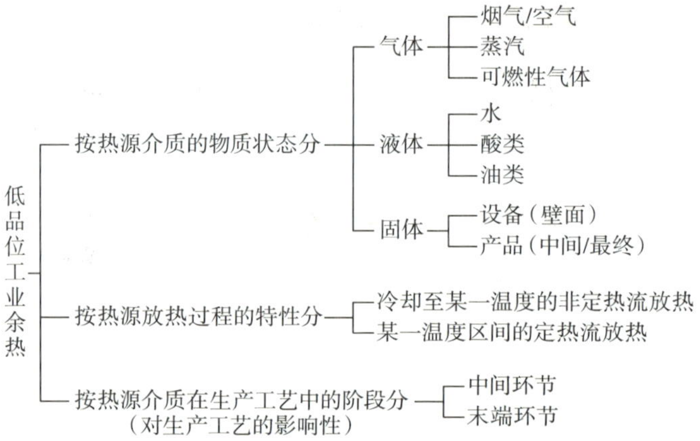

图3－10　低品位工业余热分类

低品位工业余热供暖系统主要有两类：①利用特定换热设备回收较高温度热源（如高炉冲渣水）的热量；②利用电热泵、吸收式热泵等热功转换设备回收较低温度热源（如冷却循环水）的热量，提升温度后用于供暖。

回收不同工业类型、工艺流程、不同品位的余热，需进行方案设计和技术选择。以钢厂为例。低品位余热资源有高炉冷却循环水、高炉冲渣水等，降低热网回水温度成为系统设计的关键。通过低回水温度，梯级回水两部分热量，再利用厂内自备余热发电机组的高品位抽汽，作为驱动进一步回收循环水余热以及承担尖峰加热负荷（如图3－11所示）。

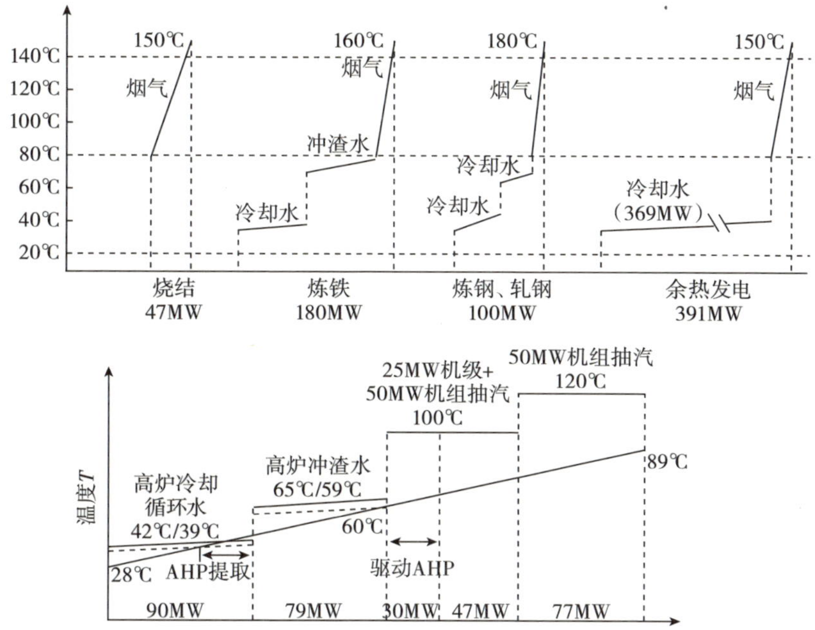

图3－11 钢厂余热供热方案 T－Q 图

工业区与小城镇城区一般在5千米以内；大中城市一般在10千米以上。工业余热回收后必须借助热网才能经济可靠地长距离输配给用户。降低热网回水温度，不仅有利于提高工业余热回收效率，也有利于热网的长距离输送。工业余热的间断性特点，要求与其他形式的热源（如热电联产，区域锅炉房）通过多热环网配合才能保证供热。因此，工业余热采集、整合、输配、调节等的关键在于将热源、热网、用户设计为一个整体，统筹优化，破解技术障碍，使更多的低品位工业余热更经济地输配出去，更安全可靠地为末端用户所用。

五、电动热泵供热技术

电动热泵供热技术，是采用各类电驱动热泵（以下简称“电动热泵”），电用锅炉（蓄热）等集中式供暖设施或发热电缆、电热膜、蓄热电暖器等方式（以下简称“电直热”）。

电直热方式可以在电力负荷低谷期把多余电力转换为热量，不仅为当时的供热需求提供热源，还储存热量满足电力负荷高峰期供热需求。这样做，从局部看确实避免了使用燃煤燃气锅炉供热的污染物排放，通过蓄热解决了电力供给侧和需求侧不同步的矛盾，似乎是实现清洁取暖的有效途径。但是通过直接电热方式把电转换为热是典型的“高能低用”，主要存在以下问题：

①不节能：能量高质低用，COP≤1，考虑发电结构，一次能源效率约为0.4。即使是可再生能源电力，也应高效利用。

②不环保：使用电力虽然当地无污染，但我国电力60%以上来自于燃煤电厂，因而存在间接排放，低效使用将导致整体排放量的增加。

③不省钱：100平方米的初投资约1万~1.5万元，电网负荷需求约是电动热泵方式的3倍，需要大规模电网扩容。运行成本高（0.4元/kW·h，电价约合为110元/GJ供热成本），如果不是夜间优惠电价用户难以承受；优惠电价应激励高效利用方式，尽管“消纳电”可以提高电的利用效率。

④基础设施支撑不了：农村电网基础设施薄弱，用电负荷水平低，电力基础设施投入较大，改造成本高。

因此，在燃气、热力等基础设施缺乏，资源匮乏及建筑等特殊要求（如文物建筑），局部取暖等情况下，电直热应当尽量少用、分散应用，不宜普遍推广。

电动热泵方式（heat pumps）是一种将低温热源热能转换成高温热源的装置。热源往往是低品位的，可分为空气、地表水（江河水、湖泊水、海水等）、地下水、城市自来水、土壤、废热等。通过1份电力回收2份低品位热量，热泵能效COP=3，一次能源效率约1.2（发电效率40%）。热泵供热方式可以避免电直热的低效、电力增容和运行成本昂贵等问题，也可以通过蓄热措施和初末寒期运行调节，尽量利用电网低谷电，还能利用弃风、弃光、弃核等因与常规电网用户负荷不匹配而浪费的电力。

从技术发展和应用看，各类热泵受资源规模、利用条件限制，各有适用场合和对象（如表3-3所示）。一般宜为分散供热系统，否则较大规模或较长距离输送，因为低温侧和高温侧输送温差远小于集中供热（温差50℃以上），输配电耗巨大，造成系统COP低；若低于2甚至1，则不利于节能，运行费用也高。

表3－3 各种热泵形式优缺点

热泵类型	优点	不足
空气源热泵	体积小、安装灵活、输配损失小，特别适合于广大农村	受室外温度影响大，可能存在除霜问题
海水源热泵	海水温度较空气高；水温波动小，机组运行稳定	腐蚀性；脏堵；取水点深度不够，水温低；受可利用条件限制
污水源热泵	污水温度较高	受资源可利用条件限制
地下水式土壤源热泵	土壤温度全年基本稳定，冬季地下水温高	系统性能受地下水水量、水温以及供水稳定性影响较大，地下水回灌
地埋管式土壤源热泵	不会对地下水系统造成影响，机组运行更加稳定	地埋管深度较浅，热源温度不高
中深层地热能	温度大于25℃，热源品位高	资源、地质条件，尾水回灌问题

1. 空气源热泵

从室外空气中获取热量，再通过热泵提取其热量品位，以满足建筑供暖需求。当室外空气温度在0℃左右时，这种方式可以实现的电—热转换效率COP达到3，因而成为北方“煤改电”中应用最为广泛的方式。由于这种方式很少受条件限制，在长江流域也是最合适的建筑供暖热源。

近年来，我国在空气源热泵领域的技术进步迅速，中国的空气源热泵技术处于国际领先地位。通过新的压缩机技术、变频技术和新的系统设计，已经把空气源热泵的适用范围扩展到零下20℃的低温环境，使得空气源热泵在绝大多数地区都可以作为高效的电—热转换方式，为建筑提供供暖热量。

外温在0℃左右，是传统上的热泵应用范围；外温在－10℃左右，螺杆机、涡旋机的补气增焓和转子压缩机双级压缩等技术，COP可大于2；外温低于－20℃时，对普通单机双极增焓容积比固定，无法兼顾制热全工况内的能效要求，格力国家节能环保制冷设备工程技术研究中心开发了三缸双极变容积比压缩机，COP 接近 2（如图 3－12 所示）。

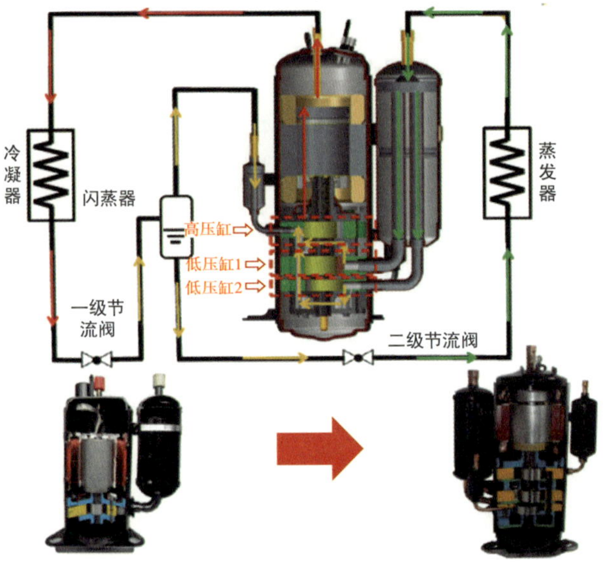

图 3－12　三缸双极变容积比压缩机

低温空气源热泵采暖技术主要有：户式型热泵机组（简称热水机）、低温多联机组，一户多间、采暖面积大，需散热器或地暖末端；房间型房间式采暖器（简称热风机），单房间热风采暖，无需散热器末端，具有分室设置的单一室内末端。

2011 年，清华大学农村节能团队提出低温空气源热泵热风机概念，制定了北方地区热风机取暖技术指标和首个行业标准。在－25℃和更低环境温度下向室内提供热风的空气源热泵采暖设备，还具有制冷等功能，设置双级增焓压缩机或双级变容积比压缩机，保证室外低温热量需求较大时正常工作，且制热量不衰减。对应于北京气候，冬季实测平均 COP 在 2.5～3 左右，即每消耗 1kW·h 电，可以制 2.5～3 kW·h 热。与热水机相比，主要有以下不同：

1）一室一机，安装简单，故障少、维护方便，是设备而不是系统，可靠性高，非常适合于农村；热水机需要安装水系统，水泵电耗、故障、水系统堵塞、停机后冻结等。

2）热风机惯性小，可快启快停，适合于间歇采暖；热水机末端为辐射方式，热惯性大，需要5～10个小时预热，不适合间歇。

3）热风机一室一机，可实现平时人少仅开一室，假日人多全开；热水机需要调节水阀，而且启停缓慢，很难分室启停。

4）辐射方式和好的热风方式可以实现同样的热舒适。改善气流组织，热风机落地安装时，热风可贴地面流动、扩散，从下出风口自然上升，整个房间温度均匀升高，达到地暖供暖的舒适度，同时温升速度比常规地暖快（如图3－13所示）。

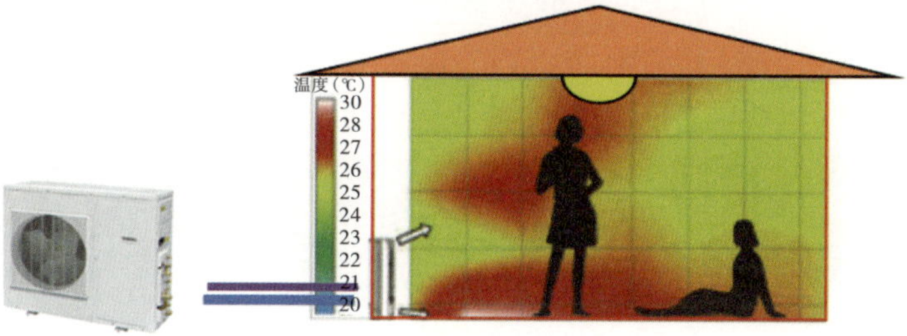

图3－13 热风机空气源热泵

5）以一户为例。热风方式用电量在20～40kW·h/m^2，而热水辐射方式用电量在40kW·h/m^{2}以上；电网增容方面，蓄能式电热约12kW/户，热水机8kW/户，热风机5kW/户。

空气源热泵应用，需关注以下问题：一是空气源热泵容量设计平衡点按照满负荷设计时，机组初投资大幅增加，水泵风机等附属设备能耗增加，低负荷率运行时间长，机组季节COP会降低；二是室内末端应为低温供热，如地板辐射采暖以提高热泵效率；三是可作为虚拟调峰电厂运行，多个低温空气源热泵实现联动控制，主动启停模式控制，由于建筑具有较好的热惯性，热泵短期启停对室温影响不大。通过平衡电网负荷需求，保证不稳定风电入网以减少“弃风”，有效解决冬季电网负荷峰谷变化问题，同时提高电厂能源利用效率。

2. 水源热泵

自然冷源包括地表水（江河水、湖泊水、海水等）、地下水、城市中水、污水等。以地下水作为低位冷热源，因回灌技术和现实问题，近年来发展受阻；在25~50米海水温度基本恒定5℃~8℃，受地域限制须使用耐腐蚀的热交换器和循环泵，海水有机物和盐类导致结垢，且海水温度较低，海水输送温差更小，难以较远距离输送（如图3-14所示）。

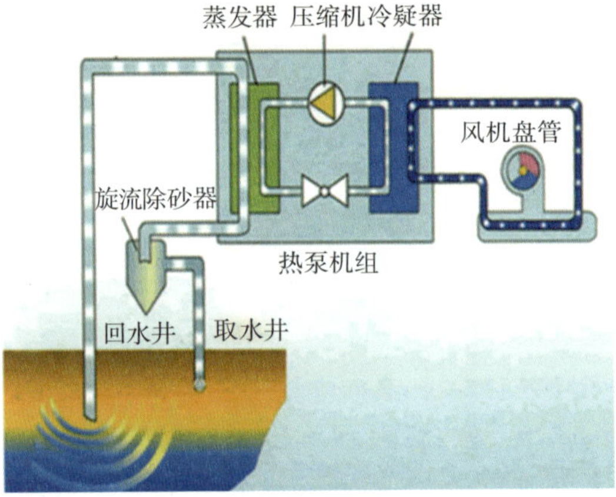

图3-14　地下水源和海水源热泵利用原理示意图

污水源热泵，是从污水（生活废水、工业废水、矿井水、河湖海水、工业冷却水、生产工艺排放废水）中提取热量，实现对用户供暖的热泵系统（如图3-15所示）。冬季污水温度比环境温度高，热泵蒸发温度提高，能效比也会提高。其中一种是以不经过处理的污水为热源，另一种是以再生水为热源，一般用于城市污水处理厂周边的供热。

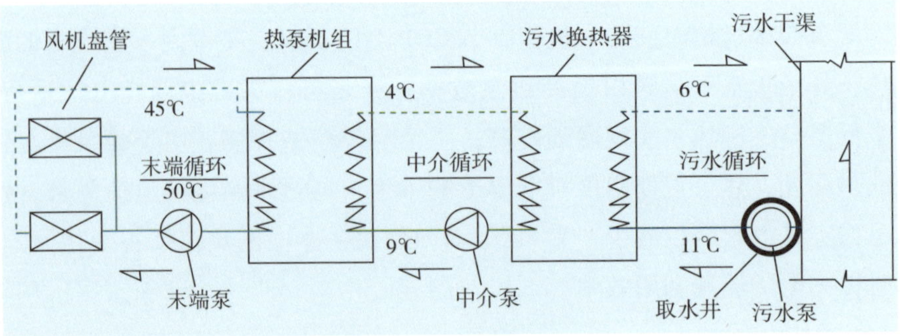

图3-15　污水源热泵示意图

3. 浅层地源热泵

由于多地禁止直接抽水取热，地源热泵成为浅层地热应用的主要方式，近年来在国内发展飞速。在地下埋管，通过埋管中循环水与地下砂石黏土换热，提取地层中热量，再通过热泵提升热量品位以满足建筑供热需求。浅层地源热泵的关键是保证冬夏热平衡，即全年由地下埋管系统提供的冷量与热量一定要基本平衡。对埋深为 100 米左右的地下埋管，换热后的循环水一般在 10℃~15℃之间，热泵的电—热转换效率为 3~4。近年来，我国研究人员成功研发用于西北地区 2000~3000 米深的地下埋管热泵系统，循环水出水温度可以达到 20℃~30℃，电—热转换效率 COP 可达 4~5。

由于大面积垂直埋管，地下埋管系统与外部环境的热交换能力很差，要求冬季蓄入地下的冷能在夏季被全部利用，反之夏季蓄入地下的热量能在冬季全部利用。如果平衡不能满足，如以供热为主的建筑取热量大于排热量，土壤温度会下降，系统性能衰减，导致地下系统温度逐年升高（冬季取热量小，夏季取冷量大）或降低（冬季取热量大，而夏季取冷量小），几年后整个系统可能因性能恶化而报废（如图 3－16 所示）。

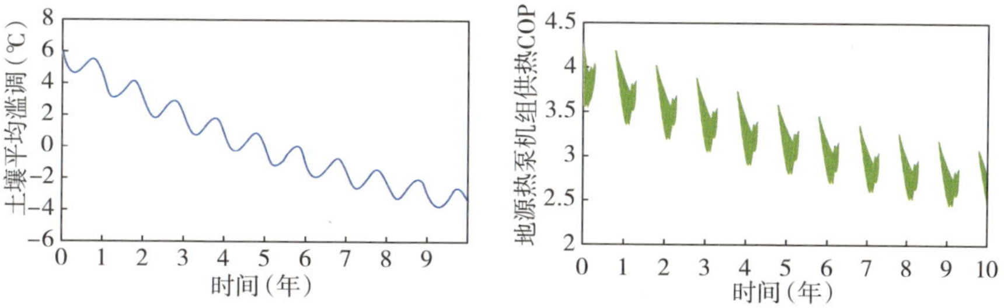

图 3－16 土壤平均温度和机组供热效率逐年变化

热平衡可采用辅助设备补热（锅炉可靠性高、能效比低、高能低用）或减少取热（太阳能绿色环保、初投资高、运行维护困难）、热管或风冷换热器等复合补热（图 3－17）。

另一方面，以土壤为介质进行季节性蓄能，必须有足够体积的土壤。对一些高层建筑而言，如果一边没有可用来埋管的足够地表场地就很难找到足够体积的土壤来蓄能。只有在低容积率条件下，才适合采用地源热

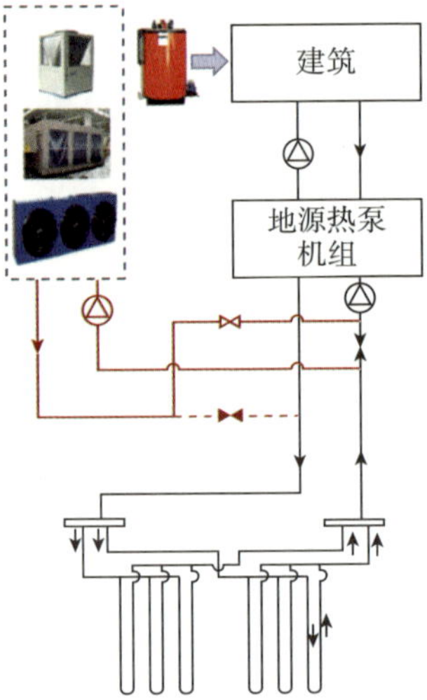

图 3－17　补热式浅层地源热泵系统示意图

泵。高容积率的场合或由于蓄热管道深埋造成投资过高，或因蓄能土壤体积不足而造成性能不佳。

4. 复合源热泵

常规热泵仅能利用一种低品位的自然能源，很难兼顾冬夏制热、制冷需求。太阳能与空气源组合的热泵系统，风冷换热器弥补太阳能集热器不稳定及夜间或阴雨天气无法使用的缺陷，优势互补，保障了热泵系统的高效稳定运行（如图 3－18 所示）。

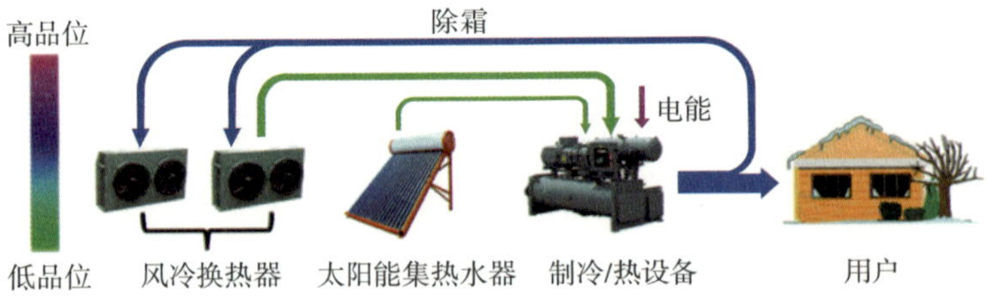

图 3－18　太阳能与空气源组合的热泵系统示意图

风冷换热器可以弥补冷却塔冬季无法使用的不足，冷却塔弥补了风冷换热器在夏季散热效率低的缺陷，二者搭配使用，优势互补，可以保障热泵系统高效稳定运行（图 3－19）。

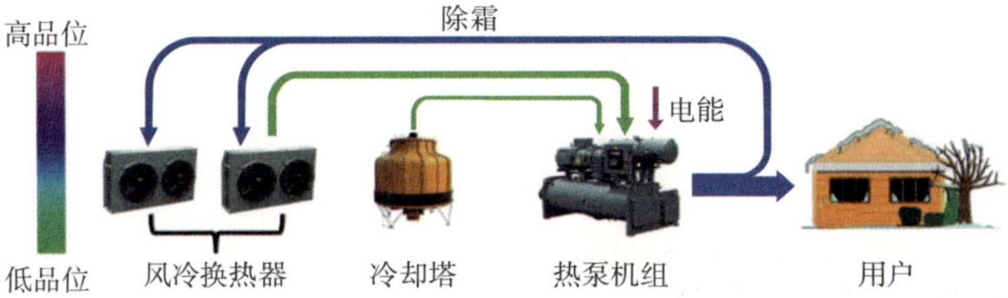

图 3－19　空气源热泵与冷却塔结合的复合源热泵示意图

采用风冷换热器与地埋管组合的泵系统，风冷换热器与地埋管结合，可有效解决地源热泵不平衡问题。针对传统的热泵技术应用中无法全年高效运行、除霜效率低等问题，清华大学李先庭教授团队提出冬夏季均高效运行的新型热泵——柔性热泵系统（图 3－20）。

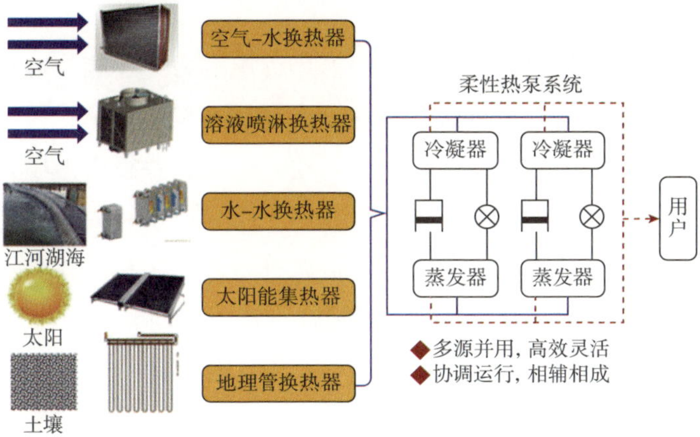

图 3－20　柔性热泵系统示意图

六、中深层地热能供热技术

地热是一种可再生能源，前提是“取热不取水”、地热尾水 100% 回灌。中深层地热资源一般是指 4000 米以内、温度大于 25℃的热水和蒸汽，可通过不同方式用于供暖、旅游疗养、种植养殖、发电和工业利用等方面。通过更深的地热热源，可以提取约 60℃~80℃左右的高温水用于供热，也可通过封闭埋管采集深层地热，经热泵提升后用于供热。

根据“梯级利用，品位对口”原则，实现地热发电、建筑高效供热制冷、工农业生产和温泉沐浴的梯级利用，可大幅度提高地热能的转化与利用（如图3－21所示）。

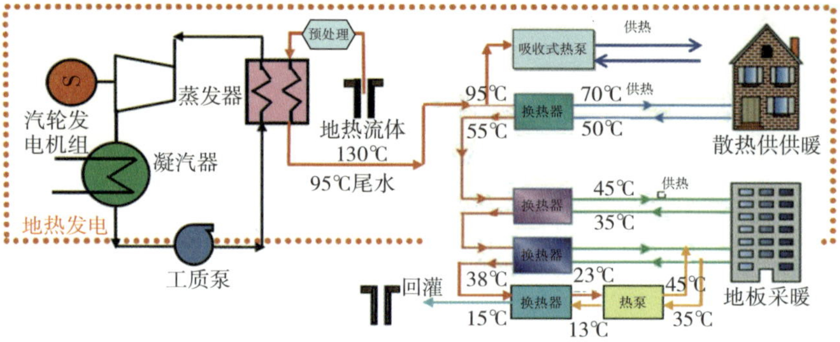

图3－21　地热能的梯级利用思路

勘探是地热能利用的前提。探明地热资源潜力，才能为地热开发提供资源基础，保证项目合理布局，实现综合高效开发。但是，传统勘探技术在地热能的开发利用方面仍存在一些问题：一是钻井投资占项目建设总投资的40%～50%，成井工艺直接影响单井产能和地热利用。二是地下水环境问题，普遍存在开发利用水平低、资源浪费严重，地热井超采、只采不灌造成地热水位下降以及直接排放造成环境污染等问题。如河北省1258眼在用地热井中，1093眼没有取水许可证；953眼没有采矿许可证；1141眼地热井未实施回灌，尾水直排量超过5000万吨/年。

近年来，从西北地区开始、北方多地发展起来新的方式，通过封闭埋管采集深层地热的热泵供热系统（如图3－22所示），不会造成污染或其他环境问题。

该供热系统地面供回水温约20℃～30℃/10℃～20℃，整个采暖季系统COP约为5（考虑热源和用户输配电耗），单井流量25～35t/h，功率250～350kW，投资150万～250万元（井及套管，地质条件不同钻井成本不同）。地热依靠地下深处传热恢复，不可供冷，热性能几乎不受地域限制，通过封闭式换热器提取地热，对地下水资源无影响，地埋管纵深长，取热孔径小，对地下土壤岩石破坏小，可应用范围广。采用中深层地热源热泵系统，夏季

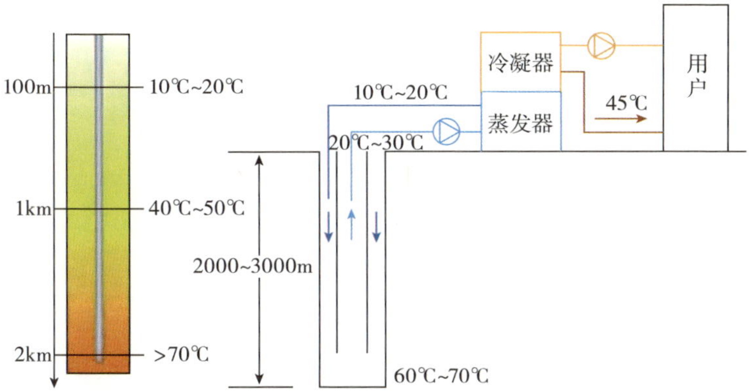

图 3-22　封闭埋管采集中深层地热的热泵系统

无需向土壤补热。如果地埋管间距在 20 米以上，经过一个供暖季的取热，地下土壤平均温降小于 2K，供暖季结束后三到四个月即可恢复。

七、太阳能供热技术

我国大部分地区具有良好的太阳能利用条件，北方、西部寒冷和严寒地区年太阳辐射总量可达 5000MJ/m^2 以上，尤以宁夏北部、甘肃北部、新疆东部、青海西部和西藏西部等地太阳能资源最为丰富，可满足住宅采暖、生活热水、甚至炊事等需求。太阳能建筑供热潜在需求量在 10 亿平方米以上（集热面积），是太阳能热水器保有量的 10 倍。

太阳能利用方式和设备众多。太阳能由于能量密度低、不连续、不稳定等特点，用于建筑供暖要解决一系列难题，集热、储热、供热系统优化和匹配控制，系统的经济性和成熟度也是技术推广关键。根据有无外加辅助设备，太阳能利用可分为被动式和主动式；根据转化形式，可分为光热系统和光电系统；根据使用目标，可分为太阳能照明、炊事、生活热水和采暖；根据传热介质，可分为热水集热系统和空气集热系统。储热技术可以提高太阳能系统的稳定性和全年利用率。应根据资源条件和功能选择合适的利用方式和设备。

用好太阳能，应考虑以下原则：①太阳能采集系统的布置空间足够。②太阳能既可以转化为电能，也可以转化为热能，需要根据用户需求进行设计，供需匹配，减少中间转换过程。③设备具有较好的经济性。④技术成熟，应用效果好。⑤设备运行简单，维护方便。

冬季采暖与生活热水供应有本质的不同，热水采暖系统除太阳能集热器和储热水箱之外，还需要较复杂的管路系统、补热系统（一般用电补热，运行成本会急剧升高）和防冻系统。采暖负荷是生活热水负荷的10倍以上，要求较大的集热面积，投资较大。

北方农宅主要用能需求是冬季采暖，太阳能热水器和被动式太阳房是太阳能热利用的成熟形式，也是最为简单的方式。到2013年底我国农村地区太阳房达2445.6万平方米。《被动式太阳房热工设计手册》已出版，可以用于指导实践。测试发现，具有良好围护结构热工性能的被动式太阳房冬季综合采暖能耗可降低50%以上，节能效果显著。

除西藏等冬季太阳能资源特别丰富地区外，通过加强建筑围护结构保温和应用被动式太阳能技术尚不足以满足农宅全部采暖需求的，需要应用主动式太阳能采暖技术作补充。主动式太阳能采暖包括热水集热采暖系统和空气集热采暖系统两种形式（如图3－23、3－24所示）。

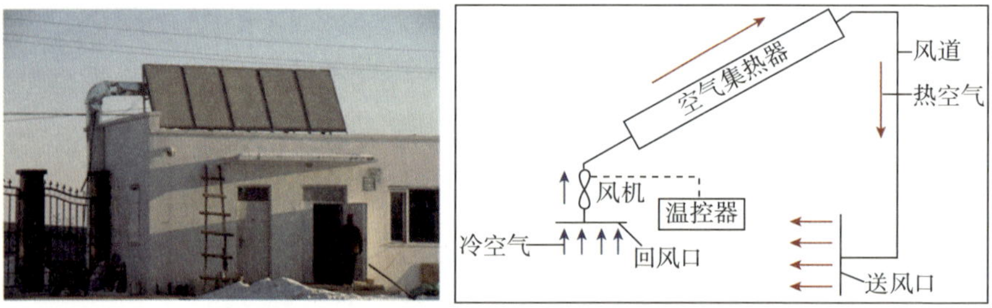

图3－23　空气—空气太阳能采暖系统

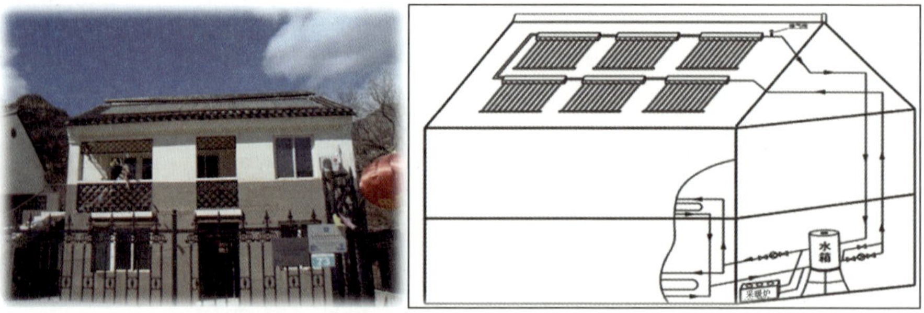

图3－24　液体—热水太阳能采暖系统

太阳能的全年利用时间仅20%~50%，影响太阳能热水采暖的经济性。太阳能空气集热采暖系统简单，加工方便，提供同样的热量成本仅为热水系统的$\frac{1}{3}$~$\frac{1}{4}$，经济性明显优于热水系统。另一方面太阳能空气集热系统也存在一些问题，如虽不会冻结但太阳能利用率低，集热器需要空间大，没有形成规模化的产品生产流程和技术标准，室外风管及安装也将增加整体造价，对施工要求也较高等。

八、生物质能供热技术

生物质能包括农作物秸秆、畜牧粪便和薪柴等。我国每年生物质产生量近10亿吨，理论可用总量折合标煤约4.6亿tce（如表3－4所示）。生物质资源的最大特点是原料分散，能量密度低，需要一定人力或能源进行收集和运输。同样热值的燃料，秸秆体积是煤的9倍以上，还存在收获的季节性。

生物质资源利用，必须解决收集、运输、储存、能量转化效率和生成物后处理等一系列问题。我国生物质资源利用应优先满足农村生活用能；对东北、内蒙古等生物质资源特别丰富且相对集中的地区，在满足当地农村生活用能用量后还有相当富余的情况下，可以考虑采用一定的集中加工、转换形式为临近村、镇、县，甚至市提供部分能源供应。散烧不仅浪费资源，还是雾霾发生的原因之一。禽畜粪便会造成水体污染等问题。

表3－4 我国生物质资源量分析表

资源来源	可利用资源量		已利用资源量		剩余可利用资源量	
	实物量（万t）	折合标煤量（万t）	实物量（万t）	折合标煤量（万t）	实物量（万t）	折合标煤量（万t）
农作物秸秆	34000	17000	800	400	33200	16600
农产品加工剩余物	6000	3000	200	100	5800	2900
林业木质剩余物	35000	20000	300	170	34700	19830
畜禽粪便	84000	2800	30000	1000	54000	1800
城市生活垃圾	7500	1200	2800	500	4700	700
有机废水	435000	1600	2700	10	432300	1590
有机废渣	95000	400	4800	20	90200	380
合计	—	46000	—	2200	—	43800

秸秆利用应以生物质固体压缩成型技术为主，在加工规模和管理上以村为单位小规模代加工。我国农村家户式禽畜养殖逐渐被集中养殖所替代，小型家户式沼气也会逐步退出，代之以更为集中、高效的大中型沼气或生物质燃气系统。

1. 生物质固体压缩成型燃料加工技术

生物质固体成型燃料加工技术是通过揉切（粉碎）、烘干和压缩等专用设备，将农作物秸秆、稻壳、树枝、树皮、木屑等农林剩余物挤压成特定形状且密度较大的固体燃料。压缩成型技术可以大幅度提高生物质密度，压缩后的能量密度与中热值煤相当，方便运输与储存。压缩成型燃料在专门炊事或采暖炉燃烧，效率高、污染物排放少，可替代煤、液化气等常规化石能源，满足家庭炊事、采暖和生活热水等用能需求。

2. 生物质直燃热电联产系统

经过十几年的发展，我国生物质直燃发电经历了技术引进、消化吸收、规模化发展等阶段，在电站设计、设备制造、经营管理、政策、体制机制等方面得到长足发展。我国直燃生物质热电联产以大型系统为主，装机功率大，主流机组装机容量为30MW左右。到2015年底，我国生物质直燃发电达530万千瓦（如图3－25所示），主要分布在山东、安徽、黑龙江、河南等省。

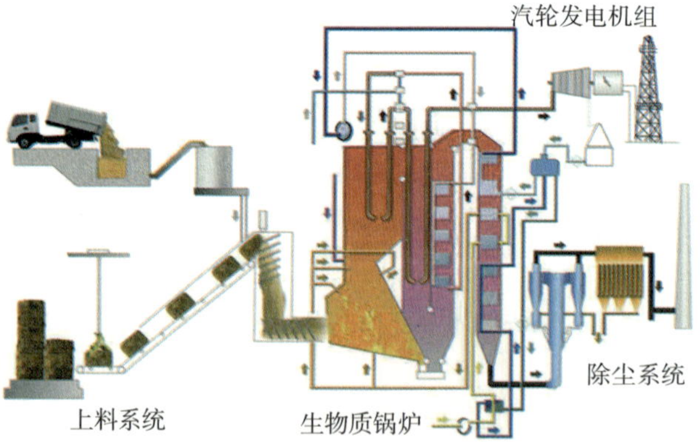

图3－25　常规的生物质直燃发电系统

由于热源和供热负荷不匹配，生物质热电项目供热能力大量闲置。生物质热电联产项目很难找到与供热能力匹配的县城、城镇等热负荷需求，或是特许经营权归属、供热管网设施建设主体不明确，机组不得不以纯发电模式运行。大量余热资源浪费，带来系统综合效率偏低，纯凝发电机组效率在30%左右，热电联产机组仅为60%左右。常规生物质热电联产系统，锅炉烟气经过处理后在50℃以上就直接排放到大气中，烟气冷凝潜热未得到充分利用，可占输入燃料热量的15%以上。汽轮机乏汽通过空冷或水冷换热器冷却为凝结水后再返回生物质锅炉，热量也白白损失了。

我国可再生能源电价附加补助实行目录管理，目录审批和补贴发放周期较长，一般要2~3年。可再生电力补助是生物质热电项目的重要收入来源，约占营收一半，但项目投产2年才能列入目录。生物质电厂一般要建一个15~70天的原料储存库。装机规模3万kW的生物质电厂需近5万吨的原料存储量，不仅增加运行维护、防火等难度，而且原料存储占用资金近1250万元，给生物质热电企业带来很大的资金流压力。随着原料收集半径扩大，收集困难加大，成本增加，运输也较困难。

3. 生物质集中气化及分布供气集成技术

生物质气化技术以秸秆为主原料，经过快速化学预处理后，与农业有机废物、畜禽粪便及城市生活垃圾等物料进入厌氧发酵罐进行厌氧发酵，产生沼气经提纯后的天然气可作为车用、民用和工业用（如图3-26所示）。

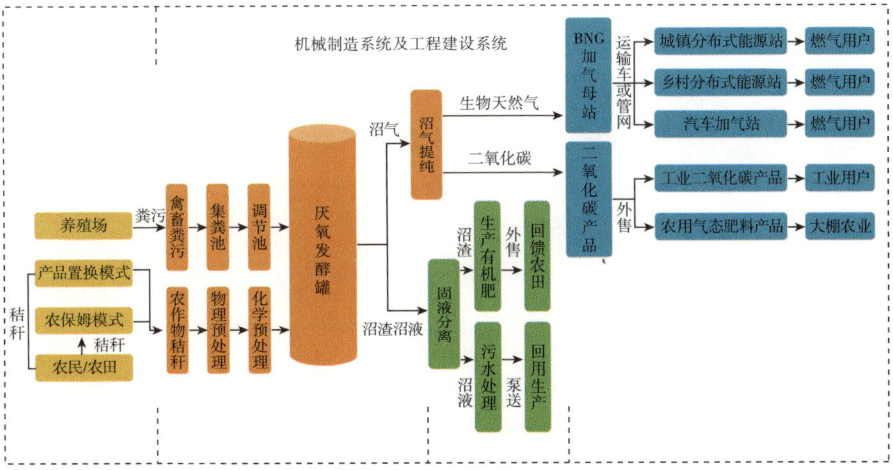

图3-26 生物质气化技术路线和工艺流程

以有机废弃物如农作物秸秆、禽畜粪便等生物质为原料，可以生产生物天然气、有机肥及工业二氧化碳等产品。产品标准有两个：GB18047《车用压缩天然气》，高位发热量＞31.4 MJ/m^3，总硫含量≤200 mg/m^3，H_2S含量≤15 mg/m^3，CO_2含量≤3.0%，O_2含量≤0.5；NY525《有机肥料》，粒径1~4.75 mm，有机质含量≥45%，总养分≥5%，水分含量≤30%，PH值为5.5~8.5；以及GB/T6052《工业液体二氧化碳》，焊接用二氧化碳含量≥99.5%，工业用二氧化碳含量≥99.9%。此外尚需城镇管网输配和BNG加气站，以确保下游全覆盖。

4. 垃圾发电

城市生活垃圾来自于居民日常生活，不仅污染环境还会对居民身心健康带来极大危害，垃圾处理处置越来越引起人们的关注。我国城市生活垃圾处理方式有三种：填埋、堆肥和焚烧。生活垃圾焚烧发电项目可以减少生活垃圾填埋量，节约土地资源，减少因填埋生活垃圾造成对地下水和填埋场的污染。垃圾焚烧产生的热量可用来发电或集中供热，优点是减容性好可达90%，处理量大，实现能源化利用，因而越来越为世界各国所采用。垃圾焚烧发电项目，不仅破解了“垃圾围城”困境（一座800吨/天的垃圾焚烧电厂每年可减少垃圾填埋所需土地面积3.6×10^4平方米），缓解城市土地资源紧缺局面，还带动了相关产业的发展。

城市生活垃圾焚烧处理还可以减少填埋产生的COD排放，每吨填埋的生活垃圾可以产生近0.2吨的COD，即生活垃圾焚烧在减少COD排放上也有重要作用。焚烧生活垃圾还从两个方面减少温室气体排放：一方面避免由于垃圾填埋产生的温室气体；另一方面焚烧余热用于发电集中供暖替代了化石燃料，减少了温室气体的排放。

中国垃圾焚烧发电进入快车道，发电装机规模、发电量均居世界第一。2016年，垃圾焚烧发电项目273个，并网装机容量548.8万千瓦，发电量292.8亿千瓦时，上网电量236.2亿千瓦时，发电机组年利用小时数5862小时，年处理垃圾量10456万吨。2018年垃圾焚烧发电项目240个，装机容量650万千瓦，年垃圾处理量1.1亿吨。

焚烧设备投资较高，垃圾发电厂建设成本约为每吨垃圾40万~70万元。随着垃圾焚烧发电技术的不断创新，可实现“科学环保、达标排放、回收能源、循环利用”目标，实现生活垃圾资源回收、循环使用。生活垃圾焚烧发电技术正向大型化、高效化、专业化、节约型方向快速发展。2018 年 3 月 14 日，环保部发出《生活垃圾焚烧发电建设项目环境准入条件（试行)》通知，以引导垃圾焚烧发电行业健康有序发展。

垃圾焚烧发电，需要解决“邻避效应”和污染物减排等问题。必须采取有效措施，控制与处理垃圾发电供热的二次污染问题：选择先进垃圾焚烧技术；从垃圾中去除污染的生成源与催化剂；加大力度控制燃烧过程中二恶英产生；对锅炉尾气烟气净化处理，确保达到排放标准。抑制垃圾焚烧产生二恶英，须达到如下条件：①保持温度 1000℃以上，烟气停留时间大于 2 秒，保持烟气中含氧比 6% 以上，以将有机物燃烧干净。②抑制 HCl、CuO、$CuCl_2$的产生，尽量不燃烧含氯塑料及其他含氯化工品，不使 Cu 氧化。③尽可能充分燃烧以减少烟气中的含碳量，一些国家以 $CO < 50 \times 10^{-6}$作为标准。④在烟气净化段采用急冷却办法避开二恶英再合成的温度250℃~300℃。

九、核能供热技术

核能供热有两种方式：一是低温核供热。单个模块供热能力在 200MW 左右，可以为 400 万~500 万平方米面积、10 万人口的城市或县镇供热。二是核电热电联产。1100MWe 机组供热能力可超过 2000MW，供热面积逾 5000 万平方米，对应于 125 万人口的城市。

核能供热模式有三种：发电为主、供热为辅；供热为主、发电为辅；单一供热。

发电为主、供热为辅模式：从大型核电站汽轮机抽取部分热量作为供暖热源。反应堆以发电为主要目的，供热是有条件的辅助利用。机组装机容量大，发电效率高，增加供热功能有利于提高核电站热效率，为热网低成本供热。大型核电站必须离大城市足够远，因此需要的输热距离很长，长输管网投资很大。

供热为主、发电为辅模式：热源反应堆和机组装机容量规模不大，不超过一般热网的容量，在供暖期主要以供热方式运行，在非供暖期以发电方式运行。核热源可采用较小功率和低参数设计，以利于提高安全性，降低造价，可在大城市附近建造，缩短输热距离。由于采用热电联产形式，设备利用率较高，发电收益可以抵消部分产热成本，但发电机组和核燃料消耗也将进一步抬高建设和运行成本。

单一供热模式：以单一供热为主的核能供热厂，在供暖期内以供热方式运行，在非供暖期停运。这种反应堆不需要发电，可以采用较小功率和更低参数的设计，进一步提高安全性并大大降低建设投资，从而在靠近大城市居民区的地方建造，缩短输热距离。

核能供热战略布局可以有效解决不同地区的问题：如建设沿海核电站可有效解决中东部大城市热源紧缺问题；低温小堆有供热时间长、成本低的特点，可有效解决严寒地区和内陆地区清洁热源不足问题。核能供热，公众更关注安全性。随着各种技术的突飞猛进，供热领域使用核能后果可控，国内外的专业报告都解释得非常清楚。我们要将专业术语转化成科普语言讲清楚，消除民众惧怕心理，让百姓理解核电供热的战略意义。

1. 核电热电联产模式

核能供热，上世纪60年代在欧洲诞生。瑞典原型核动力反应堆Agesta作为世界上第一个民用核能供热的核电站，连续供热10年。此后，俄罗斯、保加利亚、瑞士、罗马尼亚等国开始研发、建造核能供热系统。全球应用最广泛的核能供热方式为热电联产，共约60座反应堆热电联供，占运行核电机组的10%左右，主要分布在东欧。

核电厂机组包括核岛和常规岛。一回路以及核反应堆都被封装在一个圆柱体的建筑之中，被称为核岛，二回路包括发电机组、冷凝器等，称为常规岛（如图3－27所示）。

常规岛之外将核电厂改造为热电联产，核电厂一般主蒸汽参数低，与大型燃煤热电联产相比发电效率低、余热量大，但海水冷却的余热品位也低。例如，某海边核电一期两台机组开展向市政供热项目前期工作，供热

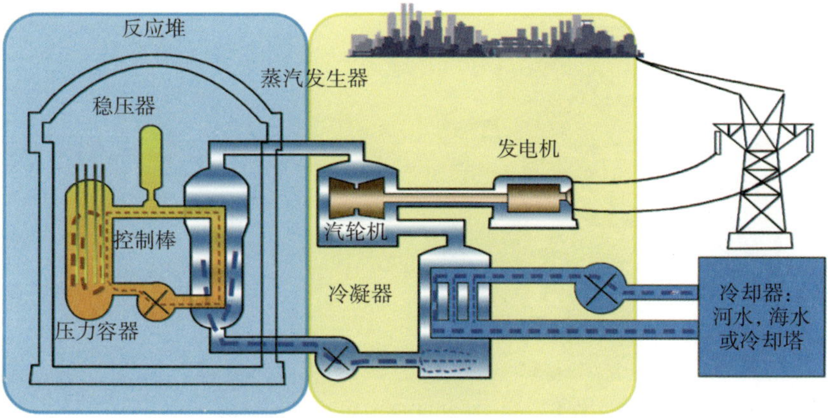

图 3-27 核电厂核岛和常规岛系统

面积约 300 万 m^2，设计热负荷 135MW。供热汽源为高压缸排汽（冷段），供汽参数：179℃、0.981MPa（g），蒸汽流量 115t/h ×2 台机组。

我国核能供热受到远距离输热技术所限，因为有“距 100 万人口以上大城市发展边界直线距离应不小于 25 千米”的国家标准；而大温差长途输热方案可以使经济输送距离提高一倍，使核能供热站建设在核安全距离以外，这样做已经有了成功案例。例如位于山西省太原—古交供热管线距离约 40 千米的核能供热站，克服了海拔较高、地形特殊等难点。

2. 低温核供热模式

我国核能供热反应堆研发可追溯至上世纪 80 年代。1983 年清华大学原有池式研究堆实现首次核能低温供热实验；1984 年原国家科委批准在清华大学核能所建一座 5MW 核供热试验堆；1986 年低温核供热列为国家“七五”科技攻关项目；1989 年 50MW 低温核供热堆正式临界启动，一次成功完成 72 小时满功率连续运行实验。在技术上逐渐形成池式供热堆和壳式供热堆两种类型。其中池式供热堆以游泳池实验堆为原型，壳式供热堆由主流压水堆核电站技术演进而来。前者代表是中核集团的“燕龙”泳池式低温供热堆，而后者代表是中广核集团的 NHR200－II 低温供热堆技术（如图 3－28 所示）。

核能供热技术成熟且安全可靠，国内外均有运行的成熟经验。全球共

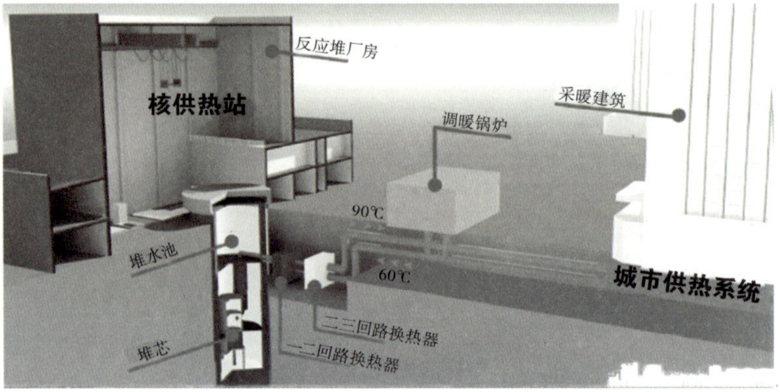

图 3－28　泳池式低温供热站示意图

有 200 多座泳池式反应堆，积累 10000 多堆年（反应堆正常运行 1 年）的安全运行记录。国内建成 10 余座泳池，累计安全运行近 500 堆年。2017 年 1 月，中国原子能科学研究院通过对已运行 53 年的泳池式反应堆进行改造，成功为该院共计约 10000m^2 的两栋办公楼和一座厂房提供核能供热，完成了 168 小时考验。

表 3－5　低温核供热主要设计指标和技术经济指标

项目	设计参数	项目	设计参数/指标
反应堆功率（MW）	400	堆芯出/入口水温（℃）	98/68
水池直径（m）	10	二回路出/入口水温（℃）	93.5/63.5
水池高度（m）	25	热网出/入口水温（℃）	90/60
燃料组件数（盒）	69	厂区占地面积（m^2）	23000
堆芯 UO_2 装量（t）	23.40	年运行时间（天）	150
平均卸料燃耗（MWd/kg）	30.00	劳动定员（人）	30
每年换料量（盒）	24	项目总投资（万元）	136901
池水温度（℃）	68	-	-

表 3－6　低温核供热与化石燃料环境排放对比表

能源系统排出物	化石燃料锅炉房			低温堆（200MW）
	煤	石油	天然气	
二氧化碳（吨/年）	460000	—	204600	0

续表

能源系统排出物	化石燃料锅炉房			低温堆（200MW）
	煤	石油	天然气	
氧化硫（吨/年）	4000	1800	—	0
重金属（吨/年）	0.300	—	—	0
氧化氮（吨/年）	1200	619	807	0
烟尘（吨/年）	3600	49	31	0
灰渣（吨/年）	36000	—	—	0
放射性（毫希/人·年）	0.013	低于煤	低于煤	0.005
乏燃料（吨/年）	0	0	0	1~2
燃料运输量（吨/年）	160000	100000	$108m^3$	1~2

来源：中国电力发展促进会核能分会（注：计算所用煤为实物煤5500大卡/千克；同时对比的是小型燃煤锅炉，其热效率为70%左右）。

核能是零碳能源，是能源安全的重要战略构成，但也存在铀资源及核废料长远处置问题。江亿院士认为，在我国持续推进清洁供暖的背景下，核能供热的经济优势明显。天然气锅炉初投资300元/kW，运行成本70元/GJ；深层地热（聚热形）初投资8500元/kW，运行成本20元/GJ；低温核供热堆初投资3250元/kW，运行成本8元/GJ，其他折合40元/GJ。核能供暖还能有效调和北方地区热电比矛盾：燃煤热电联产热电比为1.3~2.5，燃气热电联产热电比为0.55~1；若采用核电热电联产，可增加源侧供热量，减少发电量。

核能供热价格也具有竞争力。经过初步投资估算和财务分析，总投资约15亿元的单堆工程（400MW）可供热面积约1000万m^2，建设周期3年内，运行寿期60年，全部设备均能实现自主化。在全年5个月采暖期内，供热价约40元/GJ，与燃煤供热锅炉相当，每年仅节约碳税和运输成本就达到3000万元。

清洁供热产业委员会
CleanHeatingIndustryCommittee

第四篇　评价篇

清洁供热产业不仅需要理论上、概念上的阐述，更需要采用指标进行评价；不仅需要项目评估以确定投资与否，也需要对企业评级以掌握发展潜力。本篇从项目评优和企业评级两个视角展开，对现有技术路线和案例进行经济性分析，进而构建评价指标体系，制定评价方法，明确应用场景，从而为项目和企业的合理评估奠定基础。

一、清洁供热项目评优

1. 不同供热方式的经济性评价

进行不同供热方式的经济性评价，国内相关单位做了大量工作，在相关文章和报告中可以发现不同的评价结果。以下选择其中一些典型案例的经济性评价，作为项目立项和建设参考。

（1）单一热源方式的供热经济性

取各种电采暖方式、不同热泵采暖方式、燃气采暖以及燃煤采暖方式进行经济性评价，结果见表 4－1。

表 4－1　不同采暖方式的经济性评价结果

序号	项目		各种电采暖			空气源热泵	地源热泵	燃气锅炉	型煤锅炉
			直接加热水	低谷电蓄能	直接电热膜				
1	单位面积运行成本	单位面积能耗/年（kW·h/m²）	102.8	102.8	100.8	33.6	28.8	112	144
2		能源计算单价（元/kW·h）	0.5	0.3	0.5	0.5	0.5	0.23	0.19
3		单位面积运行成本/年（元/m²）	51.4	30.84	50.4	16.8	14.4	25.8	27.4

续表

序号	项目	各种电采暖			空气源热泵	地源热泵	燃气锅炉	型煤锅炉
		直接加热水	低谷电蓄能	直接电热膜				
4	采暖季运行费用（元/150m^2）	7710	4626	7560	2520	2160	3870	4110
5	单位建筑面积初投资（元/m^2）	约142	约280	约150	约268	约290	约106	约36
6	环保性、自动化程度、安全性	高	高	高	高	高	高	低
7	适合采暖末端	地暖或暖气	地暖或暖气	地暖	地暖或风盘	地暖或风盘	地暖或暖气	地暖或暖气
8	有无免费生活热水	无	无	无	无	无	无	无

在采用单一热源的诸多供热方式中，电采暖价格普遍较高，直接加热水和直接电热膜价格接近，采暖季单位面积运行费用高于50元，低谷电蓄能与燃气锅炉、型煤锅炉供热单位面积的运行成本约在25~30元之间，价位较为合理，但要保证良好的室内温暖舒适性具有一定困难。空气源热泵与地源热泵供热单位面积运行成本在15元左右，而且环保性、安全性、自动化程度最高，较其他单一供热方式而言经济性最优。

（2）多能互补供热的经济性分析

1）太阳能与多种能源组合方式。

当不同供热方式的集成产生协同效应，供热的成本便会很大程度上降低。从实际出发，清洁供热企业探索形成了众多的多能互补模式，可以对这些模式进行经济性评价。表4-2展示了太阳能与多种能源复合供热的经济性评价结果。

表 4-2 太阳能与多种能源复合供热的经济性评价结果

序号	项目 \ 类型		电锅炉	空气源热泵	地源热泵	燃气锅炉	型煤锅炉
			太阳能与以下多种能源相结合的采暖方式				
1	单位面积运行成本	单位面积能耗量（kW·h m^{2}年）	72.0	23.5	20.2	78.4	100.8
2		能源计算单价（元/kW·h）	0.5	0.5	0.5	0.23	0.19
3		单位面积运行成本（元/ m^{2}年）	35	11.8	10.1	18.0	19.2
4	采暖季运行费用（元/150m^2）		5400	1770	1515	2700	2880
5	单位建筑面积初投资（元/m^2）		492	618	640	456	386
6	环保性、自动化程度、安全性		高	高	高	高	低
7	适合采暖末端，地暖或风盘		√	√	√	√	√
8	有无免费生活热水		有	有	有	有	有

由表 4-2 可以得出以下结论：电锅炉与太阳能复合供热的经济性最差，采暖季单位面积运行成本为 35 元，高出其他供热方式价格的 1~2 倍。太阳能分别与燃气锅炉和型煤锅炉复合供热时，单位面积运行成本在 18~20 元之间。太阳能与空气源热泵或地源热泵供热相结合时，经济性最优，单位面积运行成本在 10~12 元之间，但单位建筑面积初投资价格较高。

2）风能与地源热泵联合供热。

风能与地源热泵联合供热可以取长补短，发挥各自优势，弥补单一热源热泵的不足。风能—地源热泵联合供热（制冷）系统是一种使用可再生能源的清洁高效节能系统。以乌鲁木齐地区建筑面积为 100m^2 的住宅建筑为例，对风能与地源热泵联合供热和单一地源热泵供热两种供热方案进行比较（如表 4-3）发现，运行成本基本持平，但风能集热器与地源热泵联合供热方式的初投资稍低。

表 4－3　风能与地源热泵联合供热和地源热泵供热方案比较

项目	风能集热器与地源热泵联合供热	地源热泵供热
制热性能系数	2.5	2.0
热负荷	3.6kW	4.5kW
钻孔深度	225m	99m
投资成本	地热换热器：13860 元 5kW 风力机：14500 元/台	31500 元（按每米钻孔造价为 140 元计）

就经济性而言，风能与地源热泵联合供热具有以下优势：

①风能集热器在供冷、供热的同时还能够全天候提供生活热水，这就减少了用户对热水器和电能的投资。②采用风能集热器作为辅助热源供热时，进入蒸发器的工质温度升高，提高了机组的蒸发温度，热泵压缩机的耗电量减少，节省电能费用。③夏季夜间运行时可以作为辅助散热设备，减少了夏季向地下的排热量，使地温在数年内保持稳定，以保证机组的高效运行。④冬季运行时由于蒸发温度提高，使得用户侧出水或空气出口温度上升，舒适性提高。

3）地源热泵系统与其他辅助能源的组合供热。

地源热泵的多热源耦合技术发展已久，在冷负荷较大地区有大量冷却塔与地源热泵耦合的案例，而在热负荷占优地区最常见的辅助热源形式有燃气锅炉、集中供热和太阳能集热器等方式（如表 4－4）。

表 4－4　辅助地源热泵的多种方式比较

辅助供热方式	优点	缺点
燃气锅炉	建设成本和维护费用低，运行时间短，使用方便，可根据负荷需求调节；污染小，操作简单；分布式能源站能增强整体供热的安全性	只能应用在冬季负荷大的地区，用于制冷时需要配备吸收式制冷装置，难以实现简单高效制冷利用；使用成本高，受燃气价格波动的影响大
集中供热	舒适性好，24 小时供热且温度恒定；热电联产的模式使整体效率提高；稳定安全性好；单位热价便宜；污染集中，降低治污难度	开户配套费昂贵，需要在规划阶段按要求施工；无法自行调节室温，易产生近热远冷问题；系统维护费用高
太阳能集热器	运行成本低，能量供给充足；夏季可解决回灌热量低、低温下降的问题；环保效果好	大面积的集热器造成污染与浪费；太阳能具有昼夜间歇性，受天气影响不适合作为冬季供热主力热源；季节需求不匹配

经过对比，燃气锅炉应作为供热工程的首选辅助热源。在计算地源热泵系统与燃气锅炉供热两种方式费用后，将两者按照不同比例进行混合，供热费用如表 4－5。

表 4－5 不同比例下燃气锅炉辅助地源热泵系统的运行经济性

地源热泵比例（%）	100	90	80	70	60	50	40	30	20	10	0
燃气锅炉比例（%）	0	10	20	30	40	50	60	70	80	90	100
初投资费用年值（元/a）	96	89	82	75.5	62.2	47.7	37.5	35.2	30.1	25.7	22
年运行费用（元/m^2）	177	178	179	180.5	189	197.5	206	214	223	231.3	240
年总费用（元/m^2）	273	267	261	256	251.2	245.1	243.5	249.2	253.1	257	262

结果显示，当燃气锅炉与地源热泵分别承担总负荷的 60% 与 40% 时，年总费用最低，经济性最好。

（3）几种情形下供热方式投资与经济性研究

1）北京农村地区清洁供热方案。

随着农村居民生活水平的逐步提高，人们对供热质量的要求越来越高，新型供热设备的使用量逐年提高。选取北京地区建筑面积为 150m^2 的农村平房住宅为研究对象，室内供热系统采用地板辐射供热系统，建筑围护结构经过节能改造。从利用清洁能源出发，对学者提出的三种供热方案进行了经济性分析（如表 4－6）。

表 4－6 北京农村地区清洁供热方案对比

项目	太阳能辅助空气源热泵供热系统	太阳能辅助地埋管地源热泵供热系统	燃气壁挂炉供热系统
条件	设定太阳能热水系统和热泵机组各承担 50% 的日最高热负荷	设定太阳能热水系统和热泵机组各承担 50% 的日最高热负荷	无
设备造价	18850 元	25350 元	6838 元
运行费用	555.21 元/a	450.17 元/a	2813.85 元/a
费用年值	2760.66 元/a	3416.12 元/a	3613.90 元/a

以上三种供热系统是北京农村住宅可供选择的清洁能源供热方案。从经济性来看，太阳能辅助空气源热泵供热系统的经济性最好。燃气壁挂炉供热系统基本不需耗电，因此环保性最好，但燃气价格成为制约其经济性的主要因素。

2）郑州市不同建筑清洁供热案例。

一个项目的运行费用与建筑负荷特性、每天运行时间、供热天数等息息相关，选择办公楼和酒店两个比较有代表性的功能为例进行比较计算。办公楼按照每天运行时间为 7：00—19：00 计，周一至周五的负荷率按照 0.8 考虑，周六和周日负荷率按照 0.3 考虑，冬季供热天数共 120 天。酒店按照每天运行时间 24 小时，负荷率按照 0.7 考虑，冬季供热天数共 120 天。能源价格各个地方也不相同，经济性分析按照郑州市物价局公布的商业用电为 0.8252 元/kW·h，商业用天然气价格为 3.6 元/Nm^3。

表 4－7　初投资参数对比

制热方式	低温地热井＋热泵机组（实例一）		低温地热井＋热泵机组（实例二）		燃气真空锅炉（按照 2 台 1.163MW 选择）		电热真空锅炉（按照 2 台 1.163MW 选）		空气源热泵（按照 0.959MW 机组 4 台选择）	
初投资分项（万元）	低温地热井	78	低温地热井	805	燃气锅炉	88	电热锅炉	130	空气源热泵	214
	潜水泵	8.1	潜水泵	27.6	烟囱	5	—	—	注：按照温度修正，除霜修正＝0.6 考虑	
	蓄热水箱	2.5	蓄热水箱	2.5	天然气相关管道和设备	4.5	—	—		
	热交换器	98	热交换器	122	—	—	—	—	—	—
	低温测循环泵	3	低温测循环泵	3.5	—	—	—	—	—	—
	热泵机组	87	热泵机组	97	—	—	—	—	—	—
	管道及其他	3.5	管道及其他	4	—	—	—	—	—	—
初投资（万元）	290.1		1061.6		97.5		130		428	
总制热量（kW）	2023		2533		2326		2326		2306	
总初投资（元）装机容量（kW）	1430		4190		420		560		1860	

表 4－8　办公楼运行费用对比

制热方式	低温地热井＋热泵机组（实例一）		低温地热井＋热泵机组（实例二）		燃气真空锅炉（按照2台1.163MW真空锅炉选择）		电热真空锅炉（按照2台1.163MW真空锅炉选择）		空气源热泵（按照0.959MW机组4台选择）	
运行费用分项	潜水泵/kW	22	潜水泵/kW	90	每小时天然气耗量/（Nm^3/h）	246.8	电热锅炉总耗电功率/kW	2374	空气源热泵总耗电功率/kW	1116
	地热水泵/kW	3	地热水泵/kW	4						
	一次侧水循环泵/kW	15	一次侧水循环泵/kW	15						
	热泵机组/kW	418	热泵机组/kW	418	天然气耗量/（*10^3 Nm^3）	186.6	总耗电量/（*10^3 NkW·h）	1795	总耗电量/（*10^3 NkW·h）	844
	总耗电功率/kW	458	总耗电功率/kW	527						
	总耗电量/（*10^3kW·h）	346	总耗电量/（*10kW·h）	398						
每年运行费用（万元）	28.55		32.84		67.18		148.12		69.65	
总制热量（kW）	2023		2533		2326		2326		2302	
运行费用（元）装机容量（kW）	141		130		289		637		303	

表 4－9　酒店运行费用对比

制热方式	低温地热井＋热泵机组（实例一）		低温地热井＋热泵机组（实例二）		燃气真空锅炉（按照2台1.163MW真空锅炉选择）		电热真空锅炉（按照2台1.163MW真空锅炉选择）		空气源热泵（按照0.959MW机组4台选择）	
运行费用分项	潜水泵/kW	22	潜水泵/kW	90	每小时天然气耗量/（Nm^3/h）	246.8	电热锅炉总耗电功率/kW	2374	空气源热泵总耗电功率/kW	1116
	地热水泵/kW	3	地热水泵/kW	4						
	一次侧水循环泵/kW	15	一次侧水循环泵/kW	15						
	热泵机组/kW	418	热泵机组/kW	418	天然气耗量/（*10^3 Nm^3）	498	总耗电量/（*10^3 NkW·h）	4786	总耗电量/（*10^3 NkW·h）	2250
	总耗电功率/kW	458	总耗电功率/kW	527						
	总耗电量/（*10^3 kW·h）	923	总耗电量/（*10^3 kW·h）	1062						

续表

制热方式	低温地热井+热泵机组（实例一）	低温地热井+热泵机组（实例二）	燃气真空锅炉（按照2台1.163MW真空锅炉选择）	电热真空锅炉（按照2台1.163MW真空锅炉选择）	空气源热泵（按照0.959MW机组4台选择）
每年运行费用（万元）	76.17	87.64	179.28	391.94	185.67
总制热量（kW）	2023	2533	2326	2326	2302
运行费用（元）装机容量（kW）	37	346	771	1685	807

就初投资而言，燃气真空锅炉最低，电热真空锅炉次之，低温地热井+热泵机组（实例二）最高。低温地热井+热泵机组（实例二）最高的原因与打井的费用有关，因为打井深度增加后，打井难度迅速增加，成本随之增加。就运行费用而言，办公楼与酒店总热量相同时，低温地热井+热泵机组（实例一）最低，低温地热井+热泵机组（实例二）次之，电热真空锅炉最高，燃气真空锅炉和空气源热泵相当。

2. 不同供热方式评价结果对比

清洁供热既是我国能源革命、蓝天保卫战的重要内容，也是提高我国能源效率、改善民生、缩小城乡差别、建设美丽乡村的重大举措。我国能源禀赋、环保要求、碳减排形势及城市供热基础设施等条件，决定了必须走中国特色的清洁供热之路。

本报告所陈述的各种供热技术受城市能源结构、环境和技术发展制约，不同供热系统在热源、热网、热力站、热负荷和储热等各环节呈现多元化、多样化和互补协同趋势。为满足建筑的冷、暖、水、电、气等需求，供热系统已然与燃气、电力等能源系统及其基础设施紧密相关，评价供热系统也应该从源、网、荷等全系统、上下游全链条进行分析。“多样化”的供热系统“存在即合理”，既有我国国情和历史原因，又有技术发展的不同阶段和不同用户的市场选择。

政府和公众希望供热系统清洁绿色、节能高效、环保低碳、安全可靠且供热产业链规模化发展，对供热企业和热用户而言经济成本可承受尤为重要。一般而言，在满足安全（Security）和供热品质的前提下，不同供热系统在能源（Energy）、经济（Economic）和环境（Environment）三方面可能互有优势。能源包含能源品位、效率和总量等指标，经济包含初投资、运行费用和持续性等指标，环境包括污染物和碳排放等指标。不同能源系统形式、价格及其供热系统的复杂性，加之气象条件、建筑性能、设计建设、实际投资、产品质量和运行水平等方面的差异，致使同一供热系统形式可能存在巨大差别。因此需要从能源系统角度进行公正、科学的多目标、多维度的综合评价。

（1）单一热源和太阳能+的比较

对比多种复合方式，无论是单一热源供热还是太阳能与多种能源复合方式供热，都能够提供生活热水且基本满足安全、舒适的生活要求。地源热泵的初投资最高，但运行费用最低，项目长期性是保证其经济收益的前提。无论是单一热源供热还是多种供热方式组合，空气源热泵运行费用均相对较低，系统使用寿命长，因其经济性而言该种供热方式得到了广泛应用。

太阳能供热业界已有探索，单独使用太阳能对日照时间有一定要求，对日照时间不足的地区来说单独使用太阳能并不能很好地解决消费者的取暖需求。太阳能与电、气等能源相互补充，可以很好地解决上述问题。太阳能与多种能源结合的采暖方式比单一能源供热方式的单位建筑面积初投资高，但运行费用低。研究证明，“互补”供热比“替代”供热的可行性和持久性更强。

总之，无论是电能、天然气、风能还是太阳能，未来都会有很大的发展前景，在能源联动、互补方面，还有很多技术需要研究。

（2）不同优先序的比较

当分别以安全、清洁、节能、经济、舒适为主要评价标准时，会得到不同的供热方案的优先序，结果见表4－10。

表 4 – 10　不同供热方案的优先排序

	最优供热方案
安全	热电联产（集中供暖）、工业余热、燃气锅炉、空气源热泵、太阳能 +、生物质能
清洁	工业余热、地源热泵、太阳能、生物质能、燃气热电联产、热电联产
节能	工业余热、地源热泵、热电联产（集中供暖）、空气源热泵
经济	燃煤热电联产、工业余热、地源热泵、空气源热泵、可再生能源、燃气锅炉
舒适	燃气锅炉、燃气热电联产、电锅炉、集中供暖、可再生能源

事实上上表只能是满足质量的条件下的一般性排序。满足一定的能效、排放标准，能源价格下的少投资和少运营经济成本下才能比较，一种供热方式达到一定条件才能比其他好。在能源利用效率、经济和环境优势上，余热利用的大型燃煤热电联产优于各类热泵，热泵优于锅炉，燃气供热方式在经济性和供应安全保障上存在较大劣势，其他可再生能源供热系统则普遍存在技术不成熟及经济上难以承受等问题。

城市供热系统以低品位余热（如电厂余热、工业余热、低品位可再生能源）、电和天然气的热源结构为主，具有“多个热源、一张热网”“大温差”“长距离输送”“低温供热”“热电气协同”等特点，形成了安全、清洁、高效和经济的供热模式。应充分利用现有余热资源以提高能效，“节能是第一能源”。

地源热泵系统的优势在于节能环保、节省运行费用，无废气、废渣、废水排放，能大幅降低温室气体的排放；劣势在于初投资大，受场地限制，埋管占地。在北方地区，若完全采用地源热泵来供热，则地热换热器和机组初投资均较高，连续运行的效率也较低。而在夏季运行时，机组的容量就过大，造成浪费。多能互补方式比完全用地源热泵供热更经济。

空气源热泵具有节能环保、零污染零排放、能耗比高等特点，节能效果突出，投资回报周期短，性能稳定，可实现无人值守一年四季全天候运行，已成为清洁能源供热领域的明星产品。对夏天要用冷源及城市电网夏季供电充足的地区，宜使用空气源热泵冷暖两用机系统，集中提供冬天的供热热负荷和夏天的制冷冷负荷。但该种供热方式的区域性特征明显，对外界环境温度依赖性较大，在低温环境温度下，制热性能受冬季室外环境温度及相对湿度影响较大，制热能力及供热热水的出水温度都会降低，导致系统所需热泵的数量及运行能耗都会有所增加。此外，硬件设施日益暴露技术缺陷，损坏率较高。

燃气锅炉与空气源热泵相比，设备运行可靠性有很大优势，在北方冬季室外低温环境下燃气锅炉的供热制热能力更好。在具备敷设天然气管线条件及距天然气主管网较近的地方宜使用燃气锅炉供热。燃气锅炉运行费用较高，因为燃气价格较高，但对环境污染小。随着气源保障的解决、价格的调整及国家优惠政策的扶持，会有一定的发展空间。就多数城市燃气储备和燃气价格而言，广泛采用燃气供热还有困难。尽管空气源热泵和地源热泵运行费用较小，但应注意运行管理方面的投入，以提高能源利用率、降低对环境的不利影响。

燃气热电联产在发电的同时利用余热供热，既可以提高能源利用率又可以有效减少温室效应，改善环境质量。大型热电联产系统能源效率高，我国北方城镇热网基础设施建设相对完善，但也存在初投资大、管网热损失和输配动力电耗大等劣势。与人工煤气热值价格相当，清洁性可以延长灶具使用寿命，一定程度上能够减少用户的维修费用支出。但是，热电联产电厂输出的热力与电力之比往往都低于其所在区域需求侧最大的热力与电力之比，从而导致在严寒期用电低谷时段热电联产热量不足而电力过剩，供给侧和需求侧的热电比出现严重不匹配情形。因此，热电联产应从“以热定电”向“热电协同”转型。

电锅炉占地面积小、安装简单、操作便利、舒适性高，具有多时段不同控温功能，适合电价便宜的区域。从经济、节能、环保等多方面综合考虑，电锅炉直接供热不宜作为大面积集中供热的方式。电锅炉采用分时计价、蓄热式电锅炉对电网具有一定的平衡作用，故有一定的使用空间。

除以上几种热源形式外，应该积极寻找更合理、更经济、环保程度更高的供热形式，研发余热、废热、清洁能源、可再生能源的利用技术，使我国供热事业向节能、环保、高质量的方向快速健康发展。

（3）评价结果存在的问题及其分析

评价结果可能因建筑面积、建筑用途、地域差异、统计口径的不同而产生偏差。

——实际中因建筑面积不同，单位建筑面积投资会有所偏差。

——太阳能与多种能源相结合的采暖方式投资计算为含辅助能源系统。辅助能源类型为常规电锅炉、超低温空气源热泵、地源热泵、燃气壁挂炉、无烟煤锅炉等。

——所有单位面积初投资不包含散热尾端即暖气片、地暖或风盘。

——电采暖方式及燃气采暖方式单位面积初投资不包含国家基础设施投资费用。

建筑供暖是向建筑环境提供18℃~20℃室温所需要的热量，应该以低品位的余热为主向建筑供暖。把电力直接转换为热量，是把高品位能源低品位应用；把燃煤锅炉、燃气锅炉燃烧上千度温度下输出的热量直接输出到20℃环境温度，是一种极大的浪费。对于化石能源、尤其是高品位能源，应“消灭”没有供热的发电，也应“消灭”没有发电的供热。供暖应该优先利用各种低品位热源，使各种低品位热源得到充分利用，这是大幅提高我国能源热利用效率的最有效途径之一，也应该成为我国清洁供热的技术思路和主要发展方向。

在空间布局上，热电联产集中供热系统虽然初投资大、管网和不均匀热损失大，但因能效环保优越性，大型燃煤电厂与长期稳定的工业余热仍将是中长期我国北方城镇供热的主热源。对我国国情下的不同等级城市、县镇和农村，应基于良好的现有集中供热系统基础设施，制定相应的集中或分散的清洁供热政策，其中我国北方城镇应采用以高效热电联产和高耗能工业余热的集中供热系统为主、分散清洁供热为辅的模式。

除个别利用工业余热和生物质能的供热外，最现实、高效和可操作的方式是分散的空气源热泵方式。能否高效地实现间歇供暖，成为农村选择清洁取暖方式的关键。例如热泵热风机可以按照“需求侧响应”方式运行，在电力部门协调下，利用互联网、大数据技术统一调度，在保证供暖需求前提下，参与电力调峰。在农村清洁取暖、改善民生的同时，为破解电力系统的难题、破解弃风弃光现象找到一条新的途径。

在热源和技术路线选择上，应坚持因地制宜，优先使用可再生能源，传统能源作为补充。即使必须用电或气，也应坚持高效使用。对东北、内蒙古、山东、四川等生物质资源丰富地区，重点发展生物质清洁利用技术；对西部地区及其他太阳能资源较好地区，重点发展太阳能采暖及生活热水；对京津冀及缺乏生物质和太阳能的其他地区，重点发展低温空气源热泵技术，并视资源禀赋和技术经济情况，开发利用地热能、余热、废热等热源。此外，尽管热电联产是能源转换效率最高的方式，但在很多制造业比例较低的消费型城市还不能用热电联产方式为城市提供全部供暖热量，必须辅以其他的热源形式，以使供给侧和需求侧之间热电比相匹配。为此，需要在这些城市发展一定数量的热泵供热，增加需求侧的用电量，并减少对热电联产热源热量的需求。

3. 项目评优指标体系

基于以上经济性分析，在项目立项、投资建设之前应该对清洁供热项目作出全面、科学的评价，规避投资风险，减少资源浪费，保证供热质量。报告从热源、用能系统、建筑能效和供热效果等方面，提出如下评价指标体系，见表4－11。

表4－11 清洁供热项目评优指标体系

指标评价	二级指标		三级指标
热源	煤炭	大中型集中供热燃煤锅炉（超低排放）	（是/否）
		热电联产（超低排放）	（是/否）
	天然气	燃气供热锅炉	（是/否）
		燃气热电联产	（是/否）
		户用壁挂炉	（是/否）
		冷热电三联供	（是/否）
		直燃型吸收式热泵	（是/否）
	电直供	电极、电阻热水锅炉	（是/否）
		低温辐射电热膜	（是/否）
		固体蓄热电锅炉	（是/否）

续表

<table>
<tr><th>指标评价</th><th colspan="2">二级指标</th><th>三级指标</th></tr>
<tr><td rowspan="9">热源</td><td rowspan="3">热泵</td><td>空气源热泵</td><td>(是/否)</td></tr>
<tr><td>地源热泵</td><td>(是/否)</td></tr>
<tr><td>污、中、河水源热泵</td><td>(是/否)</td></tr>
<tr><td rowspan="4">可再生能源</td><td>地热能</td><td>(是/否)</td></tr>
<tr><td>生物质能</td><td>(是/否)</td></tr>
<tr><td>太阳能</td><td>(是/否)</td></tr>
<tr><td>风能</td><td>(是/否)</td></tr>
<tr><td rowspan="2">其他能源</td><td>工业余热利用</td><td>(是/否)</td></tr>
<tr><td>核能</td><td>(是/否)</td></tr>
<tr><td rowspan="7">用能系统</td><td rowspan="5">煤炭高效清洁利用</td><td>煤炭清洁发电技术</td><td>(是/否)</td></tr>
<tr><td>新型煤化工技术</td><td>(是/否)</td></tr>
<tr><td>煤基多联产技术</td><td>(是/否)</td></tr>
<tr><td>煤油共炼技术</td><td>(是/否)</td></tr>
<tr><td>碳捕获与封存技术</td><td>(是/否)</td></tr>
<tr><td rowspan="2">智慧能源管控系统</td><td>三级管控</td><td>(是/否)</td></tr>
<tr><td>四级管控</td><td>(是/否)</td></tr>
<tr><td rowspan="2">建筑能效提升</td><td>围护结构保温隔热</td><td></td><td>1－10分</td></tr>
<tr><td>取暖设备更新</td><td></td><td>1－10分</td></tr>
<tr><td rowspan="5">供热效率与效果</td><td>热网系统效率</td><td></td><td>1－10分</td></tr>
<tr><td>能效水平</td><td>单位供热面积标煤耗量</td><td>1－10分</td></tr>
<tr><td rowspan="2">环境污染</td><td>单位供热面积二氧化碳排放量</td><td>1－10分</td></tr>
<tr><td>单位供热面积二氧化硫、氮氧化物、烟尘排放量</td><td>1－10分</td></tr>
<tr><td>居民满意程度</td><td>室内温度控制</td><td>1－10分</td></tr>
</table>

注：1. 热源属于清洁能源的为10分，清洁热源占比0~100%对应0~10分。
2. 每一项根据三级指标进行打分。

指标体系中定性指标居多，需要将定性指标定量化，以便计算综合效果，进行下一步的模型评价。下面讨论指标权重和得分赋值问题。

德尔菲法（又称专家调查法）是围绕某一主题或问题，征询有关专家或权威人士的意见和看法，对研究问题进行判断的一种方法。这种调查的对象只限于专家这一层次。调查一般为3～5次。每次都请调查的对象回答内容基本一致的问卷，并要求他们简要陈述自己的理由。每轮次调查的结果经整理后，都在下一轮调查时向所有被调查者公布，以便他们了解其他专家的意见，以及自己的看法与大多数专家意见的异同。该方法具有反馈性、匿名性、统计性的特点，可以获得不同观点和意见，适用于项目的长期评估。

德尔菲法按以下两个步骤进行：

一是确定热源、用能系统、建筑能效和供热效果四个一级指标的权重。综合多次专家反馈意见，认为一级指标按照重要性由大到小顺序排列为：供热效果＞热源＞建筑能效＞用能系统，权重分别为0.4、0.3、0.2、0.1。供热效果是清洁供热实施结果的直接反映，热源的使用类型是整个清洁供热评价的前提，二者在评价中占有重要的地位，用能系统和建筑能效提升助推了供热效率，在评价体系中起到辅助作用。

二是确定定性指标热源和用能系统定量化的分值。热源和用能系统每个二级指标中三级指标得分赋值相同。由于每项指标均为正指标（“是”与“否”分别代表在该项指标上表现优和劣），若选“是”记为5分，选“否”则记为0分，二级指标分值为三级指标的平均得分。

我国清洁供热产业发展，首先要符合国情，一个城市、乡镇或区域，选择何种供热方式应因地制宜。清洁供热关键在于“宜”字，应当考虑的因素有三：一是所在地区的能源资源禀赋，应关注能源的梯级利用；二是所处区域的地理特点，分析当地是否有地热、太阳能等可再生能源的潜力；三是分析所处区域的用热规模和热负荷大小，从源、网、站、热用户等要素通盘考虑，确保供热全流程的安全、清洁、高效、适宜和经济性。图4－1展示了清洁供热项目典型案例评估的技术路线。

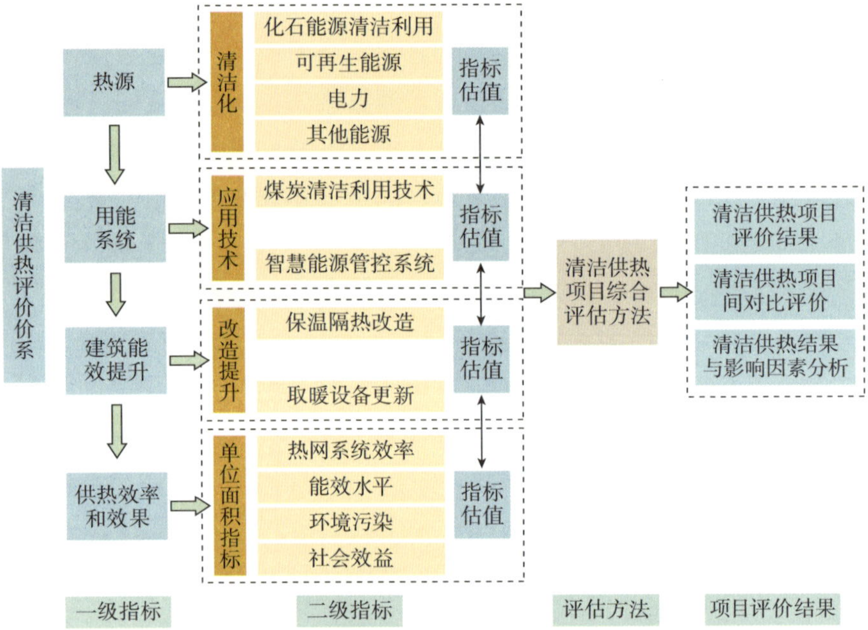

图 4－1　清洁供热项目典型案例评估技术路线

二、清洁供热企业评级

1. 评价指标体系构建原则

伴随清洁供热行业的发展，开展清洁供热企业评级活动对推进行业内中小企业转型发展、解决中小企业贷款难和融资难的问题具有重大意义，这也是 CHIC 服务中小企业的有益尝试和有效手段。清洁供热企业评级有利于提升企业形象，助力企业产品的品牌形象竞争；评比等级越高，企业的知名度、信誉度就会随之增高，而且企业的社会地位也会日益提高。此外还可以增加合作机会，让自己处于主导地位，改善企业的外部经营环境，为企业的发展开辟更好的路径，尤其是为中小企业融资难问题的解决提供了一个突破口。

清洁供热企业评级首要任务是建立评价指标体系。清洁供热企业评级体系，指在对所评价企业的清洁供热状况进行评估时，采用客观公正的评价要素、指标、指标权重、等级设定和评级方法等因素的评价过程和评价模型总称。其中一套科学、合理的评价指标是构建该体系的重要前提。

遵循正确的指导原则，覆盖面广、全面多样地选取合适的指标，才能保证评估结果更加准确科学，令人信服。

一是导向性。开展清洁供热产业发展状况评价，应具有目标导向性。建立评价指标体系的目的是发挥企业“排头兵”作用，以引导中国清洁供热产业发展，尤其是促进传统供热企业的绿色转型升级，对我国完成工业化和城市化的历史任务具有重大意义。

二是定性与定量相结合。如果收集不到基础数据，即使已经有完整的评价指标体系乃至成熟的评价方法也毫无意义。从国内外实际出发，获得第一手数据需要的投入大、工作量也大。一般而言，科学研究需要第一手数据，往往通过做实验等途径获得；社会科学一般通过数据采集并加以分析研究得出相应结论；统计、评价等一般采用二手数据，并建立指标体系进行评价。为了对问题进行描述，定量化的指标无疑会更具有优势。但是在涉及到社会层面的因素时，由于问题的特殊性，必然会存在一些无法直接量化的指标。因此，指标的选取必须遵循定量与定性相结合的原则，实现二者相辅相成。对于部分难以直接量化的指标，本报告将根据相关指标的实际情况来邀请专家进行打分，从而对其进行量化处理。

三是权威性。指标体系及数据的权威性并不单指参考权威部门发布的文件，还指评价用到的所有内容真实可靠。数据无论采取什么样的途径获取都应该是真实的，至少应当能够自圆其说，从而可以证明这些数据是权威的。即使是通过调查、走访等途径获得的数据，也应当具有真实性，而不是编造的。即使是采自统计年鉴的数据，也存在数据的调整问题，或者其他原因的修订问题，必要时应根据科学方法作出相应的改动并说明。

四是系统性原则。企业的清洁供热内涵丰富，企业评级指标体系是清洁供热产业发展评价的子系统。其中各类企业、不同类型的城市要素共同交织成复杂、动态的系统。要对之进行科学的综合评价，就要紧紧抓住最本质的特征来分层次构建指标体系，指标之间必须有很强的内在逻辑关系：下级指标能够全面支撑上级指标，上级指标对其下级分指标有明确的统领关系。这样才能围绕评价目标分层次、模块化组成指标体系。为评价清洁供热产业发展及其存在的问题，有必要将与此有关的方方面面因素尽可能纳入指标体系的考虑之中使评价得出的结果具有公正性，因而需要进行指标体系的系统性筛选工作。

五是量纲一致性。这主要是针对评价而言的，采用众多的数据时尤为重要。采用一组数据评价某一件事情或对象时，要么用一手数据，要么用经过处理的无量纲数据；无论如何均应使研究或评价采用的数据是同一个量纲的，否则可能由于某类数据的权重出现叠加得出的结果有失偏颇。

六是可比性。指标体系中选用的指标既要有稳定的数据来源，又要适应我国清洁供热发展现状。指标的口径，包括指标内涵、范围、时间等必须具有高度的可比性。换言之，所用数据尽可能是连续性的或能够陆续获得，这样研究评价的结果才能纵向对比，进而可以观察企业在评级中实力的动态变化。

七是非相关性。对一组数据尽可能减少数据之间的相关性，如果相关系数大会带来某类数据的权重增加，对分析问题是不利的。用数学的语言表述就是两组数据之间的相关性至少应该小于 0.7，理论上应该不大于 0.5。尽管现实生活中很多事情存在或多或少的相关性，例如我国推进的低碳发展，在低碳指标体系与能源效率指标体系之间存在明显的相关性，在评价时需要尽可能避免采用相关性较大的指标。

2. 指标体系与评价方法

在对企业评级时，主要从基本情况、上年经营概况、业务情况、清洁供热及其服务等方面考虑（见表 4-12）。基本情况部分考核了企业的经营现状，为衡量企业实力提供必要的基础。上年经营概况包含了企业财务资金的相关情况，能够体现企业的发展潜力。业务情况主要是企业开展清洁供热活动时经手或承担的项目情况。清洁供热及其服务从供热源头、输送与使用三个角度分别选取了相应的评价指标。

表 4－12　企业评级指标体系

一级指标	二级指标	三级指标
基本情况	成立时间	
	是否上市	
	注册资金	
	总资产	
	员工情况	人员数量
		技术人员数量
		高级职称人员数量
		本科以上学历人员数量
		技术负责人职称
		财务负责人职称
	相关资质	质量管理体系
		高新企业认证
		其他证书
上年经营概况	营收情况	资产总额
		营业收入
		净利润
		负债总额
	融资	融资额度
		平均融资成本
	自有技术和产品	专利和技术
		产品
业务情况	项目	项目数量
		自建项目数量
		改造项目数量
	投资额	
	财政补贴额度	
	项目面积	总面积
		最大单个项目面积
	典型项目	项目效果
	签约合同	合同类型
		合同金额

续表

一级指标	二级指标	三级指标
清洁服务	清洁能源的使用	热能供应
	用能技术的应用	输送管网
	供热效率与效果	热用户反馈
		热能供应

以下是对指标体系实际应用程序的说明：

该指标体系采用企业自查与外部审核相结合的评估程序，外部审核由机构和专家评审两部分构成。企业提交自查结果，由机构进行初步审核，验证数据真实性，规范评审结果，并汇总整理，组织专家多次进行集中评议，确保评级结果的可靠性与权威性。

指标体系中数据的获得主要有以下几种方法：

①定量数据。企业根据自身运营状况如实填报；机构根据公开数据，借助行业平台，将政府数据与企业数据相关联，进而获取真实可靠的定量数据。

②定性数据。按照规范给出指标的下级备选项，并给每个选项赋值。选项一般限定在5个级别，既能突出选项差异又能简化评价对象。此外，类别选项一般给定7个，不规定选择个数，最终汇总选项信息得到相应评分。对于指标体系中包含的主观性指标，由企业自主填写，权威机构和专家比对已有指标酌情打分。

以上是指标和数据选择的一些原则思考。清洁供热企业评级与传统供热企业绿色转型需要从实际出发，做必要的指标甄别和筛选。这种工作是琐碎的而又繁重的，正是因为如此，才需要我们认真研究，合理利用评价指标体系，通过评价在定量和定性两方面提出发展模式的优劣势，并引导清洁供热产业持续、健康发展。

三、清洁供热指标体系应用

1. 清洁供热评价模型

指标体系的建立是为了对项目或者企业进行综合评价，以对比项目的优劣势，在行业内实现企业的等级划分。

以往研究和应用中，TOPSIS（Technique for order preference by similarity to ideal solution）模型经常用于企业的业绩综合评价、财务风险评价等。该模型作为一种广泛使用的多目标评估决策方法，相对于传统的用于评价问题的多元统计方法具有分析原理直观、对样本量要求不大等特点。因此，不同学者在多领域进行多目标评价时，总是青睐于该方法的选择。

TOPSIS 法是一种多目标决策方法，由 H. WANG. C. L 和 YOON. K. S 于 1981 年首次提出。TOPSIS 法借助于多目标决策问题的“理想解”和“负理想解”来排序，以确定方案的优劣，将方案的理想解和负理想解作比较，若某一方案最接近理想解又远离负理想解，则该方案就是最优方案。

评价模型的建立。设清洁供热评价有 n 个目标（指标、因素等），目标集为 $D = \{D_1, D_2, \cdots, D_n\}$，$m$ 个被评价的对象集即清洁供热项目或者企业 $M = \{M_1, M_2, \cdots, M_m\}$，项目或企业 $Mi(i = 1, 2, \cdots, m)$ 在目标 $Dj(j = 1, 2, \cdots, n)$ 下取值为 M_{ij}，则决策矩阵为：

$$(M_{ij})_{mn} = \begin{pmatrix} M_{11} & M_{21} & \cdots\cdots & M_{m1} \\ M_{12} & M_{22} & \cdots\cdots & M_{m2} \\ \cdots\cdots & \cdots\cdots & \cdots\cdots & \cdots\cdots \\ M_{1n} & M_{2n} & \cdots\cdots & M_{mn} \end{pmatrix} \tag{4-1}$$

原始指标数据矩阵 $(M_{ij})_{mn}$ 的每项 M_j 指标值 M_{ij} 的差距越大，则该指标在综合评价中所起的作用就越大。根据各指标的差异程度，利用变异系数法可计算各指标的权重。具体步骤如下：

①各个指标归一化。计算第 j 项指标下第 i 个指标值的相对比重 P_{ij}，其公式为：

$$P_{ij} = M_{ij} / \sum_{j=1}^{n} M_{ij} \tag{4-2}$$

这样就得到了原始指标数据矩阵 $(M_{ij})_{mn}$ 的规范化矩阵 $(P_{ij})_{mn}$。

②利用变异系数法，计算第 j 项指标的权重。

$CV_j = \sigma_{X_j} / \bar{X}_j$，计算各指标的变异系数，各指标的标准差除以均值

$W_j = CV_j / \sum_{j=1}^{n} CV_j$，各指标变异系数所占的比重确定权重

③构造加权规范化矩阵。

④构造加权规范化矩阵。

⑤确定理想解和负理想解。

$$V^+ = \{(\max_{1\leq j\leq m} v_{ij} \mid j \in J_1), (\min_{1\leq j\leq m} v_{ij} \mid j \in J_2) \mid i = 1,2,...m\} \quad (4-3)$$

$$V^- = \{(\min_{1\leq j\leq m} v_{ij} \mid j \in J_1), (\max_{1\leq j\leq m} v_{ij} \mid j \in J_2) \mid i = 1,2,...m\} \quad (4-4)$$

V^+ 和 V^- 分别为指标集的正理想解和负理想解。

⑥计算距离。评价对象与理想解和负理想解的距离分别为：

$$d_i^+ = [\sum_{j=1}^{n} (v_{ij} - v_j^+)^2]^{1/2}, \ i = 1,2,\cdots,m \quad (4-5)$$

$$d_i^+ = [\sum_{j=1}^{n} (v_{ij} - v_j^-)^2]^{1/2}, \ i = 1,2,\cdots,m \quad (4-6)$$

⑦确定相对接近度。评价对象与理想解的相对接近度为

$$C_i = \frac{d_-^+}{d_i^+ + d_j^+}, \ i = 1,2,\cdots,m \quad (4-7)$$

根据相关大小，可以对评价对象进行排序。即 C_i 越小表明第 i 个被评对象越优。在上述两个指标体系的实际应用中，C_i 越小表示该项目较优或者企业等级较高。

该模型能对各项二级指标进行比较，计算综合指数，形成评价结果集。评价结果集是评价值的集合。一般而言，评价结果集是一个统筹所有可能性结果的大集体，具有专一性，不会根据层次的变化而变化。评价结果集可以从内部划分结构，并分成多个档次，便于对项目和企业进行排序或等级划分。

2. 评价指标体系应用

(1) 清洁供热项目评优体系

上述指标体系不但能为立项和项目建设提供参考，而且也能够为产业发展提供依据，因此在不同的应用场景中有不同的注意事项。

对单一清洁供热项目而言，热源与用能系统19个指标只需考虑“是”或“否”，上述指标赋值方法适用。建筑能效提升中的围护结构保温隔热和取暖设备更新需要根据实际项目，按照已经发生的或根据计划的情况统计。对尚未落地实施的或因时间较短未能得到供热后期数据的项目，可参照同类型项目供热效果，由企业自估、专家复审得到类比数据。

当评价企业的供热项目时，不仅要考虑企业是否用到煤炭、天然气、热泵等热源，还要将清洁供热相关业务占企业经营中的比重作为度量指标参与评价，并分别以投资和收益计算。建筑能效提升的两个二级指标若不能涵盖所有企业，还应根据企业实际情况加以调整，补充建筑能效相关指标。关于能效水平与环境污染的度量，应该将清洁供热项目的能耗量与排放量单独计算，而不能只简单以企业能耗与污染量代替。个性化指标的赋值与权重需要参照专家意见讨论确定，才能增加评价结果的可比性。因此该指标体系可以作为每个项目参与清洁供热行业都能够使用的有效工具。

在衡量某一地区的清洁供热项目发展水平时，热源相关指标的收集不能仅限于“是”或“否”，而应该就各三级指标统计清洁能源占比。如以空气源热泵为热源的项目占所有以热泵为热源的项目的比例，这种方式既能将评价指标量化，又能在综合评价中体现指标更多的信息。用能系统指标方面，统计的主要内容是煤炭高效清洁利用中各项技术的总使用量与智慧能源管控系统的使用规模，主要以近5年累积数量入样。地区清洁供热效率与效果的度量需要多方合作。热网系统效率、能效水平、环境污染指标需要企业和政府有关部门的配合协同、第三方机构积极参与，以获得客观、准确的数据。其次，通过走访调研、发放问卷等形式收集居民满意度数据，并进行评分计算。此外，还应将政府的支持政策与资金补贴相关指标纳入评价体系，以衡量清洁供热产业发展的宏观环境。

清洁供热项目评价指标体系在地区层面也可应用于城市综合评价，通过对每年三级指标的统计与汇总，得到各城市的清洁供热项目历年综合得分，并予以排名。评价结果既能够作为清洁供热产业发展愿景和成果的依据，城市排名的波动同时也能反映产业竞争状况与发展速度，为企业经营和政府政策的完善均提供了参考。

（2）清洁供热企业评级体系

清洁供热企业按照服务领域可以分为投资类、运营管理类、施工改造类、技术产品类四个类别。对于没有涉及到二、三级指标的企业，既可以在评估时取参评企业的平均值，又可以用专家评分法对指标和权重进行相关修正。

为达到常态化评级、及时跟踪产业动态的目的，该指标体系对参评企业按年评估，因此难免会出现企业评级结果的变动。这一结果一方面能够增加具有潜力的清洁供热企业的评优机会，鼓励企业积极从事清洁供热行业，另一方面为优等清洁供热企业提供更进一步的动力。

清洁供热企业的评价既包括历史数据又包括预期数据，对立项、投资与工程建设具有指导作用。地区层面的清洁供热评价，因汇总企业的历史数据可能出现一定程度上的时滞，但数据真实、具有说服力，能够很好地为行业发展把脉。

综上所述，根据使用场景的不同，明确了评价指标体系的评价细则。在确定了评价对象与方案后，技术要点得到了统一，评价对象才具有可比性，数据的采集分析和指标的评价才更为精准、价值更高。

CHIC
清洁供热产业委员会
CleanHeatingIndustryCommittee

第五篇　管理篇

清洁供热产业发展，既不可能由政府包办也不可能完全交给市场。由于供热基础设施的自然垄断性和公共物品属性，既需要政府对清洁供热产业进行规划、运行监督和管理以及对热用户的建筑节能保暖改造管理等（这些是提高管理能力、实现管理能力现代化的重要内容），也需要发挥市场配置资源的决定性作用，提高清洁供热效率，进而实现安全、清洁、节能、经济、舒适的清洁供热产业发展目标。

一、清洁供热新型管理方式

1. 多能互补管理系统

清洁取暖技术各有千秋，有明显能效、价格优势的技术和方案会得到普及推广。老旧系统和传统方式存在一定“惯性”，难以迅速退出历史舞台，面临污染治理、碳减排、能源效率及产业结构调整等新形势。“多能互补”是清洁取暖方式的优势互补、综合集成，能产生1 +1 >2的效果，热电联产 + 调峰组合、复合热泵组合等均是如此。

能源互联网是一种互联网与能源生产、传输、存储、消费及能源市场深度融合的能源产业发展新业态，是一种能源物理与信息互联高度融合的系统，如图 5 –1 所示。

能源互联网是实现多能互补的重要途径和平台，可以统筹电力、热力、天然气管网等网络并用于供热。能源互联网是采取有效调峰调频，热力系统与储热技术相结合，利用谷电蓄热、消减高峰期用电，消纳风电、太阳能减少弃风弃光行为，将每个独立能源解决的问题统筹为多能互补、协同综合的取暖能源网络，能实现经济效益、社会效益和环境效益有机统一。

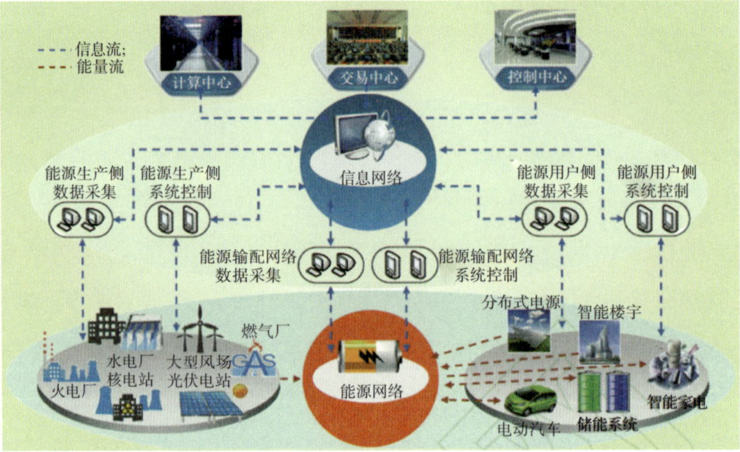

图 5－1　能源产业新业态—能源互联网

可再生能具有源能量强度较低、不连续、不稳定（易受环境温度影响）等特点，负荷需求与资源禀赋差异需要多能互补。为提高可再生能源供热可靠性，需采用多种可再生能源互补的形式，如地热能 + 太阳能 + 高效热泵，在供应热量的同时还可以解决生活热水及部分冷的需求，且不同的可再生能源之间还可以弥补彼此的不足提高系统经济性及适应性。可再生能源供热系统通常要匹配一定时间保证的辅助供热措施，如蓄热或空气源热泵、燃气锅炉等以保障供热的可靠性。实践中因为没有很好地进行系统性集成，没有进行精细化设计、建造和运维管理，有些多能互补变成了技术堆砌，没有收到应有效果。

2. 智慧供热管理体系

我国城市供热规模不断扩大，部分城市开始进行一城一网的建设，供热系统的安全性要求越来越高，原有管理模式已不能适应大规模供热系统的安全要求。随着供热企业管理水平、自动化水平、数据量的不断提高，供热行业的传统运行调度模式亟待突破。2017 年国务院印发《新一代人工智能发展规划》，推动人工智能、大数据、物联网等信息技术发展，结合智慧城市及“互联网 +”能源，供热行业传统集中供热模式“源—网—荷—储”全过程的动态性和复杂性显著增强，要求借助新一代信息技术提升供热系统动态调控能力并向“智慧供热”方向迈进。

智慧供热由不同网络构成。由供热管道、供热设备、就地显示仪表和控制调节设备组成的网络称为供热物理网；由传感器、数据采集设备、数据传输设备等组成的网络被称为供热物联网；由供热物理网、供热物联网和智能决策系统组成的全新供热网络称为智能供热网。在智能供热的基础上进行供热系统的智能化管理即为智慧供热：以数字化、网络化、智能化的信息技术设施为基础，以用户为目标，以舒适、高效、低碳为主要特征，以透彻感知、广泛互联、深度智能为技术特点的现代供热方式。智慧供热的核心是建立一个涵盖供热企业管理者、运行者、系统设计者、建造者及热用户的全新供热方式。

智慧供热系统的实施，对不同企业有不同要求。智慧供热，运用多样化的信息平台及技术贯通“源—网—站—线—户”“政府—企业—消费者”“设计者—建设者—运营者—使用者”等多维度、各方面的信息连接，支撑智慧生产管理和运营决策等的实现。智慧供热以信息系统与物理系统的深度融合为核心技术路径，运用物联网、建模仿真、大数据、人工智能等新一代信息技术统筹分析、优化配置系统中的资源，构建具有自感知、自分析、自诊断、自优化、自调节、自适应特征的新一代供热生产和消费系统。通过赋能供热生产经营各环节，智慧供热将全面提升城镇供热系统的安全性、可靠性、灵活性、舒适性。

智慧供热特征有：①利用传感器透彻感知供热信息（即感知化 Perceptualization）。通过传感技术顺利获取热源、管网及热用户的主要信息，对供热设备及管网关键部件运行状态实时监测，实现对供热系统的全面感知。②信息互联互通（即互联化 Interconnected），来自于供热物理网的海量数据通过现代通信方式，实现互联互通。系统信息资源可以共享，数据可以统一分析。③实现智能决策、智能控制（即智能化 Intelligent）。对海量数据进行有效挖掘，对各种需求做出智能快速响应，为供热企业提供高效的管理手段。在保证热用户舒适的前提下，通过提高系统的整体运行效率，实现供热系统的最佳运行状态来降低运行费用。④智慧供热由供热企业、系统集成企业及设备制造企业共同实现。供热企业承担供热物理网的建设，系统集成企业承担供热物联网的建设及智能决策支持系统的建立，设备制造企业承担着智能设备的研发及制造。

3. 合同能源管理

合同能源管理是节能领域中一种新的管理思路和市场机制，节能服务公司与客户之间签订节能服务合同，收益来自项目的节能效益，也就是以未来减少的能源费用来支付节能项目全部投资及节能服务公司合理利润和客户收益，是一种基于市场的将节能投资及服务融为一体的新机制。合同能源管理实施的保障包括两点：一是技术可靠，二是具有投资前景和经济收益。合同能源管理的实质是一种以减少能源费用来支付节能项目全部成本的节能投资方式；一种面向市场的节能投资新机制，能够帮助企业排除节能项目的资金和技术障碍。

对于合同能源管理的支持，现有政策主要包括两个方面：第一个是增值税，合同能源管理公司增值税的即征即免，优惠幅度非常大；第二个是合同能源管理项目以及企业的所得税“三免三减半”。从这两个角度去补贴，刺激合同能源管理模式推广，对合同能源管理行业发展是一个激励。

随着全球矿产资源的日益枯竭，能源价格上涨，较低的能源利用效率明显加大了经济增长和企业发展的成本。我国能源资源禀赋、利用技术、能源产品和能源管理与使用模式的落后也大大增加了单位国民生产总值的能耗水平，与发达国家的能耗水平相比有较大的差距。以天然气为例，截至2017年底，许多国家能源消费结构中天然气的占比达到50%以上，而我国天然气的占比仅为7.5%，能源消耗仍以原油和原煤为主。根据“十三五”规划，我国到2020年非化石能源占一次能源消费比重将提高到15%，天然气比重力争达到10%，煤炭消费比重控制在58%以内。节能降耗是我国现阶段转变发展方式、优化经济结构的重要举措，也是节能服务产业发展、能源管理技术进步的动力之一。

合同能源管理在清洁供热产业中有以下几方面的应用。

（1）未来收益权质押

银行对于企业的贷款大多集中于固定资产贷款或者流贷等形式。在运用合同能源管理模式时，节能服务公司可以用项目未来收益权质押获取银行资金，用于清洁供热产业的项目建设和技术服务。合同能源未来收益权质押弱化了担保，但必须保证回款的实现和稳定，因为它是归还贷款的最主要资金来源。

（2）项目贷款

合同能源管理运用项目贷款时，银行更关注项目的稳定性和持续盈利能力，项目的业绩是还款的主要来源和保障，对节能服务公司的财务、资产要求并不高。商业银行在助力供热企业施行节能减排项目方面要通过持续的金融创新与实践，不断提供丰富的金融产品与服务，激活和催化节能减排市场，并以此活跃节能减排融资，从而推进节能减排目标的实现。

（3）融资租赁

我国节能服务公司起步晚，中小企业居多，合同能源管理对于解决中小企业融资难的问题具有较强的制度优势和可行性，承租人通过融资租赁模式一般可以实现较高比例的融资。随着合同能源管理模式在我国的进一步发展，合同能源管理与融资租赁对接具有广阔的市场发展空间。

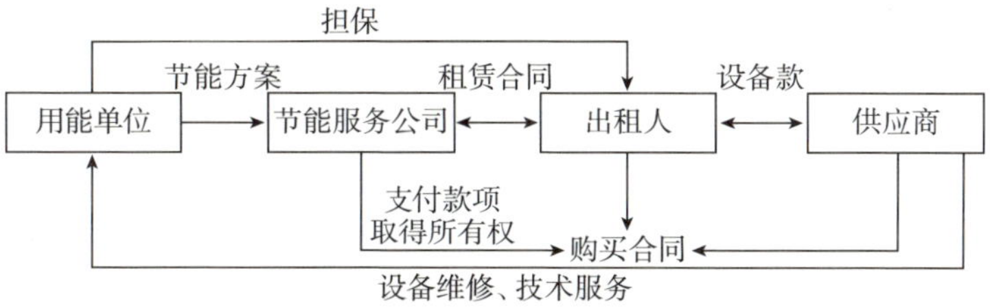

图 5-2　能源合同管理及其在清洁供热中的应用

在合同能源管理项目尚未启动时，选择“直租”模式对租赁公司、节能服务公司与用能单位三者来说是最为稳妥也最为方便的方式。在合同能源管理项目启动后，再行引入融资租赁公司选择“售后回租”的模式。

（4）案例分析

中石化绿源地热能开发公司曾实行合同能源管理模式，在河北省雄县、容城、辛集市等 11 县（市、区），投资 5 亿元建了 111 口地热井、65

座换热站、110千米管网，形成约600万平方米供热能力，既带来资金也带来国际上最先进地热利用技术，实现了供热零排放。国家电网下属国网节能服务公司，采取合同能源管理模式投资5000万元在北京韩村河建设30万平方米电储热炉供热项目，取得了很好的社会和经济效益。济南热力集团有限公司通过合同能源管理合作模式，在大力发展城市集中供热的同时，积极探索地热、分布式能源等供热新技术，利用电能替代、燃气供热、空气源、低谷电蓄热锅炉、污水源、光伏发电等多种供热方式，成功解决了高墙王小区、林景山庄等城市供热孤岛难题。

二、建筑节能低碳保暖改造

近年来，绿色建筑在我国得到快速发展，各项新技术、新工艺和新产品不断涌现。总体上看，我国被动式建筑刚刚起步，绿色建筑所占比例不高，建筑物质量、节能保暖效果与国外先进水平相比仍有较大差距，大多数城市建筑物隔音、隔热、隔气流效果较差，太阳能与建筑物一体化的建筑不多，建筑物上太阳能发电或热利用所占该建筑物的能源利用比例也不高，三四线城市更是如此。因此，推广被动式建筑，加强建筑节能低碳保暖管理，以同样的能源消耗和污染物排放保障居民温暖过冬意义重大。

1. 热用户节能低碳认识水平亟待提高

考虑到我国发展阶段等实际情况，尽管建筑质量、建筑装修产品和技术水平与发达国家相比仍然存在差距，也不能盲目攀比，更不能妄自菲薄。事实上，我国古人对建筑的自然采光、通风均十分讲究，尤其是“逐水而居”的城市选址今天看来仍然正确，以现有理念和标准评判应属于绿色建筑的范畴。绿色建筑可以节约能源、保护环境、降低建筑运营中的温室气体排放，尽可能减少能源消耗、支撑城乡居民获得一个适宜的生活条件，提高人民的生活水平和生活质量。因此，推进建筑节能保暖改造和被动式建筑势在必行，但应该避免以下几个认识误区：

1）国外的建筑节能标准、产品、技术就是先进。无论哪个国家，绿色建筑标准、产品和技术都是在满足当地气温、湿度、光照等自然条件下研发并推广应用的。欧盟国家的国土面积均不算大，气候条件也相差不大；我国幅员辽阔，有几个气候带，国外的标准和做法我们不能照搬，国内的标准和实践也不能“一刀切”。

2）我国传统的建筑理念和技术就是好的，不需要与时俱进。随着城市化的推进，人们对居住环境诉求发生了巨大变化。在农业文明时代，人们追求田园风光、环境宁静、自耕自足；工业化时代人们集中居住在城市，大气污染、噪声污染、扬尘等环境污染严重。随着生活水平的提高，人们要文明地在办公室工作、过上舒适的生活，不可能像过去那样自然采光、自然通风，从这个意义上说绿色建筑的理念和标准必须有新的要求。

3）绿色建筑一定是成本高、价格贵得无法接受的。绿色建筑必须采取与常规建筑不同的材料、工艺和技术，将自动化、信息化、数据化等现代技术应用于建筑物中，不增加成本是不现实的。有研究认为绿色建筑的技术和设备将增加10%的建筑成本。在西方发达国家在建筑节能改造调研时发现，尽可能采用自然采光、发展绿色建筑、推广被动式建筑、开展建筑节能保暖改造固然要增加成本，但增加的成本是可以接受的。

推进建筑物节能保暖改造、发展被动式建筑，需要政府、企业和市场做出相应调整：

从政府角度看，应加大对绿色建筑的支持力度，尤其是对新型建材、绿色建筑计划实施的扶持；加大对被动式建筑、公共建筑的绿色改造、节能保暖改造的扶持，开展绿色建筑宣传，使公众了解绿色建筑在节约能源、保护环境和生态文明建设等方面的重要性。

从企业角度看，应转变思路，树立节能环保和可持续发展理念；拿出一定的利润用于新技术、新产品的研发投入；承担企业社会责任，在建筑物设计、建设中体现节约能源、保护环境的要求；增加被动式建筑的推广应用、减少价高质次的建筑物建设和销售，为诚信社会建设作出贡献。

从消费者角度看，应响应国家关于节约能源、保护环境的号召，了解绿色建筑的相关知识，在购买房子时增加对绿色建筑的考虑。

总之，通过政府、企业、公众的共同努力，目前存在的我国绿色建筑发展滞后、高技术含量的产品只能卖到国外的情况会得到改观，绿色建筑也会得到较快发展。

2. 建筑节能低碳运维的重点任务

建筑物围护结构的能量损失主要来自三部分：外墙、门窗、屋顶。各国建筑界都非常关注这三部分的节能低碳技术。通俗地讲建筑节能保暖改造是“戴帽围围腰”：戴帽是加强屋顶的节能低碳改造，围围腰是加强外墙和门窗的节能保暖改造。主要方向是开发高效、经济的保温、隔热材料和切实可行的构造技术，以提高围护结构的保温、隔热性能和密闭性能，总体上建筑节能低碳保暖改造应当包括以下方面：

（1）建筑规划与设计

为应对能源危机和全球气候变化，一些全新的设计理念应运而生，如低能耗建筑、零能建筑和绿色建筑等，本质上都要求建筑师在建筑规划和设计时综合考虑相关要素，根据建筑所处的气候特征，重视利用自然要素（如气流、雨水、湖泊、绿化和地形等）创造良好的建筑室内微气候，以尽量减少建筑设备的使用。具体措施包括以下三个方面：选择建筑的合理地址、采取合理的外部设计（如在建筑周围布置树木、植被、水面、假山、围墙）；合理设计建筑形体（包括建筑整体体量和建筑朝向的确定）以改善既有的微气候；合理的建筑形态设计，通过建筑各部件的结构构造设计和建筑内部空间的合理分隔设计，充分利用建筑室外微环境来改善建筑室内微环境，同时可借助相关软件进行优化设计辅助设计建筑朝向和居住小区道路、绿化、室外活动空间，利用相关软件分析室内外气流通畅情况。

（2）围护结构

建筑围护结构部件（屋顶、墙、地基、隔热材料、密封材料、门窗和遮阳设施等）的设计对建筑能耗、性能、室内空气质量与用户所处的视觉和热舒适环境有根本性的影响。一般增大围护结构的费用仅为总投资的3%~6%，而节能却可达20%~40%。通过改善建筑物围护结构的热工性能，在夏季可减少室外热量传入室内，在冬季可减少室内热量的流失，使建筑热环境得以改善，从而减少建筑冷、热消耗。

外墙节能技术。从发展趋势看，复合墙体越来越成为墙体的主要形式。复合墙体一般用块体材料或钢筋混凝土作为承重结构，与保温隔热材料复合或在框架结构中用薄壁材料加保温、隔热材料作为墙体。建筑用保温、隔热材料主要有岩棉、矿渣棉、玻璃棉、聚苯乙烯泡沫、膨胀珍珠岩、膨胀蛭石、加气混凝土及胶粉聚苯颗粒浆料发泡水泥保温板等。胶粉聚苯颗粒浆料是将胶粉料和聚苯颗粒轻骨料加水搅拌成浆料抹于墙体外表，形成无空腔保温层。墙体复合技术主要有内附保温层、外附保温层和夹心保温层三种类型。从实践看，各国采用的保温墙形式不同，我国多采用夹心保温，欧洲各国大多采用外墙附发泡聚苯板，如在德国外保温建筑占建筑总量的80%，其中70%均采用泡沫聚苯板。

门窗节能技术。门窗具有通风、采光和围护的多重作用，又是能量最易损失的地方。为增大通风采光面积或表现现代建筑特征，建筑物的门窗面积越来越大，更有全玻璃的幕墙建筑。这就对节能提出了更高要求，改善材料的保温隔热性能、提高门窗的密闭性能，可以提高门窗的节能效果。铝合金断热型材、铝木复合型材、钢塑整体挤出型材、塑木复合型材以及 UPVC 塑料型材等，都是技术含量较高的节能产品。如 UPVC 塑料型材，生产过程中能耗少、无污染、材料导热系数小、多腔体结构密封性好，故而保温隔热性能好。

20 世纪 90 年代以后，为避免玻璃面积大导致能量损失过大的问题，中空玻璃、镀贴膜玻璃（包括反射玻璃、吸热玻璃等）、高强度防火玻璃（高强度低辐射镀膜防火玻璃）及智能玻璃等在我国得到广泛应用。智能玻璃能感知外界光的变化并做出反应，其中的一种是光致变色玻璃，在光亮时玻璃变暗光线不易透过，天暗时玻璃复明光线可以透过；在阳光强烈时可以阻隔太阳辐射热，天阴时玻璃变亮阳光能照入室内。另一种是电致变色玻璃，在两片玻璃上镀有导电膜及变色物质，通过调节电压使变色物质变色，因生产成本高实际使用还不多。

屋顶节能技术。屋顶保温、隔热对建筑物节能保暖也十分重要。在寒冷地区的屋顶加保温层以阻止室内热量散失，在炎热地区的屋顶设置隔热降温层以阻止太阳辐射热，在冬冷夏热地区（黄河至长江流域），则要两者兼顾。常用的保温技术是在屋顶防水层下设置导热系数小的轻质材料，如膨胀珍珠岩、玻璃棉等（此为正铺法）；也可以在屋面防水层上设置聚苯乙烯泡沫（此为倒铺法）。英国采用回收废纸制成纸纤维，不仅生产能耗极小，保温性能也很好，且经过硼砂阻燃处理还能防火。施工程序是，先将屋顶钉层夹层，再将纸纤维喷吹入内形成保温层。屋顶隔热降温方法有：架空通风、屋顶蓄水或定时喷水、屋顶绿化等。随着技术进步，太阳能集热屋顶和可控制的通风屋顶等也得到广泛应用。

（3）利用新能源可再生能源

太阳能建筑物节能低碳保暖形式，无论是电驱动热泵还是太阳能建筑一体化，国内均有了较快发展。近年来被动式太阳能建筑因构造简单、造价低得到较为广泛应用，设计技术已较为成熟，已有可供参考的设计手册。各类光伏＋供热的形式也缤彩纷呈。此外，地热能利用的案例，本报告也介绍了不少，可供感兴趣的读者参阅。

农村是清洁供热改造难点，房屋节能改造不容忽视。在北方农村地区靠散烧煤取暖的农户比例仍然较高，也是清洁供热改造的难点。与此同时，随着砖墙瓦房的广泛使用，“厚墙矮屋”的“冬暖夏凉”特性消失，农村住宅透风保暖效果差，建筑不达标等还将直接影响清洁供热改造效果。农村房屋要达到同样的室内采暖温度，采暖负荷要明显高于同类地区城镇建筑，因此做好农村建筑保温改造对降低供热运行成本、促进农村清洁取暖可持续发展意义重大。

3. 大力推广被动式太阳能建筑

被动式太阳能建筑能实现夏季降温和冬季采暖的双重作用。被动式太阳能建筑通过设计，使建筑在冬季充分利用太阳辐射热取暖，通过维护结构及通风渗透设计以减少热损失；夏季尽量减少因太阳辐射及室内人员设备散热增加的热量，不使用机械设备完全依靠加强建筑物的遮挡功能，通过建筑上的方法达到室内环境舒适。

被动式太阳能建筑，充分利用太阳热以满足建筑“冬暖夏凉”的要求。利用太阳能提供的室内热能，依靠传导、对流和辐射的自然热传递，加上通过建筑物的布置、内外构造及材料选择有效地采集、储存和分配太阳能，提高建筑的温度和光线，而不需要增加任何机械设备。通过建筑朝向调整以集取与吸收太阳热能，收到节能保暖效果。利用建筑合理布局、内部空间加强空气对流，使室内温度得到下降。利用节能环保材料对太阳热能进行蓄存，有利于能源的转化。

冬季采暖需要建筑物最大限度地获取太阳能热量，将热损失降低到最小程度以及适当地蓄热；而夏季降温必须将进入室内的太阳能热量降到最小程度，提高散热量并适当地蓄冷。

按采集太阳能的方式，被动式太阳能建筑可以分为以下几类：

直接受益式 冬天阳光通过较大面积的南向玻璃窗，直接照射到室内的地面墙壁和家具上，使其吸收大部分热量引起温度升高。所吸收的太阳能一部分以辐射、对流方式在室内空间传递，一部分导入蓄热体内，再逐渐释放出热量，使房间在晚上和阴天也能保持一定温度。采用这种方式的太阳能建筑，由于南窗面积较大应配置保温窗帘，并要求窗扇的密封性能良好以减少通过窗的热损失，窗应设置遮阳板，以遮挡夏季阳光进入室内。

蓄热墙式 这种太阳能建筑，主要是利用南向垂直集热蓄热墙吸收穿过玻璃采光面的阳光，通过传导、辐射及对流，把热量送至室内。墙的外表面涂成黑色或某种深色以便有效地吸收阳光。集热蓄热墙的形式有：实体式集热蓄热墙，花格式集热蓄热墙，水墙式集热蓄热墙，相变材料集热蓄热墙，快速集热墙等。

阳光间式 阳光间附建在房屋南侧，其围护结构全部或部分由玻璃等透光材料构成，与房间之间的公共墙上开有门、窗等孔洞。阳光间得到阳光照射得到加热，其内部温度始终高于外环境温度，所以既可以在白天通过对流风口供给房间以太阳热能，又可在夜间作为缓冲区减少房间热损失。

屋顶池式 此种太阳能建筑兼有冬季采暖和夏季降温两种功能，适合冬季不太寒冷而夏季较热的地区。用装满水的密封塑料袋作为储热体，置于屋顶顶棚之上，其上设置可水平推拉开闭的保温盖板。冬季白天晴天时，将保温板敞开，让水袋充分吸收太阳辐射热，水袋所储热量，通过辐射和对流传至下面房间；夜间则关闭保温板，阻止向外的热损失。夏季保温盖板启闭情况则与冬季相反，白天关闭保温盖板隔绝阳光及室外热空气，同时用较凉的水袋吸收下面房间的热量使室温下降；夜晚则打开保温盖板让水袋冷却。保温盖板还可根据房间温度、水袋内水温和太阳辐照度进行自动调节启闭。

在欧洲，超低能耗的被动房数量正以每年8%的速度递增。按照欧盟最新规定，到2020年欧盟国家所有新建房屋如不能达到被动房标准，将不予发放开工建设许可证。目前，欧洲“被动房”的建造费用约为每平方米100欧元（居住面积），高于一般房屋的建造费用。德国主要通过低息贷款和建设补贴来支持“被动房”的建造。事实上，被动式建筑指冬天不要供暖、夏天无需空调降温，还能冬暖夏凉，提到被动房在很多德国人的脑子里会想起的两个词是：实用，技术含量高。

三、清洁供热管理体制与政策

1. 我国供热管理部门及职能

在我国现行管理体制下，清洁供热产业管理涉及中央和地方等层次。中央部门按照清洁供热产业的管理分工，涉及国家发改委（能源局）、财政部、生态环境部、住建部、自然资源部（用地）等部门。按照属地管理原则，城市供热属于地方事务，由各级地方人民政府进行管理。

（1）中央管理机构职能

国家行业管理部门对供热行业进行宏观管理，负责制定主要原则、规则和方法，如确定两部制热价原则、技术标准、服务质量、纠纷处理方法等。主要职能包括：

1）制定供热行业国家产业政策及规划指导意见。城市应坚持集中供热为主，多种方式互为补充，鼓励开发和利用地热、太阳能等可再生能源及清洁能源供热。

2）许可证制度安排。制定供热企业许可及特许经营的标准原则、通用规程和通用许可条件，以便适用于中国的所有许可机构和所有供热公司。

3）规定省级、市级管理部门对于特许经营、准入退出、资质管理的权限。

（2）省级管理机构职能

各地方按照城镇总体规划，编制城镇供热发展专项规划，优化城镇供热结构。从保护环境、节约土地、提高热能利用效率出发，积极整合供热资源。

1）省级、市级供热管理部门职责和构成。省级供热管理部门隶属于省政府行政管理部门，对本省、自治区、直辖市辖区内供热行业行使行政管理职能。市级供热管理部门隶属于市政府行政管理部门，对本市范围内的供热行业行使行政管理职能。

2）供热价格标准。热价原则上实行政府定价或者政府指导价，由省（区、市）人民政府价格主管部门或者经授权的市、县人民政府（以下简称热价定价机关）制定，确定供热价格基准。

3）制定供热服务质量标准，应包含的内容有供热温度、供热时间、事故抢修时间等。

4）根据中央政府价格制定标准，根据全省各城市供热行业的成本、能效、环保、利润等要素确定全省平均水平，监督和检查城市供热价格的制定以及执行，制定基准。

5）监管辖区内市级城市供热管理情况，监管辖区内各城市供热服务质量。

6）对于大型供热企业（占所在城市供热面积1/3的企业）的准入退出审核。

7）协调辖区内用热用户与供热企业纠纷。

2. 供热管理体系框架与分工

（1）基本框架

供热体制模式基本框架，包括四部分：国家级管理机构、省级机构、市级机构和各类供热公司，如图5－3所示。

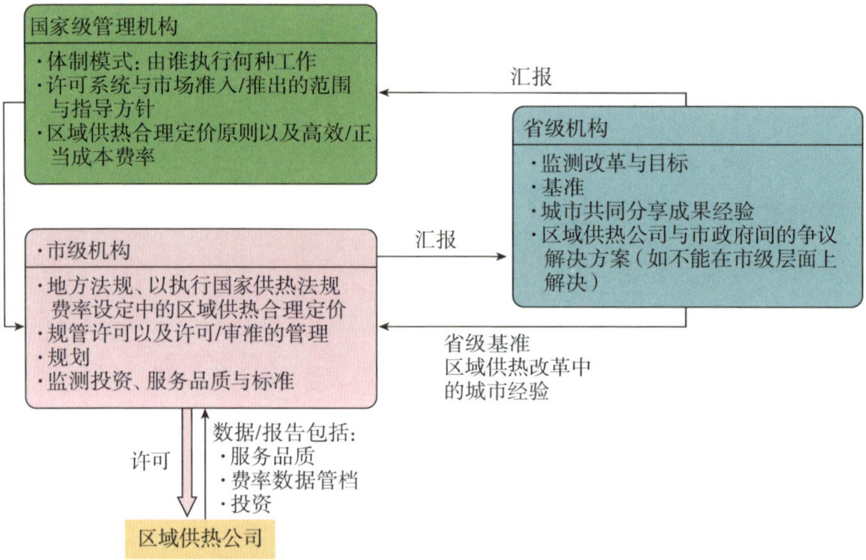

图 5－3　供热产业管理体制框架结构

（2）不同主体职能

该管理体制框架确定由谁（机构主体）开展工作（职能）以及执行（规则）等内容，明确国家级框架与机构、地方法规与机构间的责任界限，确立各区域供热行业的职能，涉及哪些机构；各机构的责任（权利与义务）等。

1）国家级管理机构（确定方针、原则）。

国家级管理机构指导所有供热城市的供热发展，确保一切地方惯例与法规能与改革、能源政策相协调。供热法规应明确各机构职能，并向相关机构授予实际权力，以便执行、监测并加强其所指派职责。国家级框架的范围：

①明确各级机构设置和职能、职责，并向相关机构授予实际权力，以便执行、监测并加强其所指派职责。

②制定国家统一的市场准入/退出许可规则。

③确定以高效/正当成本为基础的区域供热定价原则与费率方法。对于贫困/低收入群体的支持原则。

④信息系统。有权使用省级、市级政府管理机构提供信息报告的权利。省级、市级管理机构资料提供与汇报义务。

⑤有权监测与执行机制。有可能影响并指导区域供热行业的其他国家级法律/法规及能源政策，如能效目标、可再生能源推广等。

2）省级管理机构（协调、帮助）。

执行供热行业国家级供热框架与能效目标，确保拥有高资质、高技能人员，并向市级管理机构提供协助。主要职能：

①信息系统与基准：收集省内不同城市的区域供热公司与区域供热行业数据，确定并发布有代表性的汇总数据。成本、服务品质、供热费率；能效标准。

②对市级供热发展提供协助和支持。按各城市要求提供协助，提供执行建议。收集省内各城市执行进程方面的信息，并汇报至省级和国家级机构。准备并分享所得教训与成功案例，识别与通知执行中所遇困难与障碍。

③独立争议解决方案：当市政府或区域供热公司无法解决争议时，据其要求提供解决方案。

④监督服务质量和服务标准的执行。

3）市级管理机构（执行、操作）。

在其管辖范围内，以国家级供热框架及地方机构定义的原则与程序为范围；并根据当地条件，地方政府机构成为国家级能源法规的“执行者和具体操作者”。

①有效执行制定详细地方法规。

②确保区域供热公司的资质合格及运营/投资安全（通过许可与监测）、进行公平定价，制定区域供热公司不履行其供热义务时所采用的应急计划。

③在地方管辖范围内测量并监测能效。

④规划地方基础设施建设与制定供热计划。

⑤许可、特许与加盟、出租/特许；投资审准、监测以及费率设定等。

四、建全监管体系，加强行业监管

1. 建立清洁供热监管体系

根据城镇供热体制改革目标与改革进程，建立和完善相应的供热监管体系。

(1) 完善政府监管体系

在现有政府监管体系基础上，应进一步加以完善的主要内容是：

1）立法先行。各地已经出台的集中供热管理条例等地方法规，应根据近年来的实践加以补充与修改；在建筑节能、适用技术与设备、供热质量、合同、进入与退出等方面，补充可操作性的细则。

2）健全监管机构。一个由政府主要领导亲自挂帅的统一领导机构，对于体制改革工作的安排与日常监管都是十分必要的。建议除财政、税收与价格外，其他的监管工作都合并到市政供热管理部门，便于政府统一监管。

3）确立发展与规划方向。政府监管部门对城镇供热行业的发展与规划方向具有不可推卸的责任。经过论证的城镇供热体制改革与发展战略一旦确立，就将成为市政供热规划的主要依据，也是企业经营方向。政府监管部门要通过经常性监管，保证规划的实施。

4）完善日常运营监管。日常监管内容主要包括供热合同执行情况、供热服务质量、供热成本与价格、供热安全与供热引起的环保问题等，需要通过落实监管机构，保证供热的正常运行来符合市场需求。

5）建立约束与激励性机制。需要结合市场进入与退出、成本与价格、质量与环保、日常运行指标等方面的规定，根据政府所拥有的激励与约束手段综合平衡后确定。

6）反对市场垄断或不恰当利用市场支配力量。城镇供热行业中的输配管线具有自然垄断性质，区域经营又使其具有区域垄断特点，大部分地区的捆绑式经营使企业形成市场经营垄断，即使在热源与输配管线分离的地区也可能存在企业之间的双向垄断。政府必须通过日常监管，防止企业不恰当地利用市场支配力量，通过提高成本、减少供应、降低质量等手段，损害用户利益。

（2）指导企业确立行业自律性监管体系

企业根据政府政策与公众利益，建立相应的规章制度并认真贯彻落实。企业自律主要包括供热合同、计量、服务质量、成本与价格、供应安全、环境保护与公众沟通等方面。

（3）建立公众监管渠道

公众监管途径，主要包括专家论证、计量与质量、成本监审、信息发布与反馈等四个方面。所谓制度性监管体系是要在政策上明确规定，在什么问题上需要通过专家论证来加以确定；中介组织是否参与或以什么样的身份参与供热计量、供热质量、供热成本、信息发布和反馈意见处理等事务。公众参与监管实际上也是城镇供热公益性的具体体现。

2. 完善价格形成机制与监测监管

市场机制的核心是价格，影响清洁供热产业可持续性发展的也是价格，因此，一个城市的清洁供热产业能否得到发展、能否可持续发展，必须有科学合理的价格机制。

（1）完善供热价格形成机制

应对现有政策做必要修改，主要包括以下方面：

1）根据城镇供热体制改革定位确定供热价格形成机制。应该明确对居民供热实行政府定价，对非居民供热实行政府指导价。在没有引入有效的市场竞争机制时，不宜采用价格协商制度。在当地具体供热体制改革方案的指导下，确定完全成本或不完全成本定价。

2）确定供热定价成本规范，与供热市政管理相结合，建立成本约束与激励机制。

3）政策认可的利润率应该是成本利润率，而不是从企业经营出发的净资产利润率。利率水平应该结合政府定价内容，对产品实行低利或微利政策。

4）修改两部制的基本热价确定原则，由主要反映固定成本改为维持正常运营所必须支出的固定费用，使其与占价格比例的规定相一致。基本热价与计量热价的具体比例由当地价格管理部门根据供热体制改革目标确定。

在供热行业主管部门主导下，建立供热企业代表、消费者代表、供热行业消费者协会代表等共同参与的多元决策主体，形成价格主管部门、供热企业和消费者之间相互制衡的联动约束机制和信息沟通机制，消除供热企业与消费者间的信息不对称。

(2) 健全价格监管体系

建立职能完备的价格监管机构，实现价格审批与成本监控一体化，将价格管制机构与市场准入、运行管理、质量监管等机构进行合并，并设立各级供热行业管理机构，实现地方政府特有的价格规制政策目标。

设立专门的供热行业价格管理法律体系，制定《供热行业价格管理办法》，规定政府实施供热行业监管的具体范围、监管的政策目标和监管的组织机构等，负责实施监管的各级执法机构向社会公开供热行业价格的定价程序、价格水平，同时接受社会各行各业的监督。

建立有效的价格社会监督体系。要充分发挥社会团体、中介机构对供热行业价格制定和调整的监督作用，提高政府对供热行业价格制定的透明度，总结完善供热行业价格听证会制度，加强供热行业价格听证程序的规范性，重点要突出听证会制度的公开性和公正性，提高供热行业价格决策的民主性。

3. 加强市场运行和供热质量监管

(1) 强化市场运行监管

供热市场在区域内与区域间呈现不同特点：在区域内通常表现为自然垄断、寡头垄断市场，在区域间则通常表现为不完全竞争市场。因地制宜实行市场运行监管，尤为必要。

1) 营造良好的特许经营外部环境。

给予特许经营政策。政府要加强宏观调控，降低水、电、气、热、土地、劳动力等要素价格，或给予特许经营者一定的优惠政策；尽快制定关于城市基础设施相关行业特许经营的配套政策，包括出台在收费价格、准入资质、操作办法等方面统一明确的可操作规定；加强相关政策法律的制定，对投资者投资后的服务不能降低标准；加强政府的信用建设。

2）规范特许经营项目运作程序。

政府应加强对价格补偿、投资回报及相关优惠政策的研究，各行政审批部门也应坚持必要的“放管服”改革，为特许经营项目运作提供方便，加强对城市基础设施特许经营规划、领导和组织。在项目正式运作前，政府应先做好前期规划等基础工作，充分研究项目可行性。特许经营规划包括两个层面，即行业和项目层面。行业层面规划包括研究确定基础设施特许经营现状、需解决的问题、目标和规划、可行的运作模式、政府的支持形式等。项目层面是具体项目规划，包括特定项目目标、特许经营模式、运作组织和人员安排、时间表、专业性中介机构的作用、前期运作费用安排等，上述规划将作为具体项目实施的基础。

3）规范特许经营实施行为。

由于政府已事先做出规划，实质上已经介入了项目前期，特许经营项目应由政府统一立项，而不应再由业主投资人申报立项。对市政公用基础设施建设中出现的问题，在项目运作上应设计一套制度，明确未经政府规划立项的项目如何完成特许经营。随着规划的完善，逐步走向特许经营项目由政府统一立项。将“特许经营协议一旦签订，立项就已完成”作为法律固定下来，由发改委牵头受理立项，并组织国土、规划、财政等综合部门及有关专家进行评审、确定项目可行性。改变过去分头审批、多头审批使招标程序形同虚设的状况，避免程序上的交叉和矛盾，减少政府部门之间的扯皮，提高行政效率，营造良好的社会投资环境。

4）加强市场结构的调控管理。

清洁供热产业不仅包括热生产、供应，还包括热传输、热计量，以及煤炭、天然气、电等能源的消费。从规模经济角度来看，在供热行业实行纵向一体化经营有一定的合理性和内在必然性。但是整个供热产业链中热生产、热传输和热计量具有自然垄断性。随着供热行业技术的不断进步，热产品供应的竞争性会愈来愈明显，在供热生产、热传输、热计量一系列环节实行竞争无疑有利于供热行业提高效率和实现资源高效配置。政府对供热产业的市场结构规制应本着有利于供热企业实现规模经济，又有利于加强区域间市场竞争的原则，对现有市场结构进行重组或调整。

（2）加强供热质量监管

质量监管作为政府经济性监管的重要内容，不仅是保障消费者利益的重要体现，也是供热企业赢得市场、优化资源配置的重要方向。质量监管是对供热生产企业市场行为监管的内在要求，包括供热质量和供热服务质量监管两个方面。

1）供热产品质量监管。

在供热质量方面，由于供热是一种后验品，往往存在严重的信息不对称。供热产品质量对其消费效果有很大影响，对居民身体健康、舒适性、寿命和安全都有很大关系。所以，政府对市场供热质量监管必不可少。对供热产品的质量监管应重点从以下方面着力：

供热产品是我国居民尤其是北方居民的生活必需品，供热传输管道、热计量等一系列前期投入后，居民无法改变对供热的选择，供热企业在提供供热产品前应告知用户其热值范围、对应热值的供热时间、供热计量等信息，如有特殊情况发生也应及时通知居民。

供热产品作为准公共产品，在出售前供热生产企业应告知用户其生产经营成本，在成本发生变化时也应及时通知用户。

政府应该制定区域内供热产品质量标准，并根据区域内气候变化、能源供应变化、物价水平变化等建立动态的供热产品质量监测机制，使得供热产品既满足居民的基本用热需求，也能适应供热企业的供热生产。

总之，供热产品质量监管应该使广大居民及时获悉供热产品的成本、热传输、热计量的方式、供热温度以及供热时间，以便供热企业及时调整价格。

2）供热服务质量监管。

供热产业属公共事业行业，其服务在我国北方以及其他地区整个生产活动中占据很重要的地位。供热服务质量监管主要包括以下几个方面的内容：

规定供热企业保障供热生产设备、热传输管道、热计量装置等设施的完好，定期检查、维修和更换，及时排除生产故障隐患。

供热企业及时处理供热管道破损、老化等突发事件，处理结果要令居民满意。加强对居民举报的一些突发事件的处理管理，使供热企业和居民形成良好的互动关系，维护双方的利益。

保证供热产品供应的稳定性，对由于非突发性事件引起的供应中断应提前通知居民，并建立临时应对处理机制，以保证居民的基本用热需求，并保证在短期内完成对这些设备仪器的抢修。

为居民提供经常性的用热情况检查，日常养护服务等。由于供热服务与我国北方居民的日常生活息息相关，冬季供热服务的及时性以及居民的满意度直接关系到供热行业的发展。供热服务质量管理在供热市场将会发挥越来越重要的作用，尤其是供热行业在区域间逐步引入竞争后，供热服务的竞争尤其是供热产品质量、热计量服务质量等的高低将直接关系到供热企业的生存与发展。

CHIC
清洁供热产业委员会
CleanHeatingIndustryCommittee

第六篇　融资篇

在清洁供热产业方面国家出台了多项煤改清洁能源的支持政策，一个清洁供热产业大市场呼之欲出。促进清洁供热产业绿色发展和高质量发展离不开资金支持。本篇以清洁供热产业投融资工具为核心，阐述银行贷款、融资租赁、绿色债券、资产证券化、政府和社会资本合作等融资方式的可行性和具体应用，从而为未来清洁供热产业资金需求提供支撑。

一、银行贷款

银行贷款是银行根据国家政策以一定利率将资金贷放给需要者，并约定期限归还的经济行为。借款人一般被要求向银行提供担保、抵押。银行贷款是企业融资中最普遍的传统融资方式。清洁供热贷款是银行向符合条件的清洁供热企业发放的，以供热企业资产、收益权等为质押的一种贷款。

1. 银行贷款在清洁供热产业应用的可行性

银行贷款是清洁供热企业间接融资的形式。银行在清洁供热产业融资中主要起到两个作用：一是执行国家有关政策为清洁供热项目提供优惠贷款；二是根据效益原则对经济效益好的清洁供热企业提供商业性贷款。随着我国金融体制特别是投融资体制的完善，银行在清洁供热产业融资中的作用会越来越大。一方面多数清洁供热融资行为与银行有关，银行应做好服务；另一方面作为经济实体，银行本身具有融资和投资服务功能。因此，应充分发挥银行在清洁供热产业发展中的作用。

根据运营性质的不同，银行可分为政策性银行和商业性银行，两者在清洁供热产业融资中的作用是不同的。政策性银行侧重于落实政府制定的清洁供热发展政策，安排政策性贷款和一些优惠贷款等。如国家开发银行在推动清洁供热产业融资过程中，融合自身融资优势与政府组织优势，形成系统优势进行市场建设，弥补清洁供热市场缺陷与体制缺损。商业性银行主要投资盈利性的清洁供热项目。但就目前而言商业性银行在清洁供热发展融资中的作用非常有限，主要有以下两个原因：一是项目投资规模决定商业银行无法重视清洁供热项目。商业银行的资金投放具有明显的规模效益，清洁供热项目的整体投资规模相对较小导致商业银行的投资积极性较弱；二是清洁供热项目效益难以预测。我国清洁供热产业目前属于幼稚产业，清洁供热产业风险大、产品市场份额小，无法保证投资者得到基本的、稳定的投资收益回报，严重影响了商业性银行投资的积极性。

2. 银行贷款在清洁供热产业中的应用

(1) 清洁供热资产质押贷款

清洁供热资产质押贷款是商业银行向申请人提供的以申请人自身拥有的清洁供热资产作为质押的授信业务。

清洁供热项目注册后，商业银行可以接受该项目的排污权抵押，为企业提供短期流动性贷款。该贷款不仅可以帮助企业盘活未来的清洁资产，还可通过银行专业人员对清洁供热资产价值进行评估，帮助企业提高清洁供热项目运行管理效率，促进污染物减排。排污权抵押贷款是排污权交易的市场化行为，对资源的有效配置和对排放的调节作用非常明显。排污权质押和供热收费权质押已有成功的案例。由于清洁资产存在不确定性且未来的清洁资产价值评估也有困难，银行开展此类业务需要承受较高的风险。

2008 年，浙江绍兴市作为全国排污权有偿使用和交易试点城市，建立了排污权交易制度，实行总量控制型排污权有偿使用和交易。截至 2018 年上半年，绍兴市排污权交易累计 2518 笔，交易金额 5.4 亿元；累计完成排污权抵押贷款 1394 笔，共放贷 400.52 亿元。

2010 年 8 月，河北省唐山市采用城市供热收费权质押方式，向区域内某民营热力公司发放固定资产贷款用于支持城市集中供热工程项目，这也是建设银行河北省分行的首笔供热收费权质押贷款。该项目取缔燃煤锅炉约127台，减少煤尘排放9240吨，减少二氧化硫排放2403吨，节约燃煤38.5万吨，产生了良好的社会效益和环境效益。

（2）银行保理

保理又称托收保付，银行与卖方企业签署合同，卖方企业采用赊销方式进行交易，所形成的应收账款转让给银行，银行提供综合性金融服务，包括融资、应收账款管理、应收账款催收和信用风险担保等。保理的核心在于应收账款转让。对那些获得CERs签发的CDM项目开发的企业来说，它们获得的CERs收益权可以看成是应收账款，银行或其他金融机构能够为CDM项目开发企业提供一笔有追索权的保理融资，CDM项目开发企业将CERs收益权出售给银行就可以提前获得该应收账款的支付。

山东济南某省级工业园区采用BOT方式，公开招标第三方提供新型环保锅炉设备，并邀请龙信国际商业保理（天津）有限公司进行保理。BOT方案计划为地方政府购买A环保股份有限公司（新三板上市公司）的锅炉等设备，合同约定2019年年底进行设备的产权移交，设备验收之后、产权移交之前委托A环保股份有限公司的关联企业B热力公司进行经营。保理公司在综合考虑该BOT项目风险情况后，提出在资产前段引入融资租赁公司。融资租赁公司先以直租形式介入拿到设备所有权。保理公司为融资租赁公司形成的资产业务做融资租赁保理，解决了设备产权问题。该业务模式以未来具备稳定可靠经营现金流的基础资产为标的，引入租赁模式，以商业保理公司为资产服务商和原始权益人，成功实现了操作未来应收账款的创新业务模式。

（3）节能减排贷款

节能减排贷款是银行为节能减排项目固定资产投资发放的贷款，项目类型包括能效提高项目、新能源和可再生能源项目、污水处理和水域治理项目、脱硫脱硝项目、固体废物处理处置项目、节能减排设备生产项目、其他节能减排项目等。节能减排流动资金贷款是银行为节能减排项目流动资金周转发放的贷款。两个产品的区别主要在于贷款是用来对固定资产投资还是支持流动资金。

河北银监局督促辖内银行机构严格落实“绿色信贷”政策，支持生态环境保护和环境污染治理。对发生环保违约的客户进行融资压缩或提前收回，将信贷投放重点向绿色、环保产业倾斜，助推雾霾治理。根据公开数据统计，2012 年至 2016 年一季度末，河北省银行业机构累计投放节能减排贷款超过 2000 亿元，其中累计发放节能减排重点工程贷款 699.97 亿元，节能减排技术创新贷款 175.15 亿元，节能减排技改升级贷款 1166.17 亿元。

国际金融公司（IFC）中国节能减排融资项目，是为应对中国能源与环境挑战而推出的一个创新型市场化解决方案。节能减排融资主要用于终端用能企业、供热企业及合同能源服务公司等计划实施的项目。预计节能量不低于 15% 的项目或者可再生能源项目，可以向中国节能减排融资项目的合作银行申请贷款。根据已有实践经验，能效和可再生能源项目建设需要资金和技术的密集投入，企业往往需要通过银行来获得融资。而银行由于对新兴可持续能源市场的不了解，缺乏相关的项目识别和风险把控能力，对能效和可再生能源项目的贷款非常严格，从而使不少项目开展企业出现融资难的问题。对此，中国节能减排融资项目从两个方面加以解决。一方面，通过风险分担机制，IFC 为合作银行能效和可再生能源项目提供担保，分担银行贷款财务风险；另一方面，通过技术援助，IFC 帮助合作银行掌握技能，提高为能效和可再生能源项目融资能力，建立客户群和投资组合。

（4）绿色票据再贴现

“绿色票据再贴现”是中国人民银行对绿色票据完成贴现的金融机构提供融资支持的行为，而“贴现”是金融机构为商业汇票的持有人在票据到期日前提供资金的行为。

2017 年 6 月，国家启动新疆绿色金融改革创新试验区建设，新疆维吾尔自治区通过绿色金融改革创新支持环境治理取得了积极成效。新疆积极开展绿色项目库建设，明确要求金融机构在三个试验区新增的企业贷款（固定资产贷款和项目贷款）及其他各类有关的项目融资金融产品，必须投向绿色项目库中的项目，从而统一了绿色项目支持标准，明确了绿色金融服务对象。截至2018年6月，三个试验区共有237个涉及污染防治、污水处理、清洁能源等环境治理内容的纯绿项目纳入项目库。

2018年6月20日，人民银行克拉玛依中心支行成功办理新疆首笔绿色票据再贴现业务，实现货币政策工具支持绿色金融改革创新试验区的突破。西北五省区首家绿色支行——昆仑银行钟楼支行在克拉玛依市成功挂牌后，人民银行乌鲁木齐中心支行指导克拉玛依市中心支行建立再贴现管理制度并多次开展相关业务培训，最终向其授权再贴现业务权限并下达限额3亿元用于支持克拉玛依市绿色金融改革创新试验区金融机构开展绿色票据贴现。绿色票据资金主要投向克拉玛依市石油石化传统产业绿色化升级、落地原油等污染物无害化处理等改造项目。

另外，兴业银行北京分行积极向主管部门争取，获得绿色票据再贴现政策支持，对满足其认定标准的绿色企业票据优先受理再贴现申请。截至2018年6月末，兴业绿色票据贴现规模已经超过3亿元，据悉，该资金主要投向于工业和建筑节能改造、清洁能源供给等绿色项目。

3. 清洁供热产业银行贷款应用增效方式

在监管政策允许范围内，银行应适度放宽清洁供热产业的信贷政策，对不同清洁供热产业适用差异化信贷政策：第一，增强对信贷资金去向的规划调配，优先满足清洁供热项目资金需要；第二，对发展前景好且运营稳定的清洁供热项目，适当延长贷款期限并适度降低贷款利率；第三，建立绿色通道，简化清洁供热贷款审批流程，加快清洁供热贷款审批。

在我国社会融资以间接融资方式为主的背景下，银行贷款是协助清洁供热产业发展最有效的途径之一。为更好发挥银行贷款在清洁供热产业发展中的效用，可从以下三方面做好工作：

1）对商业银行有关人员进行清洁供热项目融资技术培训。由于清洁供热项目在国内经验较少且多为新建项目，商业银行缺乏长期跟踪和分析此类项目的经验，故应通过项目培训提高银行高管和业务人员对清洁供热领域相关问题的认识，帮助银行掌握清洁供热项目投资选择和甄别方法并有效应用于实际业务，从而降低银行的信贷风险。

2）改变商业银行介入方式，积累清洁供热信贷实践经验。目前，大型商业银行主要选择国内大型清洁供热项目，这是因为大型项目可以提供长期稳定收益，有效规避项目蕴含的潜在风险。但是商业银行这种介入方式使其忽视了对清洁供热技术及项目的学习，无法积累更多经验，这使得商业银行在挑选项目时更加依附于大型清洁供热集团。因此，在对银行专业人员进行清洁供热产业信贷的相关培训后，商业银行应逐步改变信贷方向，向独立投资建设的清洁供热项目提供信贷，以便在实践中积累更多经验，从而扩大信贷对象范围，促进清洁供热产业的发展。

3）改进对中小清洁供热企业的金融服务。目前，商业银行提供的金融服务尚不能满足中小清洁供热企业的需求；中小清洁供热企业受自身条件限制，固有生产规模小、管理水平低，在财务管理、融资能力等方面存在着自身无法解决的问题。因此，商业银行应对其金融服务的需求进行了解分析，全方位探究。

二、融资租赁

融资租赁是目前国际上最为普遍、最基本的非银行金融形式。

融资租赁是指出租人根据承租人对租赁物件的特定要求和对供货人的选择，出资向供货人购买租赁物件并租给承租人使用，承租人则分期向出租人支付租金，在租赁期内租赁物件的所有权属于出租人所有，承租人拥有租赁物件的使用权。租期届满，在承租人向出租人支付名义货款（通常为1元）后，承租人获得租赁物件的所有权。

融资租赁产品按照一般的分类，大致可以分为直接租赁、售后回租、杠杆租赁以及委托租赁等，最为常见的就是直接租赁和售后回租。

融资租赁业在世界各国随着经济的发展而逐步发展壮大。作为当今世界发展最迅猛的金融服务产业之一，融资租赁已成为与银行信贷、证券并驾齐驱的第三大金融工具，目前全球近三分之一的固定资产投资是通过融资租赁完成的。

就中国融资租赁业的发展情况来看，行业起步相对较晚，发展至今经历了跌宕起伏的30年，自2007年后开始全面复苏，近几年来更是呈现了爆发式的增长。

截至2018年底，全国融资租赁企业（不含单一项目公司、分公司、子公司和收购海外的公司）总数为11777家，较上年底的9676家增加了2101家，增长21.7%；注册资金，统一以1:6.9的平均汇率折合成人民币计算约合32763亿元，较上年底的32331亿元增加432亿元，增长1.33%；业务总量方面，全国融资租赁合同余额约为66500亿元，比2017年底的60800亿元增加约5700亿元，增长9.38%。合同余额已居世界第二，接近且仅次于美国。

1. 融资租赁在清洁供热产业应用的可行性

（1）融资租赁与实体经济中的固定资产投资高度关联

本质上，融资租赁是融资租赁企业给客户提供的一类中长期的资金。与传统的融资方式相比，融资租赁的最大差异在于融资方具有更深刻的产业认知。融资租赁本身与固定资产投资高度关联，表现在融资租赁企业将直接介入租赁物的销售、运营咨询、残值处理等流程之中。由于融资租赁行业的这种特性，在当前我国金融资金流入实体经济渠道受阻的情境下，政策对融资租赁行业的扶持与企业对融资租赁业务的需求形成共振。经过十几年的发展，我国融资租赁行业的发展将迎来一个新的机遇期。

大力发展融资租赁业有望解决我国清洁供热产业在技术升级改造时的融资难题。产业技术升级购置的机械设备大多是先进的，目前我国银行业对于机械设备的抵押贷款缺乏足够的支持。企业若需要通过银行贷款方式来购买机械设备，大多需要提供不动产抵押且难以获得高比例融资。而融资租赁方式完全可以解决这一问题，企业可以直接通过融资租赁的方式直接以所需购置的机械设备为标的进行融资，从而获得产业技术升级改造所需的资金。

（2）融资租赁政策支持力度大

2015年8月31日国务院印发《关于加快融资租赁业发展的指导意见》，同年9月1日印发《促进金融租赁行业健康发展的指导意见》，这是我国首个扶持融资租赁业的全国性政策，为融资租赁行业的发展铺平了道路。

《关于加快融资租赁业发展的指导意见》明确提出了我国融资租赁行业发展目标：到2020年，融资租赁市场渗透率显著提高；鼓励融资租赁企业通过债券市场、发行股票和资产证券化等方式来筹集资金；支持融资租赁企业开展人民币跨境融资业务；支持设立融资租赁产业基金；引导民间资本进入融资租赁行业等实质性支持政策。

《促进金融租赁行业健康发展的指导意见》明确了金融租赁企业是推动产业创新升级、促进经济结构调整的积极力量，并提出了鼓励金融租赁企业利用自贸区优惠政策重点发展设备租赁、实物转租、回购返租等业务模式。

（3）融资租赁市场空间广阔

从发展规律来看，融资租赁业发展与产业技术升级换代相辅相成。融资租赁一方面解决了企业因设备技术更新换代的资金缺乏问题，另一方面企业通过对自身老旧设备的淘汰加快了产业技术革命的进程。

2007年金融租赁公司开闸以来，我国融资租赁行业迅速发展，总体规模快速扩张，融资租赁企业数量实现高速增长。但从融资租赁行业的租赁业务规模占全年设备投资总规模比例（渗透率）看，我国融资租赁行业总体上处于发展的初级阶段。

美国租赁渗透率在金融危机之前常年位居全球第一，稳定在30%左右；2008年金融危机后略有下降，近年来稳定在20%左右的水平。德国租赁市场渗透率也一直较高，长期以来稳定在15%至20%的水平。日本租赁市场渗透率虽然不高但始终较为稳定，常年稳定在8%左右，即使2008年金融危机发生也并未受到显著影响。我国融资租赁渗透率约为6%，与发达国家相比还有显著差距，仍有较大的发展空间。

2. 融资租赁在清洁供热产业的具体应用

生产设备老旧、技术落后是供热企业的大问题。随着生态环保要求的逐步趋严，企业对设备更新、技术升级的要求愈发迫切。当技术升级改造落地的时候，企业更需要大量资金的支持。清洁供热企业利用融资租赁方式进行融资，已有成功的案例。

招银金融租赁有限公司（以下简称招银租赁）是专注支持供热行业的比较有代表性的一家金融租赁公司。招银租赁是2007年经银监会批准设立的首批5家银行系金融租赁试点企业之一，招商银行全资控股。公司注册地在上海，于2008年4月正式开业，注册资本为60亿元。截至2018年底，公司资产规模1700亿元，为目前国内8家“千亿级”金融租赁公司之一。

为推动北方地区清洁供暖工作，响应习近平总书记“人民对美好生活的向往是我们的奋斗目标”的号召，招银租赁于2017年底成立了供热专业化团队。团队经过一年多的发展，先后与中节能建筑节能公司、北控清洁热力集团、启迪清洁能源以及四川省能源投资集团等供热、供能企业开展大规模的融资租赁业务合作。

适合供热行业的租赁产品主要有两大类，一类是直接租赁；另一类是售后回租（图6－1）。

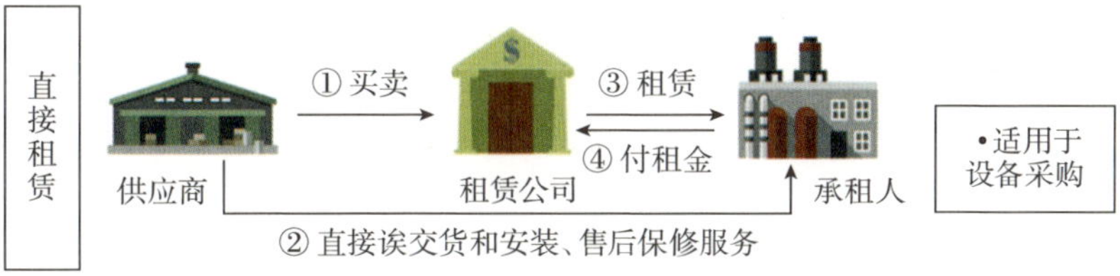

图6－1　直接租赁及其运作示意图

直接租赁又称简单融资租赁，是指由承租人选择需要购买的租赁物件，出租人对租赁项目风险评估后直接支付购买价款给供应商，从而获取租赁物的所有权，进而出租租赁物给承租人使用，收取租金。在整个租赁期间承租人没有所有权但享有使用权，并负责维修和保养租赁物件。出租人对租赁物件的好坏不负任何责任，设备折旧在承租人一方。直接租赁不仅适用于设备采购，也可扩充到整个项目工程建设。

2017年12月，四川省能源投资集团下属四川能投南溪分布式供热公司（简称南溪公司）与招银租赁签署融资租赁协议。受南溪公司的委托，招银租赁购买其指定的管网和设备资产，总价为1.6亿元人民币，资金主要用于支付给供应商和相应的施工方。

招银租赁将购买资产出租给南溪公司，为期10年，南溪公司按季度支付租金给招银租赁，年租金约合2000万元。租赁期内，该资产权属于招银租赁，租赁期结束后，南溪公司支付1元名义货款后，相应租赁物归南溪公司。

售后回租，是指设备的所有者先将设备按市场价格卖给出租人，再以租赁方式租回的一种方式，出卖人和承租人为同一人。售后回租最大的优势在于，承租人既拥有原来设备的使用权，又能获得一笔资金。设备所有者将出售设备的资金大部分用于其他再投资，把资金用活，而少部分用于缴纳租金。回租租赁业务主要用于已使用过的设备（见图6－2）。

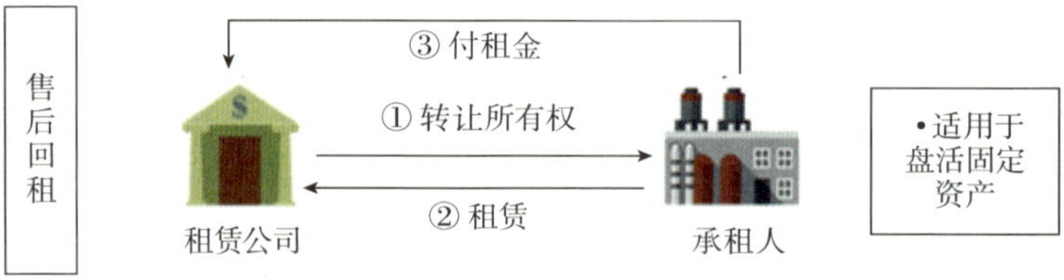

图6－2　售后回租及其运作程序示意图

按照行业情况，售后回租资金可用于项目的日常运营、检修维护、新项目的再建设以及参与项目的收购等。下面这个案例就是典型的售后回租。

2018年8月，启迪清洁能源集团下属全资企业富平城南热力有限公司（以下简称富平热力）与招银租赁签署融资租赁协议，招银租赁购买富平热力前期投资的管网和设备资产，总价为1.5亿元，资金主要用于富平热力后续项目建设。

招银租赁将购买资产出租给涿州热力，为期3.5年，富平热力按半年支付租金给招银租赁，年租金约合4200万元。租赁期内，该资产权属于招银租赁，租赁期结束后，富平热力支付1元名义货款后相应租赁物归还给富平热力。

根据对成功融资租赁案例的总结可见，租赁物的选取范围十分广泛，锅炉、换热站、中继泵站、管网、厂房等不动产都可以通过融资租赁方式获取，大大缓解了清洁供热企业的资金压力。

三、绿色债券

绿色债券指任何将所得资金专门用于资助符合规定条件的绿色项目或为这些项目进行再融资的债券工具。相比于普通债券，绿色债券并无结构或设计上的本质差异，主要区别在于所募资金必须投向绿色项目，以及相应的资金用途监管和信息披露要求。2016 年，在国家政策大力推动下，我国绿色债券市场发展迅疾，发行规模一举突破 2000 亿元，成为全球最大的绿色债券市场。2017 年，我国绿色金融保持了“快步走”姿态，探索和实践不断深入，政策保障持续加码，绿色债券市场规模稳步扩大。

1. 绿色债券在清洁供热产业应用的可行性

(1) 市场吸引力较强

绿色债券为改善环境的项目提供了一种新型的规模较大且成本较低的融资渠道。我国早先的绿色融资主要依靠银行发放的绿色信贷，多为中短期贷款，规模也较为有限。大部分节能环保项目，具有环境的正外部性。由于外部性没有内部化，前期资金投入大，投资回收期长，收益率不高，此类项目因而很难融到中长期资金，银行贷款难以满足此类需求。绿色债券可以成为企业开发中长期绿色项目的一个重要融资渠道。

与非绿色债券相比，绿色债券发行门槛低，适用“加快和简化审核类”债券审核程序，提高了审核效率。与一般企业债券相比，绿色债券募集资金占项目总投资比例放至 80%；在资产负债率低于 75% 的前提下，核定发债规模时不考虑企业其他公司信用类产品规模；允许企业使用不超 50% 的募集资金用于偿还银行贷款和补充营运资金；允许绿色企业债券非公开发行，不受净资产 40% 的限制。

绿色债券发行价格也具有一定优势。虽然目前债券发行价格主要取决于发行时点，但是投资人对风险和收益匹配的看重也能显示一定的发行价格优势。Wind 数据显示，2016、2017 两年发行的每笔绿色债券的发行价格，与当月发行同期限同券种同评级的非绿债券平均价格对比（在可比范围内），低于平均价格的绿色债券占到67%。

（2）政策环境良好

2015年底以来，绿色债券相关政策密集出台。为加快建设生态文明，引导金融机构服务绿色发展，推动经济结构转型升级和经济发展方式转变，2015年12月22日，中国人民银行发布公告，宣布在银行间债券市场推出绿色金融债券，加快绿色金融体系建设。2015年12月31日，国家发改委发布《绿色债券发行指引》，我国也因此成为世界首个官方发布绿色债券政策的国家。2016年3月16日，上交所正式发布《关于开展绿色公司债券试点的通知》，设立绿色公司债券申报受理及审核绿色通道，提高绿色公司债券上市预审核或挂牌条件确认工作效率。

在地方层面，绿色债券激励措施纷纷出台。五省八市积极建设国家级绿色金融改革试验区，近20个地方政府出台了地方性绿色金融发展规划和实施意见，对绿色债券、绿色信贷等制定了激励性措施，鼓励各类机构发行绿色债券，对绿色债券贴息、担保和补贴等。如青海提出绿色债券免税，深圳福田对绿色债券贴息2%。

（3）市场空间巨大

缓解全球变暖、形成绿色低碳和可持续发展模式，一直是全球高度关注的议题。十八届五中全会上，习近平总书记提出，要扎实推进生态环境保护，让良好生态环境成为人民生活质量的增长点。在十三五规划的十个任务目标中，设立了“加强生态文明建设”目标。党的十九大作出了“我国经济已由高速增长阶段转向高质量发展阶段”的科学论断。推进供给侧结构性改革和高质量发展，都离不开生态文明基础。实现从高碳经济向低碳经济的转型，生态环境项目融资需求巨大，绿色债券将为生态文明建设提供必要的资金保障和支持，绿色债券发展空间也非常广阔。

Wind数据库绿色债券信息显示，非金融企业绿色债券募集资金投向最多的领域是清洁能源类项目，污染防治类项目、节能类项目和清洁交通类项目分列其后。由此可见，绿色债券未来在清洁供热产业方面具有巨大的应用空间。

2. 绿色债券在清洁供热产业的具体应用

（1）绿色专项债券

绿色专项债券募集资金主要用于支持节能减排技术改造、绿色城镇化、能源清洁高效利用、新能源开发利用、循环经济、水资源节约和非常规水资源开发利用、污染防治、生态农林业、节能环保产业、低碳产业、生态文明先行示范实验、低碳试点示范等绿色循环低碳发展项目，性质属于企业债券。

根据最新的绿色专项债信息，募集资金用于风力发电场、节能减排技术改造、能源清洁高效利用、新能源开发利用的项目，符合绿色专项债对募投项目的要求。清洁供热企业旗下大多有较大规模的风力电场建设及节能减排技术等项目，符合绿色专项债的发行条款，可发行绿色专项债券募集资金投向相应项目。

2017 年 1 月 7 日，经国家发改委核准批复，陕西省西咸新区沣西新城开发建设（集团）有限公司公开发行全国第一支城投平台公司绿色债券，金额 16.7 亿元，期限为 7 年，募集资金主要用于西咸新区沣西新城绿色城市综合新能源项目建设，运用全新绿色城市发展理念，采用新能源技术，实现城市低碳环保绿色发展。该项目建设内容包含两部分，一是干热岩供热项目，运用绿色清洁的干热岩供热技术，为沣西新城区域内多个住宅小区及商业项目供热；二是区域内新能源汽车充电站及充电桩建设，项目建成将极大减少环境污染，改善人居环境，带动绿色能源技术的应用，推动沣西新城绿色城市建设。类似的案例还有，2018 年 5 月 13 日，国家发展改革委下发关于河北省承德市国控投资集团有限责任公司发行绿色债券核准的批复（发改企业债券〔2018〕108 号），根据批复内容显示，承德市国控投资集团有限责任公司发行绿色债券规模不超过 8.4 亿元，所筹资金 1.9 亿元用于黄骅市集中供热工程项目，2.3 亿元用于承德市隆化县集中供热热源异址扩建项目，4.2 亿元用于补充营运资金。

（2）绿色公司债券

绿色公司债券，是指依照《公司债券管理办法》及相关规则发行的、募集资金用于支持绿色产业的公司债券。绿色产业项目范围可参考中国金融学会绿色金融专业委员会编制的《绿色债券支持项目目录（2015年版)》及经证券交易所等有关部门认可的相关机构确定的绿色产业项目，主要为节能、污染防治、资源节约与循环利用、清洁交通、清洁能源、生态保护和适应气候变化等。对于符合条件的清洁供热企业，可以发行公司债券融资用于清洁供热项目的构建或者用于公司的运营。从2016—2017年发行的绿色债券投向看，项目主要集中在清洁能源、资源节约与综合利用、节能、清洁交通、污染防治等绿色发展领域，其中清洁能源领域规模最大。

浙江嘉化能源化工股份有限公司曾发行3.00亿元绿色债券，募集资金投资于公司热电联产机组扩建项目。北京清新环境技术股份有限公司曾发行10.90亿元绿色债券，募集资金中3.3亿元用于莒南县域利用力源电厂余热回收集中供热及保障性住房（棚户区改造）供热配套工程项目，2.2亿元用于大气治理核心装备生产项目，5.4亿元用于补充营运资金。

四、资产证券化

资产证券化是企业或金融机构将能产生预期现金收益的资产加以组合，以预期现金流为支持，发行证券进行融资的过程。本质是风险的界定、分割和重新分配。进行证券化的资产往往相对缺乏即期流动性，通过证券化安排可以做到资产的标准化和风险的重构，以增加流动性和风险的可识别性。资产证券化通过结构安排将资产转化为证券，实现两个目的：一是将资产的风险和收益转移给特殊目的载体SPV（特色项目公司），实现与发起人的破产隔离；二是由SPV发行偿付顺序不同、信用等级各异的证券，实现风险与收益的再分割。资产支持证券表面上以“资产”为支持，但实际上以资产所产生的“现金流”为支持，是对资产池现金流进行重新分配重组的技术。

1. 资产证券化在清洁供热产业应用的可行性

（1）公益性

供热与“水、电、气”一样是城市发展的重要基础配套行业，发挥着区域内基础设施配套、保障城市基本运行和城市功能提升的重要作用。供热行业作为国计民生的公共服务行业，也是国家层面大力支持和重点发展的行业之一。因此供热企业受宏观经济政策和外部市场环境波动影响较小，保证了供热资产价值稳定、收益稳定。

（2）特许经营

公益性行业特点决定了供热为特许经营行业，由政府对供热企业颁发供热许可证。根据市政供热规划，一家供热企业只负责某一特定区域，在该区域范围内实行特许经营，从而保证了供热企业的收入来源稳定。

（3）现金流稳定

特定供热区域内用户一经确定，供热面积和用户相对稳定，不会出现市场波动而引起用户的减少。稳定的供热面积和用户保证了热费收入的持续稳定。政策支持及民生性特点决定了热费回款比率高，无存货，无应收款占用资金，确保了供热资产的未来现金流持续稳定增长。

2. 资产证券化在清洁供热产业的具体应用

（1）基础资产的界定

资产证券化的基础是资产必须符合相关法律要求，边界清晰且权利完整，基础资产及附着物不得附带抵押、质押等担保负担或者其他权利限制。根据行业实际，需对基础资产进行调整。首先，对现有基础资产进行优选，剔除已经质押收费权的项目，选择权属清晰、排他性的供热项目。其次，解除已享有供热项目收费权质押担保的商贷，提前偿还贷款余额。最后，应取得政府行业主管部门对该公司未来特许经营权的确认。

（2）交易结构设计

产品结构设计由专项计划管理人（券商）组织具体实施，完成基础资产上市申请资料汇总，并报上海（或深圳）证券交易所，取得批复后，投资者将认购资金转入专项计划托管银行，会计师事务所出具验资报告，中证登登记设立“清洁供热资产支持专项计划”（见图6－4）。

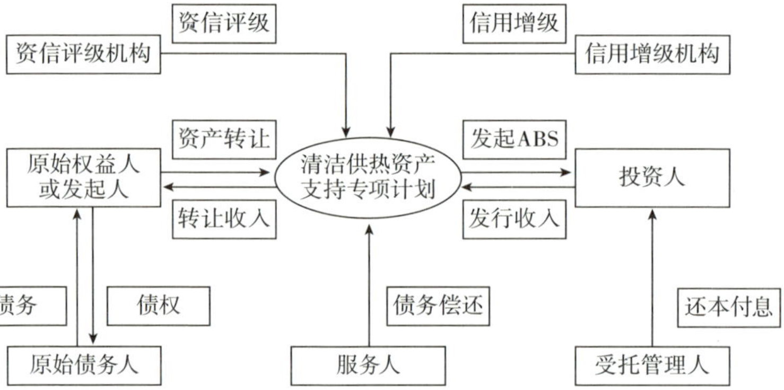

图6－3 清洁供热资产支持专项计划交易结构图

自2014年首单供热收费权资产证券化产品成功发行以来，越来越多的供热企业通过发行资产证券化产品来融资。供热收费权ABS（资产证券化产品）是供热企业以供热收费权作为基础资产，以未来供热收费收入作为偿债来源而发行的资产证券化产品。

与传统融资工具相比，供热收费权资产证券化有以下优势：第一，融资模式便利，市场易接受，便于复制，可作为长期融资工具；以迁安热力公司收费权项目为例，通过资产证券化，迁安热力公司变现预期供热收费权益，改善了公司的资金链，优化了负债结构。第二，相对于一般融资工具而言，资产证券化具有不披露募集资金用途的特点。第三，评级不受主体信用影响，评级依据为基础资产的实际情况。第四，公开市场挂牌发行，发行价格公允（可比照同等级别公开发行公司债券），且有利于提高企业知名度，进而提升企业公开或非公开市场融资能力。

（3）案例分析

自交易所开放企业资产证券化业务备案以来，收费权类资产支持专项计划发行量与日俱增，尤其是供热收费权，从2014年第一单迁安热力公司供热收费权ABS开始，供热收费权ABS项目已进入常态化。例如，由中原证券作为管理人的濮阳热力公司供热资产支持专项计划，规模为6.3亿元；中信证券作为管理人的西安高新热力公司供热资产支持专项计划，规模为16.85亿元；中航证券作为管理人的临沂市恒源热力集团有限公司供热收费权资产支持专项计划，规模为4.75亿元；中国中投证券作为管理人的长春供热集团供热合同债权1号资产支持专项计划，规模为6.35亿元等。无锡华光锅炉股份有限公司曾开展供热供电收费收益权绿色资产证券化业务，公司受让子公司无锡惠联热电有限公司未来36个月内特定期间供热供电收费收益权，以自身作为原始权益人和发起机构，以子公司作为资产服务机构，将上述收费收益权转让给资产支持专项计划，发行绿色资产支持证券进行融资。

根据实操经验，供热公司在选择资产证券化融资时，第一，供热公司每年的收费规模不能太小。ABS项目涉及审计、评级、律所等中介机构，会产生一定的中介机构费用，如果收费规模太小，整体融资规模偏小，对于供热企业来说综合成本不划算。第二，企业的供热收费权不能质押给其他机构。如果存在收费权质押情况且其他机构质押收费权给的贷款规模较小，可以考虑提前还款，把收费权解押。当然这要建立在双方同意的基础上。第三，供热公司（原始权益人）和提供差额补足方两者必须要有一个外部信用评级达到AA。供热公司如果是国有的，外部评级达到AA可直接发行；外部评级达不到AA的，一般选择寻求当地的AA评级的国有企业提供差额补足。供热公司如果是民营的，外部评级达到AA可以直接发行；外部评级达不到AA的，可寻求专业担保公司担保发行。

五、政府和社会资本合作（PPP）

PPP是英文Public Private Partnership的简写，直译为“公私合伙制”，是公共部门通过与私人部门建立伙伴关系来提供公共产品或服务的一种方式。我国关于PPP概念首次出现于2015年政府工作报告的缩略词注释：“指政府通过特许经营权、合理定价、财政补贴等事先公开的收益约定规则，引入社会资本参与城市基础设施等公益性事业投资和运营，以利益共享和风险共担为特征，发挥双方优势，提高公共产品或服务的质量和供给效率。”我国与PPP有关的政府文件目前有三个，分别为：《财政部关于推广运用政府和社会资本合作模式有关问题的通知》（财金〔2014〕76号）、《国家发展改革委关于开展政府和社会资本合作的指导意见》（发改投资

〔2014〕2724号）、《财政部、国家发展改革委、人民银行关于在公共服务领域推广政府和社会资本合作模式指导意见》（国办发〔2015〕42号）。

1. PPP模式在清洁供热产业应用的可行性

清洁供热产业项目应用PPP模式，具有弥补政府资金不足，降低政府及社会资本投资风险等优势，比公共部门及私营企业任何一方单独建设的效果更为显著。

首先，自PPP模式推出以来，我国政府先后颁布了《关于在公共服务领域推广政府和社会资本合作模式的指导意见》《国务院鼓励运用PPP模式参与综合管廊建设和运营》《关于进一步鼓励和引导民间资本进入城市供水、燃气、供热、污水和垃圾处理行业的意见》等文件，明确鼓励社会资本通过政府和社会资本合作（PPP）模式参与清洁供热项目投资建设运营，多渠道解决项目融资问题，降低融资成本，从而为清洁供热项目引入PPP模式提供了政策依据。

其次，由于清洁供热产业以社会效益为主，回报不高但持续稳定，政府向私营企业提供政策扶持和财政补贴，可以保证清洁供热项目在PPP模式下以较低的收费实现运营，并能获取一定利润。

最后，清洁供热项目属于具有一定收益的公益性事业，社会资本对于投资清洁供热领域的意愿比较强烈。社会资本拥有严格的管理机制，可以根据市场情况开展投资活动。

2. PPP模式用于清洁供热产业的功效

（1）弥补政府资金不足

在传统的供热项目建设经营管理中，政府以直接投资者角色介入项目建设。随着《国务院关于加强地方政府性债务管理的意见》、新《预算法》等文件的相继出台，地方政府投融资平台将逐步剥离政府性融资功能，向市场化转型发展。作为有一定收益的公益性事业，引入PPP模式是政府融资平台转型的方向之一。政府从公共服务的提供者变成监管者，在财政预算方面也减轻了压力。随着社会资本方的引入，项目的资本金数量增加了，弥补了财政资源的不足，使原本缺乏资金的项目得以实施。同时，社会资本方合理控制资金使用，有效提高了资金利用率，缩短了项目建设周期，降低了项目成本。

（2）降低投资风险

在 PPP 模式下，政府和社会资本方之间通过签订协议，达成双方都满意的风险分担结构，参与各方均能妥善应对风险。PPP 模式使社会资本方能参与清洁供热项目立项、设计和可行性研究等前期工作，降低了社会资本方的投资风险；同时将社会资本方的管理方法与技术引入到项目中，有效控制项目建设与运行，降低清洁供热项目建设投资的总风险，很好地保障了政府和社会资本方的利益。

（3）发挥政企双方优势

PPP 模式可以使公共部门的社会性、公益性目标与私人部门的有效管理相结合，发挥公私双方的比较优势，有效提高服务的质量和效率，更好地为社会提供清洁供热服务。

3. PPP 模式在清洁供热产业的具体应用

（1）推动清洁供热项目入库

加强对清洁能源 PPP 项目库的建设管理。兼顾国家发改委和财政部 PPP 项目库运行原则和相关文件精神，结合清洁能源实际建立统一的项目库，做好 PPP 项目库的储备、动态管理和监测。由于 PPP 项目落地难问题较为普遍，在建立项目库时，应当严控标准、严格筛选，优先选择收益较稳定、投资规模较大、长期合同明晰的项目入库。

佳木斯市热力公司自成立以来，在城市集中供热事业中发挥了重要作用。由于供热管网老化影响供热、人员繁冗工资拖欠、企业经营情况恶化等原因，2007 年企业陷入濒临破产境地。当地政府决定采取对外引资方式来解决这个难题，最终与法国供热企业达尔凯公司达成协议，中外合作改制原国有供热企业，运作成为我国供热领域首个 PPP 项目。达尔凯（佳木斯）供热 PPP 项目的实施，一方面为当地政府减轻了财政压力，另一方面引进先进供热模式在节能减排上取得了巨大社会效益。企业通过技术改造、引进先进设备和专业管理方法使运营成本降低，取得了较好的经济效益。该项目实现了我国供热项目由传统投融资模式向PPP模式的转变，为未来我国供热项目PPP模式的发展提供了很好的借鉴。

（2）PPP项目专项债券

2017年4月25日，国家发改委发布《政府和社会资本合作（PPP）项目专项债券发行指引》。“PPP项目专项债券”由PPP项目公司或社会资本方发行，募集资金主要用于以特许经营、购买服务等形式开展项目建设、运营的企业债券。专项债是企业债的延伸，由国家发改委提出，主要依托于项目自身的现金流进行发债的债券品种。对未来3个月内将开工的清洁供热项目及在建的清洁供热项目，可以选择发行项目收益债。与PPP资产证券化项目相比，项目收益债的一大优势在于发行时间较早，不必等到项目进入运营期2年，可以与PPP资产证券化形成时间互补。PPP专项债发行可满足清洁供热项目建设期的资金需求，畅通PPP项目进入通道。虽然现在市场上还没有供热领域PPP专项债券的应用，但未来该融资工具将是清洁供热产业可行的融资方式之一。

（3）PPP资产证券化

供热属于刚性需求，项目盈利模式较为成熟，在计算收益和还款保障上都有较为成熟可行的标准，持续稳定的现金流是资产证券化应用的基本保障。对产业园区清洁能源集中供热工程，可以很好地运用资产证券化这一工具，以供热收费收益权为基础资产，通过PPP资产证券化，融得资金用于清洁供热工程运营。例如，2014年6月迁安热力总公司完成首单热力供热收费权专项资产管理计划，公司负责迁安全市区供热工程建设、供热管理及锅炉安装、维修等全方位的热力业务。该项目发行总规模为12.5亿元，项目的基础资产来自未来近7年、平均每年约超过2亿元的热力收费及补贴费收入。华夏幸福固安工业园区新型城镇化PPP项目供热收费收益权资产支持专项计划，项目的基础资产为九通公用事业PPP项目于特定期间内在固安工业园区内提供供热服务所产生的供热收费收益权，获得国务院办公厅的通报表扬，并入选国家发改委PPP示范项目和财政部联合发布的第三批PPP示范项目。

PPP项目以收益权为基础资产开展资产支持专项计划，大致运作流程为：首先，由券商或基金子公司等作为管理人设立资产支持专项计划，并作为销售机构向投资者发行资产支持证券募集资金；其次，管理人以募集资金向PPP项目公司购买基础资产（收益权资产），PPP项目公司负责收益权资产的后续管理；再次，基础资产产生的现金流将定期归集到PPP项目公司开立的资金归集账户，并定期划转到专项计划账户；最后，托管人按照管理人的划款指令进行本息分配，向投资者兑付产品本息。

（4）PPP产业基金

PPP产业基金属杠杆融资机制，通过一定资本金可以撬动更多资本介入，以结构化方式进行内部增信，主要方式是社会资本和金融机构作为优先级，政府作为劣后级。PPP产业基金的投资对象一般以拥有稳定现金流的经营性PPP项目为主，供热产业由于具有稳定收益的产业特点，很适合与PPP产业基金对接。

2017年9月25日，国家发改委印发《关于北方地区清洁供暖价格政策的意见》，其中指出要“探索多元化融资方式。大力发展绿色金融，在风险可控的前提下，加大对清洁供暖企业和项目的支持力度。支持通过企业债、低息贷款等方式解决清洁供暖项目融资问题。鼓励社会资本通过政府和社会资本合作（PPP）模式参与清洁供暖项目投资建设运营，多渠道解决项目融资问题，降低融资成本”。这说明，政府进一步放开供暖市场准入，大力支持有实力、有信誉的民营企业进入清洁供暖领域，不断挖掘具有发展前景、经济性良好的新型清洁供暖技术。

2015年11月，山西省财政厅与北京首创集团、兴业银行共同发起设立山西省改善城市人居环境PPP投资引导基金，主要用于城市供水、供气、供热、污水处理、垃圾处理、地下综合管廊、轨道交通等领域的PPP项目。该基金的规模包括山西省财政出资2亿元、北京首创集团出资2亿元、兴业银行出资12亿元，共计16亿元的母基金，以及由项目地财政出资发起，基金管理机构、社会资本以及银行出资构成的总规模128亿元的子基金。

我国第一个清洁能源集中供暖的PPP项目已经拉开帷幕。2017年，乌兰察布市集宁区政府与内蒙古亿嘉节能环保科技股份有限公司以 PPP 模式开展清洁供热的项目建设、运营等工作，项目建设采用国际先进的高压电极锅炉技术，项目建设内容包含普远热源厂电蓄热锅炉房、一号地电锅炉房、马莲渠电蓄热锅炉房等。

CHIC
清洁供热产业委员会
CleanHeatingIndustryCommittee

第七篇　案例篇

据不完全统计，目前我国清洁供热企业7000多家，案例项目不胜枚举。通过案例项目收集、相关报道及有关技术文献和政策文件查阅，并与项目单位沟通，对本篇选取的案例项目以及每个企业的技术应用力求科学、全面、准确地加以介绍，但也难免挂一漏万。随着清洁供热产业研究的逐步深入和指标评价的规范化，更多更好的案例将呈现在读者面前。

一、清洁供热案例提要

本篇介绍15个较有代表性的清洁供热项目，既有利用污水/河水热能、浅层地热能、空气能、低品位工业余热能、生物质能、太阳能、电能、天然气等清洁热源项目，也有传统热源的清洁利用项目。其共同特点是：既体现了节能低碳、安全可靠、清洁环保、经济舒适的发展理念，又体现了清洁用能、改善环境质量、提高民生福祉的发展方向，还体现了及科学合理、技术成熟、供热效果良好、能源供给稳定、成本合理的清洁供热产业发展趋势。

1. 案例项目介绍框架

清洁供热不仅是技术工程，也是生态保护工程、民生工程、民心工程。案例介绍包括项目概述、技术要点、资源环境和经济社会效益、政府支持和企业简介等五个部分。力求介绍结构大体一致，各有侧重，突出特色和典型性，内容宜丰则丰、宜简则简。

1）项目概述：介绍清洁供热项目实施前用热侧的基本情况、项目的来龙去脉以及项目实施后的概况。

2）技术要点：在准确描述清洁供热项目的技术数据与技术创新的同时，兼顾供热安全与供热服务，及项目所在地气候条件、技术路线与原理、主要设备及参数（制热量、供回水温度、流量）、能耗与能效、技术适用地域与条件、安全设计与供暖保障、后续服务等。

3）资源环境和经济社会效益：主要介绍项目节能减排量、商业模式、投融资、固定设施建设费用、供热季运行费用、供热价格、供热效果、智能化程度、供热经济性、供热设施和面积是否匹配等，并起到褒扬民生工程、民心工程、定制化服务及精准扶贫的作用。

4）政府支持：主要介绍政府对项目的政策、资金支持和评价。

5）企业简介：主要突出企业的业务范围、核心技术及创新能力。

2. 案例的先进性与核心竞争力

案例不乏先进、示范项目：北京软件园地热能多能互补冷热联供项目获“2017 年度中国分布式能源优秀项目一等奖”；贵阳中天未来方舟项目是住建部全国首批 8 个绿色生态示范城区之一；鹤壁市“清洁供、节约用、投资优、可持续”的清洁取暖建管模式在 2018 年首批冬季清洁取暖试点城市年度考核中荣获综合考评全国第一的好成绩。

突出项目创新：贵阳未来方舟项目、北京软件园项目、石家庄碧桂园项目，采用多能互补、冷热联供，并形成新业态；恒有源集团、森创智想、永恒能源、合肥德博等公司均围绕各自专利技术开展业务；日出东方太阳能公司与太阳墙技术发明公司康索沃合作，致力于太阳墙系统研发、制造和全球推广；郑州市中心医院项目采用自动运行智慧供热系统、换热站控制系统和楼栋智能控制系统；招银租赁创新金融租赁产品，为清洁供热项目提供资金支持。

3. 案例的代表性

从用热侧看，既有新建项目（如贵阳中天未来方舟项目、石家庄碧桂园项目），也有城镇居民供热的清洁化改造项目（如中车北京南口机械厂煤改气项目、唐山市韩城镇火电余热供暖项目）；既有高端商用写字楼项目（如北京用友软件园冷热联供项目），也有村镇农户取暖项目（如河南鹤壁农村的生物质炊事取暖炉项目、河北大城县生物质热电联产集中供热项目、北京西闸村的地源热泵分布式供热项目）；既有普通居民采暖项目，也有公共建筑采暖项目（如南充东方医院热源塔热泵供热制冷项目、郑州市中心医院智慧管网节能项目）。

从清洁供热企业来看，既有行业领军企业，也有逐步发展壮大的新锐企业，如恒有源集团是地源热泵领域的行业龙头公司；华誉能源公司是住建部“节能减排典范企业”，中国地源热泵行业“系统集成十强”“主机生产十强”；杭州德联科技公司是国内工业锅炉自动化行业的领军企业；合肥德博生物能源科技公司在生物质气化多联产技术领域处于行业领先地位；招银金融租赁有限公司是国务院批准设立的首批五家银行系金融租赁公司之一，为国内 8 家“千亿级”金融租赁公司之一。

从商业模式看，有政府和社会资本合作（PPP）、建设—拥有—经营（BOO）、建设—经营—移交（BOT）、建设—运营（BO）、建设—移交（BT）、合同能源管理（EPC）、设计—采购—施工（Engineering，Procurement and Construct）+托管、交钥匙工程、工程商代理模式、售后回租等模式，项目投资额几十万元到几十亿元不等，投资回收期在 1～30 年之间不等。

4. 案例项目的资源环境效益

清洁低碳、节能高效是案例项目的主要特征。案例项目具有资源分质利用、能源梯级利用、废弃物资源化利用的资源节约和环境友好特征。贵阳未来方舟项目提取河水和污水热量用于供热制冷，实现了水的分级分质利用；唐山火电余热集中供热项目利用附近华润热电厂的余热；山东龙口清洁燃煤集中供热项目利用粉煤灰作为脱硫剂，以废治废、变废为宝；邯宝高炉余热集中供热项目实现冲渣水及烧结烟气余热热源品质梯级提温；琦泉集团的生物质发电供热项目，不仅变废为能而且解决了令政府、农民都头痛的秸秆禁烧难题；中能北方的农村生物质炊事取暖炉项目实现了原料就近收集加工、就地转换、产品就近消费；黑龙江庆安项目采用气化多联产工艺，得到生物质炭、电力和热能，热能为厂区自用。

据不完全统计，案例项目共替代燃煤约 20 万吨标准煤，减排二氧化碳 50 万吨、二氧化硫 2400 吨、氮氧化物 1045 吨、粉尘 1045 吨，对所在区域供暖季环境的改善发挥显著作用。

5. 案例项目的经济效益

所有案例项目均取得较显著的经济效益，实现了供热方和用热侧“共赢”。邯宝钢铁高炉余热集中供热项目，分享期10年内效益将达2.1亿元；北京软件园项目采用地源热泵+水蓄冷蓄热+冷水机组+燃气锅炉+末端大温差高效风盘+能源管控平台多能互补方式，经过几年运行就已收回成本；郑州市中心医院智慧管网节能项目，当年收回节能改造投资37万元。

在惠民、价格可承受方面，鹤壁市农村生物质炊事取暖炉项目的运行费用与农户用散煤的费用相近；恒有源集团的北京市西闸村地源热泵供热项目的最高运行成本相当于农户原来用土暖气烧煤取暖的运行费用，通过采取分间计量、人在哪开哪等节能措施，最低运行成本可以降至土暖气烧煤取暖的30%。

在创造就业、精准扶贫方面，琦泉集团公司秉持“做企业勿忘做公益、创效益勿忘惠民生”的理念，发展形成了“公司+镇（街）+行政村+秸秆存放点”的收储模式，切实增加了农民收入。通过琦泉“互联网+”的燃料收储新模式——柴火社APP，广大农民朋友用手机就能解决生物质能源最初离开田间地头5千米的问题；项目投产后即与100户贫困户签署秸秆收购协议，帮助贫困户走上脱贫致富之路。

6. 案例项目的社会效益

大力推行清洁供热项目，为城乡居民改善生活质量和环境质量带来巨大变化。

贵阳未来方舟项目，首开南方大面积社区集中式冷暖热水联供的先河，居民过上了冬暖夏凉、四季热水的清洁、安全、舒适生活；唐山市韩城镇火电余热集中供热项目和河北大城生物质发电供热项目，分别淘汰了27台、17台燃煤小锅炉，空气质量显著改善；中车南口机械厂煤改气项目，完成了厂区供热的专业化、市场化改造；北京中能北方公司研发生产了生物质颗粒炊事采暖两用数字化成型炉，方便了村民；北京市西闸村地源热泵分布式供热项目为村民提供暖保证、冷兼有、生活热水；石家庄碧桂园空气源热泵冷热联供项目，出风温度适中、柔和、不刺冷，避免室内干燥；青海三力项目采用太阳墙系统采暖通风，室内冬暖夏凉、空气清新，建筑外部装饰美观、整洁。

7. 地方政府对清洁供热项目的支持

案例项目的实施，离不开清洁供热作为国家战略和重大民生工程的大背景，离不开中央和地方各级政府的高度重视和大力推动。

贵阳市政府制定出台了《贵阳市城市区域性集中供热用热管理办法》，保证了贵阳未来方舟冷热联供项目施行。唐山韩城镇火电余热供暖项目，地方政府提前通知，采取分段施工以便对居民影响最小化。北京市海淀区政府通过清洁能源供暖招标和村民代表表决，选择恒有源集团热冷一体化地热能供暖冷方式。大城县委、县政府设立了大城供暖小组以协调项目的实施，并给予了1000万元补助资金。鹤壁市政府制定农村取暖“六个一”标准和“补初装不补运行”的财政补贴机制，符合当地实际，也增强了项目的可持续性。

二、典型案例及其简介

1. 中节能建筑节能公司的贵阳河水/污水源热泵冷热联供项目

关键词：污水源热泵、河水源热泵、一网多源、多能互补、冷暖热水联供

（1）项目概述

贵阳市地处“秦淮供暖线”以南，一直没有实行大范围的社区集中供暖。然而由于空气湿度大，冬季呈现阴冷的特点，这也是长江以南地区的一般特征。为了驱寒除湿，贵阳居民普遍采用煤炉、电炉、电热毯和空调等方式自行取暖，存在污染物排放、安全性不高、舒适性较差及费用较昂贵等问题。

贵阳中天未来方舟项目是住建部的全国首批8个绿色生态示范城区之一，占地面积9.53平方千米，建设用地5600亩，规划居住人口约25万人。为让新建小区居民能过上“冬暖夏凉”的舒适生活，未来方舟项目开发方以经济适用方式为居民解决夏热冬冷问题。中节能建筑节能有限公司（以下简

称中节能建筑节能公司）斥资引进先进的节能低碳环保技术，采用河水源热泵、污水源热泵、燃气锅炉、电锅炉等多源互补的供暖方式，首开南方大面积社区集中式冷暖热水联供的先河（项目位置见全景图7－1）。

图7－1　贵阳市南明河下游中天未来方舟项目全景图

未来方舟可再生能源集中供能系统总面积约800万m^2，2015年冬季首次供暖，2016年夏季首次供冷。截至2018年未来方舟供暖季供暖开通1.6万户。预计到2020年，超过4万户20万人口将享受到中节能建筑节能公司的集中供暖服务。中天未来方舟可再生能源集中供能系统Ⅰ区、Ⅱ区被选为“贵州省可再生能源建筑应用示范项目”。

（2）技术要点

贵阳供暖季节室外计算温度－0.3℃、极端最低温度－7.3℃。贵阳中天未来方舟项目集中供能系统设5个能源站，其中3个已投产。1号、2号能源站供热方案为“河水源热泵＋电锅炉”，3号、4号为“污水源热泵＋燃气锅炉”（集中供热系统示意图见图7－2）。1号、2号能源站是目前我国西南地区最具规模的河水源热泵项目，3号、4号能源站是亚洲最大的（原生）污水源热泵示范项目。

1号能源站可再生能源集中供能系统区域供热（冷）面积156万m^2，设备供热总装机负荷56.9 MW，其中热泵系统供热装机负荷48.9 MW；

2号能源站可再生能源集中供能系统区域供热（冷）面积138.8万m^2，设备供热总装机负荷49.3 MW，其中热泵系统供热装机负荷

图7－2 贵阳中天未来方舟项目可再生能源集中供能系统设备

44.3 MW；

3号能源站总供能面积为216.28万m^2，设计总热负荷64.41MW，总冷负荷28.53 MW，污水源热泵系统装机43.65 MW，燃气锅炉系统装机22.4 MW。夏季污水取水量为9902 m^3/h，冬季污水取水量为10329 m^3/h。

4号能源站总供能面积为126万m^2，设计总热负荷45.07 MW，总冷负荷33.06 MW，污水源热泵系统装机34 MW，燃气锅炉系统装机11.2 MW。污水取水量夏季为4760 m^3/h，冬季为4760 m^3/h。

水源热泵系统冬季运行综合能效比为3.4，夏季综合能效比为4.4。污水源热泵系统冬季运行综合能效比为3.2，夏季综合能效比为3.5。制冷供回水温度为5/12℃，供热供回水温度为50/40℃。

每个能源站均通过设置多台水源热泵与多台锅炉来避免因单个设备故障影响整体供暖安全。同时整个供能系统为一网多源（南明河水、污水、电力和燃气）的多能互补，四个能源站采用管网互联，各能源站互为备用，提高供能的保障程度。

该项目普遍适合于具有河水、污水资源的大型集中供热（冷）区。由于贵阳市进行集中采暖没有任何经验可循，2015年首次启动集中供暖后，在一个由能源站、换热站、楼宇二次管网、业主户内末端管网形成的大系统中，系统之间、系统与子系统之间需要一个磨合和调优过程。用户也因

图 7-3　贵阳中天未来方舟项目可再生能源集中供能系统

为首次使用集中供暖，不太了解集中供暖原理，提出许多常识性问题。中节能建筑节能公司员工加班加点，积极与用户沟通，确保用户家里的温度达标，赢得了用户的理解和信任。

（3）资源环境和经济社会效益

贵阳南明河下游的综合治理改造，使贵阳人的母亲河——南明河的下游由一条窄小的污水沟变成 7.2 千米长的美丽河段。未来方舟集中供暖（冷）项目提取河水和污水热量用于供暖（冷），实现了水资源的分级分质利用。

投巨资建成的集中供热系统如果只在冬季采暖期使用而其余时间处于闲置状态，势必造成投资的巨大浪费。集中供冷的启动使系统在冬夏两季均可发挥作用，提高了供热系统的利用率，商户平均制冷费用与中央空调和分体式空调相比平均节省 40%~50%。

据测算，未来方舟集中供暖项目目前每年可节约燃煤 12558 吨标煤，减排二氧化碳 30000 吨、二氧化硫 207 吨，减排烟尘 120 吨。

未来方舟可再生能源集中供能系统工程采用建设—拥有—经营（Building-Owning-Operation）商业模式，由中节能建筑节能有限公司投建、运营，项目合同期 30 年。合同总额 24 亿元，当前投资额 7 亿元，其中 3 亿元为中节能建筑节能有限公司自有资金，4 亿元为银行贷款。正常年供能量 10018 万 kW·h。已建成投产部分经营成本年均 3400 万元。

居民供热收费 26 元/m^2；公共建筑供热收费 0.65 元/ kW·h。冬季供暖时间为 11 月 15 日至次年 3 月 15 日，共计 122 天；夏季供冷时间为 6 月 15 日至 10 月 15 日，共计 124 天。

以建筑面积为 5000m^2 计算，年耗能约 684000 kW·h。采用集中供能 A 类收费标准（0.65 元/kW·h），可节约运行费用约 17.78 万元；如采用 B 类收费标准（2 元/m^2/月基本费 +0.45 元/kW·h），可节约运行费用约 23.46 万元。随着集中供冷面积的日渐增大，集中供冷的经济效益也将逐步提高。

（4）政府支持

为加强城市区域性集中供热的规划、建设、经营和用热活动的监督管理，贵阳市政府制定出台了《贵阳市城市区域性集中供热用热管理办法》，自 2015 年 12 月 1 日起施行。管理办法规定贵阳市集中供热遵循区域集中、新区先行、热源多元、市场运作、规范管理、逐步推进的原则，鼓励和扶持供热新技术、新工艺、新设备、新材料的研究、开发、应用和推广，要求供热企业与热用户依法自愿签订供用热合同，约定双方权利义务，供热企业严格履行供用热合同，按时、连续、保质供热。

（5）企业简介

中节能建筑节能有限公司是中国节能环保集团有限公司子公司，于 2012 年成立，注册资金 7 亿元。公司主业聚焦于区域联合能源集中供能项目的开发，建设与运营及既有建筑节能改造，致力于以清洁能源、多能互补为特色的清洁供能技术的推广与规模化应用。充分利用浅层地热能、地表水源、污水源、工业余热、风能、太阳能、蓄能等高新技术，与传统能源相结合，通过整合全行业的优势资源，以品牌、资本、技术及服务为优势，提供建筑节能综合解决方案。迄今中节能建筑节能有限公司已有分公司 4 家，各级子公司 30 家，员工总数 700 余人；形成了覆盖东北、华北、西北、东南、中南、西南六大片区的市场布局及产业规模；是国内建筑能源领域的领先企业，累计获得国家授权知识产权共计 179 项，其中专利发明15项，获得国家、省、市等各级科技奖项6项。

2. 北京首创热力公司的唐山火电余热集中供热项目

关键词：火电低温余热、集中供暖

（1）项目概述

唐山市韩城镇位于唐山市路北区，由于历史原因该镇的居民小区没有纳入城市集中供热工程，主要依靠小区燃煤锅炉分散供暖，热源也比较分散，冬季采暖期间污染严重。位于韩城镇的唐山新兴制造园区是唐山市重点建设项目之一，也是唐山承接北京产业转移的聚集区，园区建有华润三期热电厂。2016年8月，韩城镇低温余热供暖改造工程正式动工，利用华润电厂发电余热供暖，当年实现26个小区15385户居民的集中供暖，总供热面积158万m^2。

（2）技术要点

韩城镇的年平均气温10.5℃，极端最低气温 -24.8℃。

韩城镇低温余热供暖改造工程采用环状管网新概念、无补偿冷安装直埋技术，共敷设一次、二次管线46千米，并建有水处理及能源管理中心1座（占地2742m^2，处理能力100 m^3/h）、换热站40座（占地20～40m^2/座），换热机组52台（供热规模为5000～125000 m^2/台），总供热面积158万m^2。

换热站一次侧压力为1.6 MPa，供、回水温度为130/70℃；二次侧低区系统压力为1.0 MPa、高区系统压力为1.6 MPa，供、回水温度壁挂式暖气片为85/60℃、地板式暖气片为60/50℃。水泵、机组均为变频机组，无地源热泵打井。

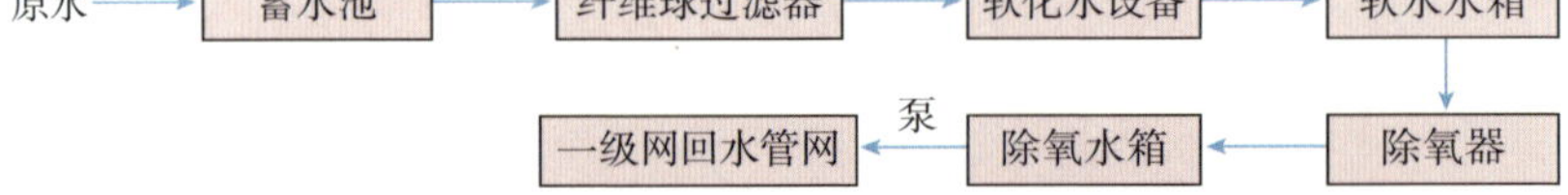

图7-4 唐山市韩城镇集中供热工程水处理工艺流程图

图 7－5 唐山市韩城镇低温余热集中供热工程水处理及能源管理中心

为保障供暖安全，供暖方实时监控换热站数据流量以分析、判断换热站可能出现的问题，报告上级并及时加以解决；及时根据室外温度和热用户室内的远程室温表调节温度，保障热用户室内温度；与热源单位保持联系，积极协调，确保热源正常供应；定期对换热站一次网管网、二次网管网进行巡查，防患于未然，确保管网正常运行。

图 7－6 唐山市韩城镇低温余热集中供热工程换热站

每个片区都有专职负责的运行维护人员，及时入户维修，并对热线人员反馈的问题进行勘查，对不属于热力公司维修范围内的问题告知热用户，并反馈热线人员登记记录；对热线人员反馈的热用户问题（热力公司维修范围内）在24小时内进行解决，并告知热线人员登记记录。热线电话保持24小时畅通，热用户报修及反馈的具体情况每日上报、汇总，及时采取措施保证供暖。

（3）资源环境和经济社会效益

韩城镇低温余热供暖改造工程采暖季的总耗能470395 GJ。经过工程改造，共取缔韩城镇燃煤锅炉26台，每年减少燃煤消耗61901吨标煤，减排二氧化碳162181吨、二氧化硫297吨、氮氧化物182吨、粉尘373吨。

项目采用政府和社会资本合作（Public-Private Partnership）模式，合同期30年。工程总投资2.92亿元，全部由建设单位唐山慧达供热有限责任公司自筹，其中一级网工程9631万元，二级网工程3309万元，银行贷款1.63亿元。

工程已入网总面积223.5万m^2，实际供热面积158万m^2，其中居民供热21505户，实际供热面积140万m^2；非居民供热432户，实际供热面积18万m^2。唐山市冬季法定采暖天数121天，实际供暖天数平均137天，2018—2019年度用户室内平均温度21.5°。居民用热价格为26元/m^2（使用面积）。非居民用热价格为34.3元/m^2（折合建筑面积）。

（4）政府支持

2017年集中供暖工程主管网路铺设和换热站构建对一些主干道沿街商铺、物业及用地等都带来一定影响，正是因为2016年工程带来的利民惠民效果让沟通协调工作得以顺利开展。地方政府提前通知，充分做好施工前准备，明确动工时间，安排人员做好安全施工规范，采取分段施工方式，减少对居民的影响，终于克服重重困难，供暖期前圆满完成工程。

（5）企业简介

唐山慧达供热有限责任公司是北京首创热力股份有限公司2016年成立的项目公司，注册资本5000万元，位于河北省唐山市路北区韩城镇唐山新兴工业园区。公司下设综合办公室、财务部、工程运行管理部、经营发展部共4个部门。公司经营范围包括收费的热力供应服务，供热设施的开发、维护、管理，管道工程施工，供热技术开发、咨询、推广服务等。

3. 北京燃气能源公司的中车北京南口机械厂煤改气项目

关键词：煤改天然气、市场化、专业化、集中供热

（1）项目概述

中车集团北京南口机车车辆机械厂（以下简称南口机械厂）位于北京市昌平区南口镇，成立于1981年，主要经营制造机车车辆配件、轴承、纸制品、塑料制品、合成洗涤剂、橡胶密封圈等产品。清洁供暖“煤改气”之前，南口机械厂区建有1座锅炉房和4座换热站，采用4台20蒸吨燃煤蒸汽锅炉为生产厂房、办公用房、厂前区部分住宅及部分厂外公建（包括学校和职工医院）供暖。总供暖面积57万m^2，其中厂房供暖面积17万m^2、公建供暖面积8万m^2、住宅供暖面积32万m^2，涉及居民3800户。

为落实京津冀大气污染防治强化措施实施方案，南口机械厂2017年启动了锅炉清洁供暖“煤改气”项目，将生产、生活供暖整体移交有资质的北京燃气能源发展有限公司（以下简称北燃能源公司），完成了职工家属区供暖分离移交、锅炉改造、供暖分区分片改造及天然气入户改造等工程。北燃能源公司在项目实施过程中更换了锅炉房内锅炉及辅机设备，优化了站内电气和控制，更新了锅炉房至换热站的一次管线，根据项目运行情况优化了项目的换热站设置并更新了二次侧管线及设备，2017年11月15日顺利供暖。

（2）技术要点

改造项目锅炉房内新设置3台17.5 MW的燃气热水锅炉，一次侧供、回水温度为95/70℃。末端采用间接供热方式，锅炉房一次侧热水通过供热管网接至家属东区、家属西区、厂区、棚户区4个换热站。供暖系统二次侧供、回水温度为60/45℃。锅炉热效率为94%，系统效率为89%。

锅炉房内一次侧热水循环泵三用一备，变流量运行，根据一次侧管线回水温度调节三台一次侧循环泵频率（三台水泵同时变频运行），设置软水器、软化水箱、囊式自动补水定压装置及化学加药除氧器（选用自动海绵铁除氧器）等供暖水处理设备进行补水处理。

各换热站设置气候补偿器，换热器一次侧回水管安装电动调节阀，运

行过程中根据二次侧回水温度调节一次侧电动阀的开度和一次侧水流量，并根据气候补偿系统和二次侧供回水温差实时调节换热器二次侧循环泵频率，实现二次侧水系统变流量运行。

项目设计考虑3台17.5MW锅炉容量，当一台17.5 MW锅炉出现故障停用时，另外两台能保障满负荷的66.7%运行，从而保障项目热源的供暖能力。

表7-1 锅炉房主要设备参数

序号	设备名称	主要性能	数量（台）	备注
1	燃气热水锅炉（含烟气再循环装置）	制热量17.5MW，设计供回水温度95℃~70℃，电功率76kW，效率≥94%	3	
2	一次侧水泵	流量602m³/h，扬程45m，电机功率110kW	4	三用一备

表7-2 换热站主要设备参数

站名	设备名称	主要性能	数量（台）	备注
东区	板式换热器	制热量3159kW，设计供回水温度60℃~45℃	3	
东区	二次侧水泵	流量271m³/h，扬程40m，电机功率45kW	4	三用一备
西区	板式换热器	13RS06A，换热面积120m²，设计供回水温度60℃~45℃	4	三用一备
西区	二次侧水泵	流量600m³/h，扬程40m，电机功率90kW	3	
厂区	板式换热器	FBR09A，换热面积120m²，设计供回水温度60℃~45℃	7	
厂区	二次侧水泵	流量1200m³/h，扬程40m，电机功率160kW	2	
厂区	二次侧水泵	流量600m³/h，扬程48m，电机功率110kW	2	
棚户区	板式换热器	制热量2159kW，设计供回水温度60℃~45℃	3	三用一备
棚户区	二次侧水泵	流量185.6m³/h，扬程40m，电机功率37kW	4	三用一备

锅炉供暖温度降低至95℃，系统温度压力均低于原有燃煤系统，同时

更换了项目二网，一次侧供回水管线、管沟内敷设管线均优先采用自然补偿。自然补偿不能满足要求时，设置波纹管补偿器，直埋管道采用无补偿敷设，室外供暖管网接至各个换热站入口处，设置动态平衡阀保证供热管网水力平衡，增强管网调节运输能力，提高管网安全性。

定期进行站内巡检和管网巡查，建立供暖问题综合安全应急预案，建立应急保障体系，组建应急管理保障队伍，对项目供能安全、生产安全问题第一时间进行处理解决，提高项目供能保障性和安全性。

新建燃气热水锅炉房位于家属院内，供热系统监控室有工作人员 24 小时值守实时观察运行情况，并根据室外气温调节火焰温度，保证供暖适宜温度。

图 7－7　南口机械厂锅炉房煤改气项目锅炉房辅机间

图 7－8　南口机械厂锅炉房煤改气项目锅炉房外观

该技术方式适用于居民住宅类集中供热。

(3) 资源环境和经济社会效益

该项目年燃气用量为731万Nm^3，年用电量为256万kW·h，单位供热面积折合标煤16kg/m^2。考虑夜间公建和厂房值班的低负荷采暖情况，停运一台锅炉可以在夜间和供暖初末期达到两台锅炉高负荷高效运行的效果。

实施"煤改气"工程后，通过新建高效的燃气锅炉和改造老旧供暖系统，每年可节约燃煤5500吨标煤，节约水资源15000吨，减排二氧化碳8008吨、二氧化硫4447吨、氮氧化物19吨、烟尘22吨。

项目采用(Build－Operate－Transfer)建设—经营—转让的商业模式，运行期20年。项目建设投资6061万元，其中40%为自有资金，60%为银行贷款。燃料动力费1998万元，水费45万元，电费225万元，人工费94万元，单位供热面积运行费用为55元/m^2(不含折旧)。供暖时间为120天，平均室温要求18℃(厂房16℃)，设备运行稳定。每年供热季采暖费为居民30元/m^2，公建40元/m^2，超高建筑80元/m^2。厂区超高建筑占据相当比例的供暖面积，项目投资建设和居民燃气供暖均有补贴，后期厂区还将实施建筑保温和节能技改，进一步降低燃料动力成本。投资回收期为10年。

(4) 政府支持

北京市昌平区政府在全力推进"清煤降氮"工作中，强化补贴、以补助改。2015年出台了《昌平区燃煤锅炉改用清洁能源补助资金管理办法》，燃煤锅炉改造单位除享受市级资金补助每蒸吨13万元外，还可获得区级补助资金5万元。2016年，出台了针对"七站八所"等各部门下属事业单位的补助政策，对于1蒸吨及以上的锅炉，在享受市级补助资金13万元/蒸吨的基础上，再享受区级补助资金13万元/蒸吨；对于1蒸吨以下的，享受区级补助资金26万元/蒸吨。截至2017年底，昌平区完成各类燃煤锅炉改造3119蒸吨，发放区级补助1.5亿元，极大地提高了燃煤锅炉使用单位的改造积极性。

中车北京南口机械有限公司锅炉房煤改气项目获得市级批复工程总投资1969万元，市政府固定资产投资安排590万元用于工程建设，其余资金由南口机械厂自筹。

南口之前没有燃气，这是项目改造遇到的最大挑战。在拆除原有已运行50年的锅炉房的同时要引入天然气，以保证供暖期正常供暖。但是在引入天然气的过程中出现了房屋老旧、管线老化、末端能耗、跑冒滴漏和居民收费等问题。最终在中车集团和环保局的积极协调下，天然气引入工程于2017年9月20日开始施工，11月10日正式通气，11月11日进行点炉、试供暖，11月15日正式供暖。

（5）企业简介

北京燃气能源发展有限公司是北京燃气集团全资子公司，成立于2011年，注册资金5亿元。在燃气集团大发展战略指导下，以“立足北京，内外并举；专注主业，积极拓展，成为专业的分布式能源服务商”为战略目标，形成了以天然气应用为核心、多种分布式能源协同发展的新型业务格局。目前已经成熟应用的技术主要包括：燃气冷热电三联供、燃气锅炉、电制冷机组、地源热泵、太阳能、高效清洁煤粉炉、垃圾或生物质发电等，以及上述多种能源技术相耦合的智能化供应体系。公司定位于“区域清洁能源服务商”，对指定区域开展能源统筹规划，采用投资、建设、运营一体化商务模式，按照客户对不同能源品位和供应时间的个性化需求集成多种能源技术，组成最适合建筑业态的能源供应系统，在满足环境要求和经济效益的同时为客户提供安全、经济、清洁、高效、环保的优质能源服务。

4. 恒有源集团的北京市西闸村地源热泵分布式供热项目

关键词：煤改电、浅层地热能、地源热泵、热冷一体化、分布式供热、自采暖

（1）项目概述

北京市海淀区上庄镇西闸村全村共有平房院落219户，村民住宅建筑面积近6万m^2。改造前西闸村每年供暖季耗煤约1100吨，环境污染严重。

2016年，海淀区组织农户煤改清洁能源供暖招标、村民代表举手表决，选择了恒有源科技发展集团有限公司（以下简称恒有源集团）热冷一体化的浅层地热能供暖冷方式。工程历时27天，西闸村在全区率先完成整村“无煤化”改造。

恒有源地能热宝系统利用低品位能源——浅层地热能，以能源品位相当、温度对口的方式为建筑物供热、制冷，提供生活热水，保证房间温度在18℃~26℃之间按需调控，省心、省力、省钱、干净，操作简单方便。该技术不增加额外投资和运行成本，不增加标准配电，供暖区域无燃烧、零碳排放，适应性强，适用范围广，便于复制、推广。

（2）技术要点

恒有源热冷一体化的浅层地热能供暖冷方式，依靠热泵技术提取地下0~120米深度内储存的25℃以下的低温、低品位热能，用于建筑物供暖。地源热泵机组通过大地与外界换热，大地温度稳定，系统可以持久获得可再生能源。

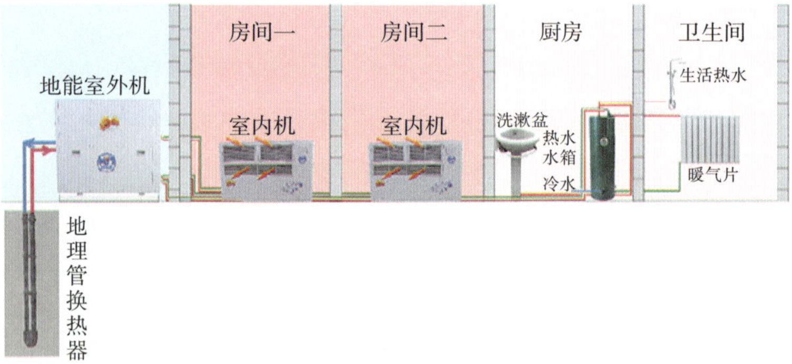

图7-9　地能热宝两间房（地埋管）系统（冷、暖、生活热水三联供）示意图

恒有源地能热宝系统是暖保证、冷兼有、生活热水可选配的地能热冷一体化解决方案，设备小功率、分间配、重点保证、独立计量、不开不冻，谁省归谁。系统操作简便，一年四季供暖区域室内温度可以在18℃~26℃之间任意调节，有利于行为节能的实施，最大限度地满足用户特别是广大农村用户的个性化需求，既适用于城镇建筑群供热（冷），也适用于南方个性化供热（冷）。系统设备分区设计灵活，即使某一台机组出故障也不会影响其他用户，机组甚至可以现场更换，可靠性高。

通常地源热泵消耗 1kW 的能量，用户可以得到 4～5 kW 的热量或冷量，其制冷、制热系数可达 4 以上，与传统的空气源热泵相比要高出 40%，其运行费用为普通中央空调的 50%～60%，比电锅炉加热节省三分之二以上的电能。

该技术适用于具备足够地下土壤体积，且系统取热量小于等于排热量的地区。

地能热宝系统按采集技术方式分为：地埋管地能热宝系统（分散采集浅层地热能）和单井循环换热地能热宝系统（集中、安全、高效、省地采集浅层地热能），有利于根据不同地质条件选择适宜的可再生的浅层地热能采集换热采集方式。

针对农村燃煤改造工程，恒有源集团特别制定了详细的文明施工行为准则并要求施工队严格执行，同时把每户从安装到调试验收的时间限制在 3 天左右，自进场施工开始需在 30～45 天之内完成一个村子的“煤改电”改造工程。样板先行，让农户自己选择，了解清楚觉得好之后，才开始进行整村施工。施工完成后建立村级热冷一体化运营维修站，提供 4 个以上村民就业机会，就业村民经过培训能保证供暖和设备的及时维修。

（3）资源环境和经济社会效益

浅层地热能储量丰富，分布广泛，再生迅速，有较强的恢复能力，在使用季可通过地下局部的暂时降温持续不断地输出热能，在非使用期得到恢复；温度适中、稳定性好，温度更接近于使人舒适的室温。

图 7－10　北京上庄镇西闸村：整村高效电替煤改造，分间使用，分户计量

浅层地热能供暖就近取热、就近供暖，无需建设长距离热能输送管网，有效减少了输送热能的大量功耗和热损失。供热（冷）区域无燃烧、零排放，每个采暖季每 100 万m^2建筑可替代燃煤 9710 吨标准煤、天然气 1080 m^3，减排二氧化碳 23855 吨、二氧化硫 160 吨、氮氧化物 151 吨、烟尘 93 吨，节能减排效果显著。

西闸村“无煤化”改造完成后，每个供暖季较原来减少燃煤 1100 吨标煤，减排二氧化碳 2702 吨、二氧化硫 17 吨、氮氧化物 18 吨、烟尘 10.5 吨。

西闸村煤改清洁能源项目恒有源投资 1411 万元，为全村 219 户农户供暖，供暖总面积 47055 m^2，投资回收期为 5 年。使用恒有源自采暖地能热宝系统，农户冬季供暖最高运行成本相当于煤炭单价 800 元/吨时即原来土暖气烧煤供暖的运行费用。由于技术上实现了分间计量，人在哪开哪，为行为节能提供了便利，其运行成本最低可以降至土暖气烧煤供暖的 30%。

北京市农村工作委员会委托中国建筑科学研究院于 2016—2017 年供暖期间对 3000 多用户进行了运行监测，结果显示，恒有源分间地能热宝供暖系统（地源热泵）每平方米一个采暖季平均耗电量 30kW·h，而空气源热泵、蓄能式电暖气耗电量分别是 58.7kW·h、191.5kW·h。

（4）政府支持

地方政府组织农户煤改清洁能源供暖招标，推动乡村利用浅层地热能供热（冷），为村民提供相应补贴。

（5）企业简介

恒有源科技发展集团有限公司成立于 2000 年，是中国节能环保集团公司旗下的中国（香港）地热能产业发展集团有限公司在北京的科技实业发展总部。恒有源集团将原创的浅层地热能采集换热技术与热泵技术产品相结合，利用浅层地热能发展地能热冷一体化产业，业务涵盖科研开发、地能采集、系统设计、装备制造、工程安装、运维保障、公共服务，目前已经形成区域分布式地能冷热源站、地能热泵环境系统、地能热宝系统、可再生空—地能联合热宝系统等清洁供暖系统。集团持有国内外专利 78 项，其中国内专利 57 项、国际专利 21 项。有关成果入编国家技术标准 2 项、行业和地方标准 2 项。

5. 华清安泰公司的北京用友软件园地热能多能互补冷热联供项目

关键词：地源热泵、冰蓄冷、水蓄冷蓄热、冷水机组多能互补、冷热联供

（1）项目概述

北京用友软件园地热能多能互补冷热联供项目（以下简称用友软件园项目），位于北京市海淀区山后科技创新中心永丰产业基地内，是用友集团总部所在地和研发基地，总建筑面积 47.3 万m^2，是一个高科技、花园式、环保型的国际一流水平软件产业园，是目前亚洲和亚太地区最大的管理软件产业基地，能容纳 1.2 万人办公，包括用友产业中心、研发中心、数据中心、培训中心等七大功能区。

由华清安泰（北京）科技股份有限公司（以下简称华清安泰）实施并管理运行的北京用友软件园能源中心项目分两期：一期建筑面积 18.5 万m^2，采用“地源热泵 + 冰蓄冷 + 冷水机组 + 燃气锅炉的多能互补系统”；二期建筑面积 28.8 万 m^2，采用“地源热泵 + 水蓄冷蓄热 + 冷水机组 + 燃气锅炉 + 末端大温差高效风盘 + 能源管控平台的多能互补系统”。实现供热制冷，全年供应生活热水。虽然项目初期投资略高，但稳定的供给和比传统燃煤或燃气更便宜的运行成本使项目产生了较好的经济、环境和社会效益，得到了用户的好评和政府部门的认可，引领了多能互补清洁供热新业态。

（2）技术要点

北京市年均温度 12.3℃，极端最低温度 -18.3℃，地下 100 米温度恒定在 14℃~16℃。

用友软件园项目一期设备包括 4 台西雅特三工况地源热泵机组、2 台离心式冷水机组、440 m^3冰球蓄冰槽、4 台燃气锅炉和 616 口 120 米地埋孔内置双 U 换热管。冬季采用地源热泵供热，燃气锅炉调峰；夏季采用地源热泵和蓄冰供冷，冷水机组调峰。

图 7-11　北京用友软件园能源中心

用友软件园项目二期设备包括 3 台螺杆式地源热泵、3 台离心式冷水机组、3 个蓄能水罐 5200 m^3、4 台燃气锅炉和 940 口 140 米深地埋孔内置双 U 换热管。冬季采用地源热泵和水蓄能供热，燃气锅炉调峰；夏季采用地源热泵和水蓄能供冷，冷水机组调峰。

一期机房面积 1200 m^2，供热面积 18.5 万 m^2，空调制冷负荷 15.8 MW，空调热负荷 11.1 MW，采暖负荷 2252 kW，生活热水加热负荷 1722 kW。热泵机组制热量 1261 kW，燃气热水锅炉 2100 kW，冷水机组 4219 kW，蓄冰槽 440 m^3。供回水温度 50/45°C。

二期机房面积 2000 m^2，供热面积 28.8 万 m^2，空调制冷负荷 23.9 MW，空调热负荷 19.7 MW，采暖负荷 715 kW，生活热水加热负荷 1580 kW。热泵机组制热量 2269 kW，燃气热水锅炉 2100 kW，冷水机组 3149 kW，蓄水罐 5200 m^3。供回水温度 50/45 C。

一期机组供冷性能系数 5.62，系统供冷性能系数 3.96；供热性能系数 4.80，系统供热性能系数 3.30。

二期机组供冷性能系数 5.80，系统供冷性能系数 3.95；供热性能系数 4.90，系统供热性能系数 3.40。

末端循环泵变频，机组变频。年能耗 37 kW/m^2，折合标煤 4.54kg/m^2。

该项目适用于地热资源条件较好的集中供热项目。系统为复合式结构，以土壤源热泵为主，利用蓄能技术，辅以天然气锅炉供热调峰，冷水机组供冷调峰，确保系统稳定供能的同时最大程度节约运行成本。

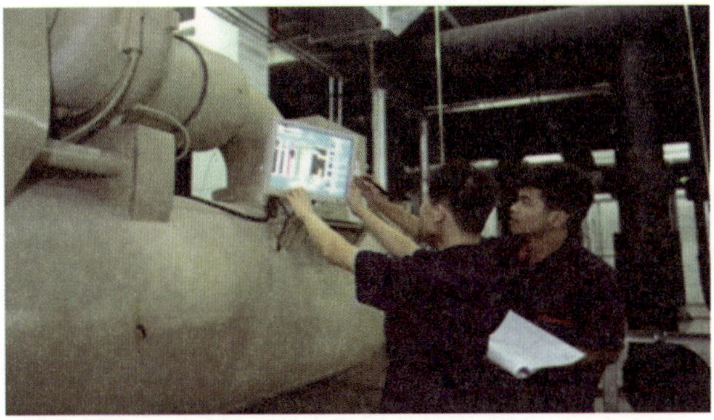

图 7－12 华清安泰北京用友软件园能源站工作人员

系统运行工作压力小于 1 MPa，燃气锅炉为常压热水锅炉，系统安全性更高；同时系统采用全自动化运行，数据监测报警系统、视频监控系统与能源管控联动，进一步确保系统安全供能。

作为多能互补和能源互联网的创新型企业，华清安泰依托在地源热泵、地热、自动化控制等方面的优势，基于集中管理、分布监控的设计理念，自主研发“互联网＋”智慧能源管控平台，近年来在分布式能源领域取得了显著的成绩，荣获“2018 年度中国分布式能源优秀运维管理奖”。

（3）资源能源和经济社会效益

每年供热季供热 120 天，设备配置较合理。较常规系统每年节省标煤 2300 吨，减排二氧化碳 5600 吨、二氧化硫 38 吨、氮氧化物 18 吨、烟尘 22 吨。

项目采用了建设—运营（Build-Operate）模式，建设单位投资建设，委托专业公司运行维护。用友软件园 1、2 期能源站共投资 1.1 亿元，约 250～260 元/m^2，相比传统采暖制冷设备，虽项目初期成本略高但经过几年的运转就已经收回成本，稳定的供给和比传统燃煤或燃气更便宜的运行成本让各方都非常满意。

年供冷、热、生活热水运行费用 35 元/m^2，建设单位向用户收供冷供热年费用 80～100 元/m^2。项目每年为甲方节约运行费用 400 万元，环保和经济效益显著，目前已运行13年。

（4）政府支持

项目获评“2017年度中国分布式能源优秀项目一等奖”“生态社区试点”“建设部可再生能源示范项目”“建设部绿建（运营）三、二星项目”“北京市可再生能源示范项目”“北京市电力需求侧管理技术（产品）和典型案例”“2016年北京市海淀区循环经济试点单位”，并获得了财政资金支持。

（5）企业简介

华清安泰（北京）科技股份有限公司成立于2011年，注册资金3422万元，是一家致力于建筑节能，在可再生能源领域提供分布式供热制冷解决方案的专业化公司。公司主要从事以热泵技术为基础，综合运用地热能、电能、水蓄能、冰蓄冷、燃气、工业余热以及太阳能利用等技术，为民用、工业建筑行业提供技术咨询、设计、建设、运营、节能诊断、节能改造、智慧能源管控等一体化服务。

6. 森创智想公司的南充东方医院热源塔热泵供热制冷项目

关键词：空气源热泵、闭式热源塔、热源塔热泵、医院、供热制冷

（1）项目概述

南充东方医院（以下简称“东方医院”）位于四川省南充市顺庆区大西街，是一所集医疗、急救、预防保健为一体的综合性非营利医院，是南充市医保定点医院。南充市地处典型的中亚热带湿润季风气候区，具有四川盆地共同的气候特征：四季分明，夏季炎热，冬季多雾阴冷，日照较少。为了改善医疗条件和工作环境，东方医院于2017年对住院部大楼进行了整体重装同时新建了门诊大楼，采用森创智想（北京）科技发展有限公司（以下简称森创智想）的节能型中央空调为医院建筑供热制冷。

医院建筑总面积14929平方米，砖混结构，室内末端为风机盘管供热，总供热面积12700平方米。项目于2018年1月27日开工，当年8月15日完工交付。工程包括节能型中央空调制冷、供热系统、供热水系统、末端空调系统、新风系统的设计和系统设备的采购、运输、安装、调试、验收

和维护，属于交钥匙工程。

（2）技术要点

南充市全年室外平均温度17.5℃，极端最低温度-3.4℃。

该项目采用“超低温热源塔热泵+闭式热源塔”作为项目空调、采暖的冷热源。设备机房占地总面积320m²，设有超低温热源塔热泵2台、闭式热源塔3台、冷冻机冷却水泵6台。水泵、机组均为变频机组。

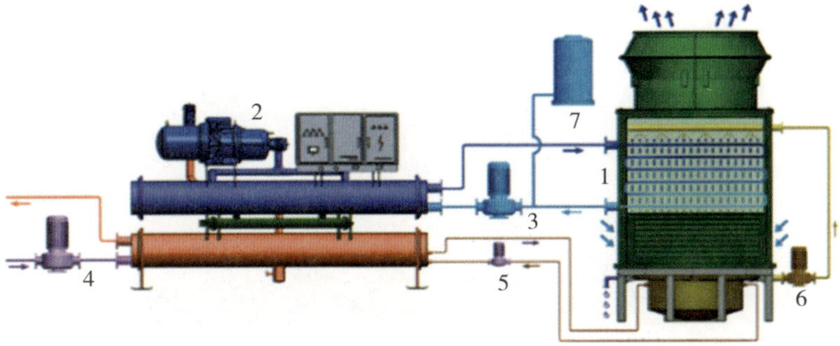

1.小温差闭式热源塔；2.小温差低热源热泵；3.热源泵；4.负荷泵；5.正温度蓄热泵；6.负温度蓄热能防霜泵；7.热源测膨胀罐。

图7-13 森创智想超低温热源塔热泵技术系统

热源塔是一种传热介质与空气进行热交换并为热泵主机提供连续冷热源的塔式换热装置。冬季利用冰点低于0°C的载体介质，高效提取低温环境下相对湿度较高的空气中的低品位热能，实现低温热能向高温热能的传递，达到制热目的。夏季起到高效冷却塔的作用，利用水的蒸发散热，将热量排到大气中实现制冷。

森创智想热源塔热泵+闭式热源塔组合制冷供热系统的主要优势在于：

1）高效逆流传热技术：森创智想核心专利技术产品——闭式热源塔采用高通低密冷冻技术，进行气与液的高效小温差传热，换热效率更高，结霜几率更小。

2）独特的低温热泵构造：闭式热源塔热泵蒸发器为低温热泵构造，内螺旋管满液或降膜蒸发器蒸发阻力小，高效吸收来自闭式热源塔内置的超导液传导低温热源。系统越大，供热性能越好，系统运行稳定性更高，安全性更可靠。

3）可靠的螺杆压缩机：变频螺杆机组采用滑阀 + 变频无级调节，最小负荷达到 10%，变频螺杆式冷水机组在 60%~100% 负荷时候机组滑阀固定 100% 开度，电机频率在 30Hz~50Hz 无级调节；在部分负荷 < 60% 时电机固定在 30Hz，滑阀从 0%~100% 无级调节。

图 7-14　南充东方医院节能中央空调项目热源塔

医院分为住院楼及门诊楼，运行时间根据相应使用功能而定，合计装机冷量 1380 kW；装机总热量 968 kW，供回水温度 45/40℃，流量 360 m^3/h。

图 7-15　热源塔热泵机房、主机及主机参数

制冷两用一备，制热设备两台设备互为备用，确保供热不间断。

主要设备制冷能效比 5.50，制热能效比 3.71。系统综合制冷能效比 4.64，制热能效比 3.49。单位供热面积耗能折合标煤量为 3.27kg/m^2。

在项目建设过程中，对于风管、管道、保温等隐蔽工程，都是东方医院及监理方验收后才继续施工。工程验收合格后森创智想对东方医院有关操作、维护人员进行了专业培训，确保合格上岗。设备保质期 6 年。如有设备故障，森创智想工作人员 2 小时内作出答复，24 小时内派技术人员到现场检查处理。

（3）资源环境和经济社会效益

热源塔热泵技术利用太阳能次生能源、水蒸气湿冷热源作为新能源。森创智想的闭式热源塔技术应用小温差传热，充分吸收水蒸气湿冷热源，换热效率更高。与采用燃气锅炉系统供热相比，东方医院每年可节约采暖费 19 万元，减排二氧化碳 288 吨，节能减排量约为 55%。

项目合同总额 360 万元。热源、一次管网、二次管网、室内末端等分项建设投资费用约为 242 万元，单位供热/制冷面积建设费用 190.6 元/m^2。

供热天数 120 天，平均室温 22℃。供热设施与供热面积匹配良好，设备运行稳定。单位供热面积能耗成本为 15.9 元/m^2·年，单位供热面积运行费用为 23.27 元/m^2。

（4）企业简介

森创智想（北京）科技发展有限公司位于北京市西城区月坛南街新华大厦，于 2017 年 04 月在北京成立，注册资本 1 亿元，主要从事清洁供热投资、建设和运营维护以及节能技术产品的研发、生产和销售。核心技术“热源塔热泵技术”获得美国发明专利 2 项及中国发明专利 20 多项。公司依托北京中科发展研究院及中关村海归创业联盟，拥有机电、暖通、化工、自动化控制等专业工程师 21 人；教授、博士 9 人；生产、安装、销售管理人员及各类专业技术人员 260 余人。2018 年 7 月，森创智想与 QIUKE 技术研发团队联手创立湖南秋克空调设备有限公司。2018 年 9 月，森创智想联合海尔金控成员单位重庆众链成立湖南众链智想能源管理有限公司，专注于清洁供热、中央空调节能等领域的投资。

7. 北京华誉能源公司的石家庄碧桂园空气源热泵冷热联供项目

关键词：空气源热泵、螺杆式、大功率、制冷供暖、地板采暖

（1）项目概述

石家庄元氏县碧桂园位于元氏县马村镇张掖村，是集别墅、高层住宅和商业为一体的综合性建筑群，项目总占地1500亩，总规划建筑面积300万m^2，全部采用北京华誉能源技术股份有限公司（简称华誉能源）的大功率空气源热泵机组为整个建筑群提供制冷与供暖服务。总的运行建筑面积为63万m^2，共5000户居民，建筑为钢筋混凝土结构，执行65%的建筑节能设计标准，室内末端采用地板采暖。热泵站由石家庄瑞科市政工程有限公司投资建设运营，华誉能源负责工程设计、设备供货和施工运营技术支持。该项目在华北地区集中供热制冷服务中具有示范意义。

（2）技术要点

元氏县室外平均温度12.3℃、极端最低温度 -19.3℃。该项目采用螺杆式大功率空气源热泵机组作为采暖热源，设备机房占地总面积4682 m^2。机组型号和主要参数为：

1）68台HE620LAB，该机组标况下（室外温度7℃）制热量为620.1 kW，输入功率为176.4 kW，供回水温度45/35℃，流量48.5 m^3/h。

2）2台HE310LAB，该机组标况下（室外温度7℃）制热量为310.8 kW，输入功率为90.9 kW，供回水温度45/35℃，流量24.3 m^3/h。

该工程供暖分为8个区域，所有采暖分区均采用直供方式，不外加板式换热器。在供回水总管之间设流量旁通控制，旁通阀门平时常闭；当回水管上的流量小于单台机组制热额定流量的70%时，阀门开启。

系统采用回水温度控制阀来加减载热泵机组，机组加减通过控制室进行集群式控制。系统定压补水采用补水泵联合气压罐实现，由电接点压力表采集水泵吸入总管上压力传输信号控制补水泵的启、停，满足系统定压要求。空气源热泵机组压缩机能量25%~100%有级调节、水泵变频控制。

主要设备能效比为3.52，系统综合能效比为2.50。实际总耗电量为

1512 万 kW·h，单位供热面积折合标煤量 9.70kg/m^2。

单级螺杆式空气源热泵机组智能控制，智能化霜；结构紧凑，维修方便；超静音，超低温。设备稳定性良好，供热设施和面积相匹配。另外，华誉能源为项目开发了专业、先进的云服务中央管控平台，基本实现了能源站的无人化、拟人化、精细化运行。室内温控装置以供热房间测取的温度来控制阀门的开启度，联锁设备变频启停，精准控制供热温度。

图 7-16　石家庄市元氏县碧桂园项目 1 号能源站空气源热泵布置图

大功率空气源热泵可直接替代燃煤锅炉和燃气锅炉，广泛应用于住宅、商场、宾馆、办公楼、学校等各类建筑，可在 -35℃ 的环境温度下稳定运行。单级螺杆式空气源热泵机组多重保护措施，安全可靠。为确保供热安全，均按照 -15℃ 工况设计配备主机容量，每个分区都配置多台热泵机组，热泵机组之间可互为备用。为应对可能出现的低于 -15℃ 的极寒天气，每个能源站还配备了少量的电加热作为备用。

大量能源站多年的专业运维服务，使华誉能源积累了丰富的专业经验和一批高素质运维人员，并逐步形成一套完整、先进的供热管理模式。工程验收交付使用后，华誉能源为使用方提供运行、维护培训和必要的技术服务与咨询，定期回访，终身维修，确保工程运行使用的长久性和优良性。

（3）资源环境和经济社会效益

空气源热泵空调属于水系统中央空调，采用水循环制冷，出风温度较柔和，与室外温差不会太大，吹在身上不刺冷。同时能保持室内最佳湿度环境，避免室内干燥。碧桂园项目每供热季供热 120 天，平均室温 20℃~22℃，可节约标准煤 6048 吨，减排二氧化碳 15075 吨、二氧化硫 145 吨、氮氧化物 43 吨、粉尘 58 吨，节能减排效益明显。

热泵站由石家庄瑞科市政工程有限公司投资建设运营，热泵站热源投资 3204 万元，一次管网投资 306 万元，二次管网投资 975 万元，室内末端等分项费用为 3150 万元。单位取暖面积建设费用 121 元/m^2，热泵站投资费用 55.74 元/m^2。华誉能源负责工程设计、设备供货和施工运营技术支持，采用建设—移交（Build – Transfer）的商业模式，项目合同期一期 6 个月、二期 53 天，供暖部分螺杆式大功率空气源热泵合同总额为 2708 万元，其中水费 15 万元、电费 635 万元、人工费 14 万元、固定资产折旧 234 万元、维修管理费 31 万元，供热面积总运行费用为 930 万元。单位面积供热成本 14.76 元/m^2，年收取用户价格 22 元/m^2。

（4）政府支持

华誉能源被住建部授予“节能减排典范企业”“建筑节能十大品牌企业”等称号，并获得中国地源热泵行业“系统集成十强”“主机生产十强”等荣誉。

（5）企业简介

北京华誉能源技术股份有限公司是由北京国资公司控股的国家级高新技术企业。公司以热泵技术为核心，综合开发利用多种新能源技术及余热回收技术，为客户提供高效率的热泵产品、整体的绿色能源解决方案和专业的投资运营服务。华誉能源目前在全国拥有 6 家新能源热力运营公司，建立了东北、华北、西北、华东与中原五大能源服务区域。华誉能源及其子公司北京中科华誉热泵技术有限公司的热泵产品和系统已在全国 18 个省（市、自治区）得到推广和应用，得到用户和市场的充分认可，曾三次被中央电视台《新闻联播》节目报道。

8. 福建永恒能源公司的山东龙口清洁燃煤集中供热项目

关键词：清洁煤、粉体热水锅炉、除尘、脱硝、脱硫、一体化、环保锅炉

（1）项目概述

龙口矿业集团有限公司（以下简称龙口矿业集团）是“世界500强企业”山东能源集团旗下的权属企业之一，是以煤炭生产为基础，集热电联产、油页岩综合利用、煤炭储备配送、机械加工、建工建材、物流服务为一体的大型企业集团，是全国唯一的海滨矿区、唯一的实施海下采煤的企业，也是山东省第一个省级煤炭战略储备基地、唯一的油页岩综合利用企业。

龙口矿业集团在节能改造项目中引进福建永恒能源管理有限公司（以下简称永恒能源）自主研发的除尘、脱硝、脱硫一体化高效环保锅炉系统，采用1台14 MW高效粉体热水锅炉系统设备，为居民区提供集中供暖，于2017年11月正式投产运行，供暖面积30万m^2。该项目改造前后节能减排效果显著，锅炉大气污染物排放达标，锅炉系统的整体运转和安全水平也得到提高。

（2）技术要点

龙口市冬季室外平均温度 -2℃~ -10℃，极端最低温 -13℃~ -15℃。

该项目设备机房总占地面积约930 m^2，主要设备包括燃料塔1套，14 MW高效粉体热水锅炉1台，引风机2台，鼓风机2台，烟气再循环系统1套，湿电除尘器1套和除尘脱硫塔1套。主要设备中风机、水泵、脱硫泵等均采用变频电机，采用节能型的永磁变频螺杆空压机，重要设备一用一备。

锅炉设计热效率91.1%，额定热功率14000 kW，额定回出水温度115/70℃，额定循环流量266 m^3/h。供热面积300000 m^2。用热居民楼建筑已采取节能措施，室内使用钢铝复合散热片。清洁煤年消耗量5575吨标煤，单位供热面积标煤能耗18.5kg/m^2。

煤粉由密闭罐车从生产站运送至现场，由粉粒罐车自带的压缩空气输送至煤粉塔内储存（见图7 - 17①）；压缩空气输送煤粉后产生的粉气混合气体经过煤粉塔扩容减压后，再经除尘器除尘排出煤粉塔（见图7 - 17④）。煤粉密闭送入低氮燃烧器燃烧（见图7 - 17②），锅炉烟气经过烟管进入下一换热设备换热（见图7 - 17③）；液化气由控制阀控制，点火期间引入燃烧器进行点火（见图7 - 17⑩）。

煤粉塔、煤粉锅炉均设有安全阀，超压时自动排放泄压至安全区域（见图7－17⑤）；煤粉塔上装有保护装置（含压力、温度、料位高度等参数），当塔内温度超过65℃时控制阀自动打开，惰性气体或液态二氧化碳喷入塔内隔离氧气（见图7－17⑦、⑧）。压缩空气站输出气体用于设备内部喷吹（见图7－17⑥）。

脱硫除尘塔上的脱硫、除尘液经底部下液口回流至制浆罐内存储、沉淀（见图7－17⑪）；制浆罐内溶液溢流至循环池内进行二级沉淀（见图7－17⑫)）；循环池内的澄清液泵回除尘脱硫塔用于脱硫、除尘（见图7－17⑬、⑭）；制浆罐、循环罐内无效的脱硫浓浆液由渣浆泵泵入脱水机进行脱水、压滤（见图7－17⑮、⑯）。

自来水源对湿式电除尘器的吸附区进行反洗（见图7－17⑰）；反洗后的湿灰浆直流至汇集罐存储（见图7－17⑱）；汇集罐内的浆液由渣浆泵泵入脱水机进行脱水、压滤，或排放至地沟，再由地沟溢流回沉淀池进行收集处理（见图7－17⑲）。压滤机压滤的固体湿灰由汽车运送至回收厂进行再利用（如砖厂、水泥厂等）（见图7－17⑳）。

锅炉低氮燃烧后的烟气经除尘、脱硫后由引风机抽送至烟囱排放（见图7－17㉑）；引风机出口烟气由烟管输送至锅炉进行烟气再循环燃烧以有效控制炉膛燃烧温度，达到抑制氮氧化合物产生的目的（见图7－17㉒，该项技术为永恒能源专利技术）。

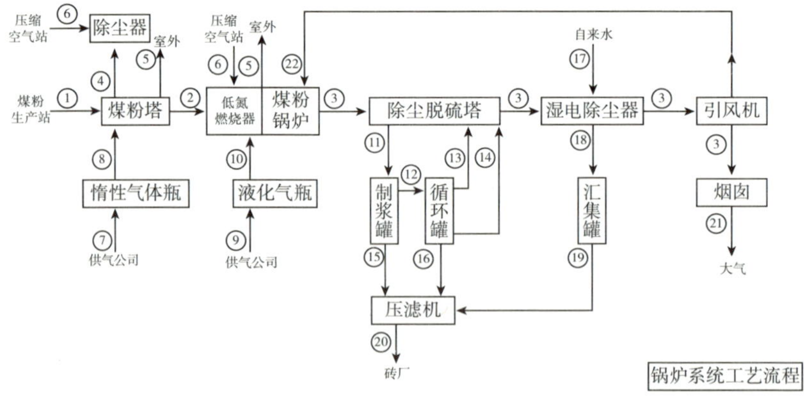

图7－17 永恒能源除尘、脱硝、脱硫一体化高效环保锅炉系统工艺流程图

该技术工艺属于中小型工业锅炉范畴，适用于企业热能供应技术，可广泛应用于企业锅炉房、集中供热、热电联产项目。

在安全供暖方面，重点设备一开一备，定期切换运行，确保正常、稳定运营；定期巡检，发现异常及时切换备用设备，检修异常设备，满足备用状态；做好设备的保温防护工作，保证压力表、变送器等数据监测设备正常工作；监督员工严格遵守危险作业的安全要求，定期组织事故应急预案学习与演练。

为切实做好技术服务，永恒能源在山东成立了分公司——山东永铧节能技术有限公司，并成立龙口运行班组，由 1 名项目经理、3 名运行班长、6 名运行操作员和 1 名机电与热电工共 11 名人员组成，充足的技术骨干保证了供暖项目的稳定运行和锅炉系统售后服务。

（3）资源环境和经济社会效益

该项目通过采用低氮燃烧器和 FGR 炉内脱硝技术控制氮氧化物的生成。通过燃烧器的优化设计，使火焰与炉膛结构匹配，减少氮氧化物的产生；采用分段送风分级燃烧技术，将炉膛分为贫氧燃烧区和富氧燃烧区两个区域，通过高温贫氧燃烧和低温富氧燃烧保证燃料的燃尽和较低的氮氧化物生成量；独特的燃烧温度控制技术使燃料控制在 1200℃以下燃烧，抑制热力型氮氧化物的生成。锅炉氮氧化物达标排放，排放浓度小于 100 mg/Nm^3，具有以废治废、能耗低、无需脱硝剂和催化剂、无二次污染等优势。

系统设备采用先进的双层涡轮湿法脱硫工艺，烟气在进入设备后经 2～3 级喷淋进行一次除尘、脱硫预处理，除尘脱硫效率可达 60%～80%。湿烟气经上一级双层涡轮装置进行二次除尘、脱硫处理，利用高速旋转上升的烟气旋切从容器上端流下的碱性溶液，气液充分混合，形成稳定的乳化液。由于乳化液中液粒的比表面积比水膜脱硫、喷淋脱硫法液粒的比表面积大数倍至数十倍，同时烟气旋转上升延长了与气液混合时间，因此反应效率显著提高，脱硫、除尘效率达 96% 以上，二氧化硫达标排放，排放浓度小于 50 mg/Nm^3。

烟气在经过乳化液层时，烟气中的粉尘也同时与乳化液接触由乳化液吸收带走，达到进一步除尘的效果。经过涡轮装置后，烟气再经设备顶部除雾器进行脱水处理。经除尘脱硫塔除尘脱硫的烟气进入湿式电除尘器进行三次除尘处理，最终烟尘达标排放，排放浓度小于 10 mg/Nm^3。

该系统采用钠钙双碱法脱硫，脱硫剂（采用氢氧化钠和粉煤灰溶于水产生的氢氧化钙）和烟气中的硫进行反应生成硫酸钠和硫酸钙。双管旋涡脱硫塔和粉煤灰作为脱硫剂的脱硫技术是永恒能源的专利技术，具有脱硫效率高、液气比低、能耗低、以废治废、变废为宝等优点。

设备全套采用不锈钢产品，在可靠性、耐磨、耐高温、耐腐蚀、防垢、防堵、防烟气带水、系统节能方面具有较大优势。

该项目采用设计—采购—施工 + 托管（Engineering Procurement and Construct）商业模式，由永恒能源负责设计、设备采购、施工、安装和调试，竣工验收移交完成后与客户签订项目托管合同，对项目进行运行托管。项目购销合同总额 750 万元，托管合同实行一年一签。该项目投资全部为自有资金。

项目使用原有一次管网为居民楼直供热，未对一次管网和室内末端进行改造。年燃料费 456 万元；水费（0.02 t/m^2）3.54 万元；电费（1.515 kW·h/m^2）131 万元；供暖期人工成本 27.5 万元；以 10 年计算折旧，年折旧 75 万元；物料及维修年成本 14.96 万元。单位面积运行费用 20.32 元/m^2·年，供热收费价格：23 元/ m^2（含税，政府未补贴）。

每年供热季供热 130 天，平均室温 20℃~23℃，设备运行稳定。

（4）企业简介

福建永恒能源管理有限公司系“清洁热能整装系服务运营商”、国家高新技术企业，成立于 2010 年。公司致力于以 EMC、EPC、PPP、BOT 等商业模式为用户提供节能咨询、诊断、设计、融资、改造、托管等“整装系”综合服务（包括企业定制供热、园区集中供热、城镇集中供暖、热电联产、农林畜牧业固废资源化能源化综合处理处置项目），热能供应项目点覆盖闽、冀、鲁、豫、陕、宁、浙等多地。公司拥有 10 项发明专利，24 项实用新型专利，技术成果在行业中处于先进水平，其中自有技术“生物质炭粉 & 污泥粉 & 燃气多用燃料除尘脱硝、脱硫、脱白烟一体化高效环保锅炉系统技术”获“国家发明专利技术二等奖”。公司秉承节能与环保并行的综合管理理念，把企业发展方向与国家战略导向有机结合，致力于推动绿色生态建设和谐发展。在国家十三五规划生态环保战略框架下，公司将重点推行“清洁能源技术＋系统＋平台＋资本”综合发展，助力国家实施“碳足迹计划”。

9. 北京亿玮坤公司的邯宝钢铁高炉余热集中供热项目

关键词：工业余热、高炉冲渣水、烧结烟气、余热集中供暖

（1）项目概述

河北钢铁集团邯郸钢铁集团有限责任公司（以下简称邯钢集团）1958年建厂，现有总资产959亿元，职工2.3万人，是河北钢铁集团核心企业，拥有集钢铁深加工、高效节能环保为一体的全流程装备集群，具备年产1300万吨优质钢综合生产能力，是我国重要的优质板材和优质型棒线材生产基地。2007年12月，邯钢集团和宝钢集团各出资50%组建邯宝钢铁有限公司（以下简称邯宝），年产460万吨精品板材钢。

邯宝高炉冲渣水及烧结烟气余热再利用项目于2017年7月启动，通过与北京亿玮坤节能科技有限公司（以下简称亿玮坤）签署合同能源管理合同，实现邯宝高炉冲渣水及烧结烟气余热的再利用。项目于2017年11月实现向外部热力公司供暖，总供热面积300万m^2；于2018年4月实现焦化热水溴化锂制冷，为邯宝焦化厂供冷。

（2）技术要点

邯郸冬季室外平均温度－2.0℃，极端最低温度－19.0℃。

邯宝高炉冲渣水及烧结烟气余热再利用项目余热回收装置工艺流程如图7－18所示。根据余热热源品质梯级提温，实现余热最大程度回收利用。采暖水回水先经过高炉冲渣水、冲渣乏汽一次提温至70℃左右，再通过烧结烟气、环冷热风等进行二次提温，对采暖回水进行逐级加热。同时建有蒸汽换热站，备用蒸汽热源。最终供水温度85℃~90℃。

高炉冲渣水、高炉冲渣乏汽、烧结机环冷热风、饱和蒸汽等余热热源总热负荷为146.85 MW（见表7－3），供水流量3300 m^3/h，系统合能效比为46.8。

表 7－3　邯宝高炉冲渣水及烧结烟气余热再利用项目余热热源热负荷

序号	项目名称	供求热量（MW）	供水量（m^3/h）	温度（℃）
1	高炉冲渣水及乏汽余热	76.85	3299	70
2	烧结环冷	40	1654	90
3	蒸汽	30	1290	90

余热回收系统设备机房占地总面积 1000 m^2，由换热系统、过滤系统、阻垢设备、烟气回收系统、乏汽回收系统、智能温控装置、智能电控装置、动力循环系统等组成，其中：

1）高炉冲渣水余热回收系统建有 2 座换热站，主要设备包括冲渣过滤机组 4 台（单台过滤器过滤能力 650 m^3/h）、冲渣水专用换热器 4 台（单台功率 12 MW）、过滤器配套设备、防结晶阻垢设备、水泵阀门系统设备、仪表系统设备和电控系统设备等。冲渣水进回水温度 75/55℃，采暖水供回水温度 70/50℃，采暖水单台流量 430 m^3/h。冲渣水均流泵、冲洗泵均为变频，3 用 1 备。

2）高炉冲渣乏气余热回收系统建有 4 座换热站，主要设备包括成套乏气回收机组 4 套、过滤器 4 台（单台过滤器过滤能力 18 t/h）、换热器 4 台（单台功率 12 MW）。乏汽温度 97℃，乏汽冷凝温度 75℃，乏汽设计流量（1 号机组 14.5 t/h，2 号机组 13.1 t/h），采暖水供回水温度 70/50℃。

3）烧结环冷热风余热回收系统于烧结环冷机附近建有 2 座换热站，其中：

1 号、2 号烧结机环冷热风 3 段设换热器 2 台（单台换热器功率 7 MW），烧结热风进气温度 200℃、排风温度 90℃，单台设计热风流量 200000～250000 Nm^3/h，单台设计循环水流量 276 m^3/h，采暖水供回水温度 90/70℃。

1 号、2 号烧结机环冷热风 4 段换热器设换热器 1 台（功率 8 MW），烧结热风进气温度 150℃、排风温度 90℃，设计热风流量 200000～250000 Nm^3/h，设计循环水流量 304.3 m^3/h，采暖水供回水温度 90/70℃。

4）蒸汽换热系统建有 1 座换热站，设换热器 2 台（单台换热器蒸汽流量 20t/h）、蒸汽温度 170℃、蒸汽压力 0.8 MPa，供暖水循环水量 645 m^3/h，供暖水供回水温度 90/70℃。换热器换热功率 40 MW，单台换热器

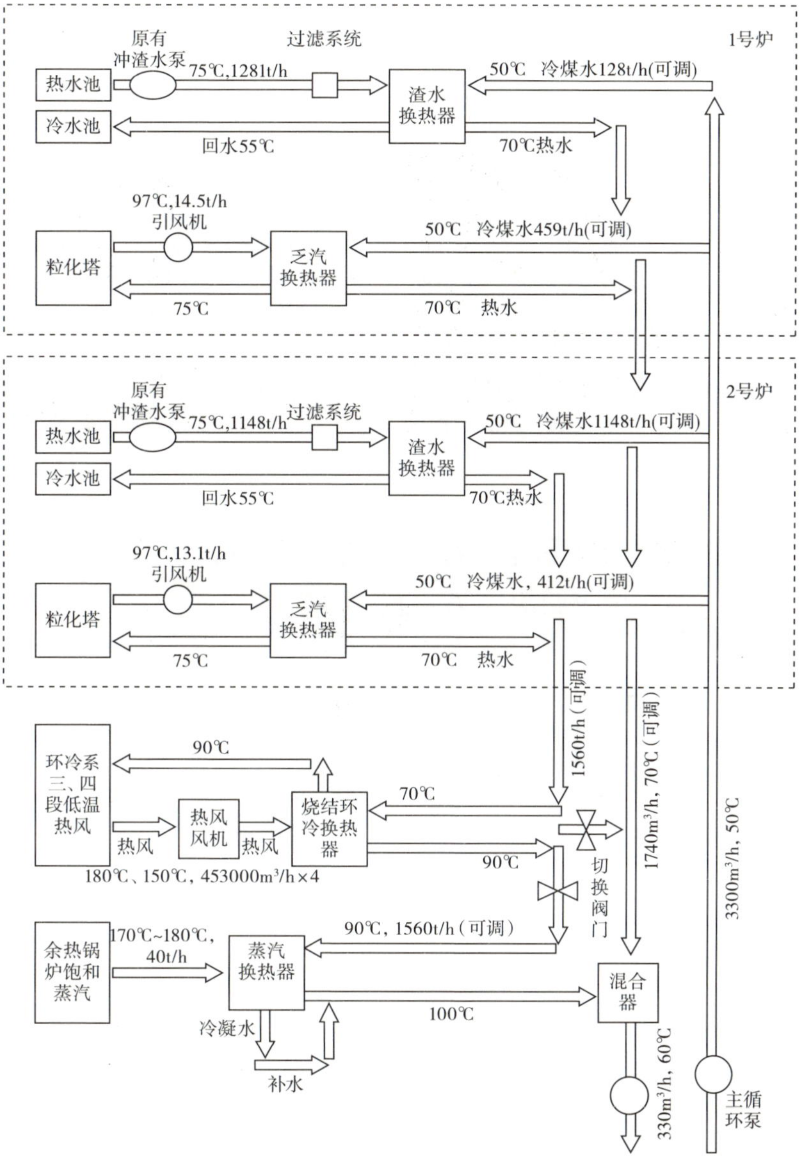

图 7－18 邯宝高炉冲渣水及烧结烟气余热再利用项目余热回收装置工艺流程图

换热面积 230 m^2。

5）采暖循环系统建有一座换热站，其中：

一级循环泵功率 160 kW，扬程 40 m，流量 1000 m^3/h，变频控制，3

用1备。

二级循环泵功率200 kW，扬程50 m，流量1000 m^3/h，变频控制，3用1备。

图7－19　邯宝高炉冲渣水及烧结烟气余热再利用项目烟气换热设备、循环水泵

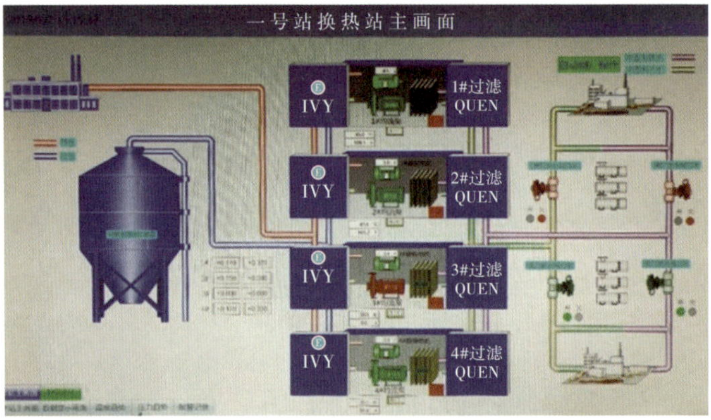

图7－20　邯宝高炉冲渣水及烧结烟气余热再利用项目1号换热站主画面

该项目主要燃料、动力为电力：708 MW·h/年，其次为蒸汽：115000吨/年。

为节省建设投资，小于75kW泵电机采用常规的接触器控制MCC，大于等于75kW电机采用软启动器控制，实现本地及远程启动停止控制，远程控制信号来自相应区域的自动化PLC系统。

该项目所采用的余热回收综合利用换热站技术目前在国内已经相当成熟，适用于钢厂冲渣水、烧结烟气余热再利用集中、分布供暖。

（3）资源环境和经济社会效益

依据邯郸地区的气象条件、经济条件，结合建筑节能有关应用技术及做法，该工程建筑物采取了多项节能措施：墙体材料采用加气混凝土砌块；在满足采光的前提下，降低窗墙面积比，符合《公共建筑节能设计标准》（GB 50189—2015）要求；生产车间采用排管型散热器采暖，办公室、操作室采用柱型散热器采暖。

该项目利用工业余热为厂区及市政居民区约 300 万 m^2 建筑供热，每年可替代燃煤 51800 吨标煤，减排二氧化碳 134680 吨、二氧化硫 854 吨、氮氧化物 808 吨、粉尘 497 吨。

商业模式采用合同能源管理模式。依据项目合同，亿玮坤负责工程设计、供货、施工、调试、试运行、性能测试、达标达产、达标达产后风险分析及消除风险的工程技术措施、消缺、相关证照的办理、运营和最终交付等所有工作，同时负责对邯宝运行及维护人员进行培训。

项目合同期 10 年，合同总额 1. 2 亿元，全部由亿玮坤自筹。投资回收期为 5. 7 年。每年供热天数 120 天，平均室温 21℃。单位面积供热成本为 6. 1 元/m^2·年，收取用户价格为 25 元/ GJ。

邯宝年度效益为 2111 万元，包括年采暖季外送热力管甲方收益 1603 万元、年碳排放交易甲方收益 208 万元、上年度乙方消耗动能费用和年制冷季甲方收益 295 万元等。效益分享期 10 年内邯宝总效益达 2. 1 亿元。亿玮坤年度收益为 503 万元，包括年碳排放交易乙方收益 208 万元和年制冷季乙方收益 295 万元。

（4）企业简介

北京亿玮坤节能科技有限公司成立于 2010 年 8 月，依托北京科技大学，是国家高新技术企业，注册资金 5000 万元，员工人数 98 人，研究人员约占公司全员 38% 以上。自成立以来公司已获得自主产权共计 14 项，其中授权产权 13 项；软件著作权 1 项；授权发明 2 项；实用新型专利 10 项。通过创新技术和专利产品的实际转化应用，共应用项目 40 余个，获得专项支持基金 2 项。公司的业务主要涉及冶金行业低温余热回收供暖、余热制冷、余热海水淡化及余热发电等。目前公司在高炉冲渣余热利用、低温烟气余热利用方面拥有国内最成熟的技术，已在天津、河北、辽宁、山东、山西、黑龙江、内蒙古、河南、江苏等多地成功应用。

10. 琦泉集团的河北大城生物质热电联产集中供热项目

关键词：生物质发电、余热供暖、产业惠民、精准扶贫

（1）项目概述

河北省大城县地处京津走廊，是北方最大的古典红木家具生产基地，生物质发电资源丰富，区位优势明显。大城琦泉生物质发电项目以大城县本地农作物秸秆和林业废弃物为燃料进行直燃发电，产生的余热为周边居民供暖，产生的蒸汽为周边工业企业供汽。每年可燃用农林秸秆 56 万吨，替代燃煤 18 万吨标煤，提供绿色电力近 4 亿 kW·h。该项目于 2016 年 11 月首次给大城县城 50 万平方米供暖，当年替代供暖燃煤小锅炉 11 台，结束了大城县立县以来无集中供暖的历史。项目采用 PPP 模式建设热水管网及换热站。目前总供热面积 110 万 m^2，远期总供热面积将达 322 万 m^2。

（2）技术要点

大城县城室外平均温度 11.9℃，极端最低温度 -20℃。大城琦泉生物质发电项目位于河北省大城县现代制造业产业园内，总占地面积 210 亩，建有 130 t/h 链条炉排锅炉 2 台，30 MW 汽轮机发电机 2 台，配套的秸秆收集、打包、储运、破碎等辅助建设设施和年产 30 万吨的成型燃料加工厂。

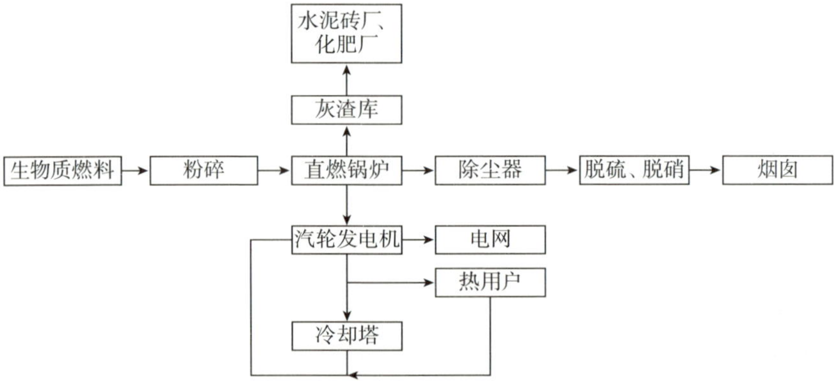

图 7-21　大城琦泉生物质发电项目系统工艺流程图

将生物质燃料烘干粉碎后按精准掺烧配比送入锅炉直燃发电，采用循环水余热供暖，将汽轮机排汽余热充分利用效率可达90%。供暖水泵采用变频技术，根据供水压力、流量及时调整。供回水温度为53/43℃，流量为3000 m^3/h，最大流量为7000 m^3/h。

低成本燃料烘干技术缩短了燃料干燥时间，较传统烘干方式成本大幅降低，大约是原来的二十分之一。模块化烘干只需3~5天即可将燃料水分降低至30%左右，解决了入炉燃料水分过高的生物质发电行业核心难题，使锅炉运行更加平稳，机组连续运行过百天已成常态。

公司遵循“安全第一、预防为主”的方针，一把手亲自抓防火安全，并形成长期有效的管理机制。制定了料场火情处置预案，通过自动化手段实时测量垛温，有效防控，及时预警，同时每三个月举行一次防火疏散演习活动。公司将燃料管理作为业绩评比重要指标。

燃料收购多元化、属地化，充分考虑当地燃料供给状况，因地制宜开发新的燃料品种，建立相应的收购机制，与当地农民共同合作成立燃料收购合作社，确保生物质燃料供应充足。开展结算、质检、化验、卸车清理等全方位服务，设立服务品牌卡，最大限度地让客户满意。划分燃料质量，做牌上墙，配图注解，让客户一目了然。水分化验、质检扣杂结果及时传递。坚持“你用暖，我用心”，以市场和客户为导向，严格执行一口对外、首问负责、一次告知、限时办结制度，做好业扩报装、供暖质量、

图7－22 大城琦泉生物质发电项目

营业厅服务、故障抢修、投诉举报等工作，加强服务协同，不断提高供暖服务质量和客户满意度。

该项目适合具有生物质资源优势的县、乡镇、村及县、乡镇工业园集中供热、供汽，供暖面积越大越有优势。考虑公共配套及供热负荷，工厂原则上应建设在用热负荷中心，如县级工业园。

（3）资源环境和经济社会效益

生物质燃料电厂利用农林废弃物直燃发电，余热供暖，所用农林废弃物是农林生物质五种处理方式“肥料化”“饲料化”“基料化”“原料化”“能源化”中前四化不可再利用或剩余的部分。由于目前生物质原料的收集、储存、烘干技术以及清洁供暖的工艺技术、设备、环保等已都完全成熟，因此直燃生物质热电联产集中供暖不仅使散落在农村各处的农林废弃物变废为能，而且从根本上杜绝了令政府、农民都头痛的秸秆禁烧难题，避免了大气污染和对农田的潜在危害。同时利用发电余热集中供暖又替代了众多燃煤取暖小锅炉，避免了相应的煤耗与大气污染，具有良好的能源、环境、资源效益。

该项目根据大城县及周边生物质资源特点，因地制宜地采购大柳河树皮、秸秆、中药渣、玉米芯、模板、树根、林木果枝等农林废弃物，每年可燃农林生物质56万吨，替代标煤18万吨，可减排二氧化碳44万吨、二氧化硫2970吨。

目前项目集中供暖的110万m^2涉及16个燃煤小区，已替代17台燃煤小锅炉，每年供暖季替代标煤6万吨，减排二氧化碳15万吨、二氧化硫990吨。

此外，琦泉集团充分利用生物质燃烧发电剩余底渣，利用其粘性制成环保新材料，广泛用于海绵城市、污水处理厂、河道护坡、生态湿地等领域；燃灰赠送农村做钾肥还田，为农作物增加养分，驱虫避害。

该项目热源投资6亿元，一次管网投资1亿元，二次管网投资5000万元，单位供热面积建设费用89.34元/m^2。投资回收期为30年。

单位供热面积运行费用为21元/GJ，供热120天，平均室温21℃~

图 7－23 大城琦泉生物质发电项目田间秸秆收集

23℃。设备稳定但供热不经济，负荷面积 322 万 m^2，现缴费面积 77 万 m^2。单位取暖费成本为 20.35 元/m^2（使用面积），居民用户收费价格为 19.5 元/m^2，非居民用户收费价格为 29 元/m^2。

琦泉集团秉持“做企业勿忘做公益、创效益勿忘惠民生”的发展理念，积极联系各镇（街）设立秸秆收购站点，形成了“公司＋镇(街）＋行政村＋秸秆存放点”的收储模式，与运送秸秆的农户签订收购协议，发展经纪人队伍，加深与当地农民的合作与联系，鼓励更多的农民把秸秆交售到公司来，切实增加农民的额外收入。通过琦泉“互联网＋”的燃料收储新模式——柴火社 APP，农民用手机就能解决生物质能源最初离开田间地头 5 千米的问题，给大家带来便利的收储体验。

与琦泉集团的其他电厂一样，该项目投产后即与县扶贫办选择的 100 户贫困户签署协议，按照每户每月提供 1 吨秸秆，企业每年一次性支付 3600 元，并建档立卡、持续跟踪，带领贫困户走上了可持续发展的脱贫致富之路。

（4）政府支持

作为 2016 年大城县重点项目及民生工程，县委、县政府全力支持项目建设，专门设立大城供暖小组对项目的手续办理和工程建设进行协调。

河北省财政厅、廊坊市财政局、大城县人民政府为切实做好清洁供暖工作，下发通知对冬季清洁取暖试点给予补助。作为廊坊市唯一一项以生物质发电余热为热源的绿色能源项目，大城琦泉获得了“廊坊市清洁供暖补助资金”1000万元，不仅缓解了企业的资金压力，更坚定了企业发展生物质热电联产的信心。

（5）企业简介

琦泉集团始创于1989年，是一家以生物质热电联产为主营业务，兼营电力建设、环保制造、融资租赁和通用航空等业务的综合性企业集团。拥有下属公司40家，其中发电公司19家，分布在全国6个省、14个地市，总装机超90万kW，员工3000余人，拥有260多项专利技术，已逐步发展为生物质发电装机容量山东第一、全国第三的新能源企业。先后被授予国家级“生物质能供热示范企业”“高新技术企业”“资源综合利用企业”“循环经济示范企业”等多项荣誉称号。

大城琦泉生物质发电项目是山东琦泉集团下属的第五个生物质发电项目。作为“大城县十大民生工程”之一，该项目的建设有效解决了当地能源短缺、环境保护、农民增收三大问题，实现了国家、地方、农民、企业多赢。

11. 北京中能北方公司的农村生物质炊事取暖炉项目

关键词：农村清洁取暖、生物质燃料、生物质炉具、炊事、取暖、全产业链

（1）项目概述

河南省鹤壁市淇滨区2300户生物质颗粒分散式清洁供热项目，总供热面积18.4万m^2，建筑面积30万m^2。湛滨农宅房屋分散，多为砖混结构，层高墙薄，保温较差，室内末端用热形式为暖气片。改造前农户取暖主要依靠燃烧木柴、玉米芯和煤炭，污染排放较大。

北京中能北方科技股份有限公司（以下简称中能北方）采用生物质全产业运营服务模式，就地发展农村生物质秸杆收储运、秸秆颗粒加工，因地制宜研发、生产适用于鹤壁市农村现状的生物质颗粒炊事采暖两用数字化成型炉炉具，提供户内供热末端暖气片系统安装调试、燃料供应、供暖售后服务等成套服务，改变了农村散煤燃烧等传统的取暖和炊事方式。

鹤壁市“清洁供、节约用、投资优、可持续”的清洁取暖建管模式，在成本可控前提下提供了最优解决方案，值得借鉴。在2018年首批冬季清洁取暖试点城市年度考核中，鹤壁市荣获了综合考评全国第一的好成绩。

（2）技术要点

中能北方生物质成型燃料收储加工工艺流程如下：秸秆收割→打包→包捆运输→收储→晾晒→破碎→分离筛选→烘干→除尘→加压成型→成品颗粒装袋。

图7－24 秸秆收、储、运、加工工艺流程

使用秸秆收割机每小时可收集秸秆5亩以上，每亩地可收350～400kg秸秆。打捆机每亩可打捆25～30个包，每包重量大约15～20kg，每包外观尺寸50×40×40cm。打捆后的秸秆使用农用拖拉机装运至晾晒厂进行晾晒，秸秆经过晾晒3～5个月自然风干，含水量达到12%～15%后，进行秸秆颗粒燃料加工。每座生物质颗粒加工厂及晾晒场占地面积1.4万m^2，年产4000吨。

图 7－25 “中能北方”生物质炊暖两用炉及暖气片

中能北方生物质炊事取暖炉（规格型号：ZNBF－CN24.0）单台炉具占地总面积 0.5 m^2，供热设施和面积匹配良好，可满足 120 m^2 供热需求（用户平均供热面积 80 m^2）；设备稳定性好，制热量 24.0 kW，供回水温度 80/50℃，平均室温 16℃~20℃；工作压力为常压；综合热效率 80.4%，适用于严寒和寒冷地区、北方农村及偏远山区的民用建筑。

炊事取暖炉炉面设有自动进料口，一次投料 30 千克，可不间断低速自动供料。自动打火后小火可连续烧 30 多个小时。炉壁大水箱与各房间的暖气片连通。炉壁外面装有按键和显示屏，可选择点火、停炉、大火、中火、小火等按键，也可按下“自动”键由程序自动调节室温。炊事采暖炉具一键式操作，方便村民，留守家庭老人、儿童可独立使用，避免了因操作失误造成设备故障或经济损失。

中能北方为了更好地服务于农村生物质秸秆清洁取暖，专门成立了鹤壁中能北方新能源科技有限公司，在鹤壁当地建立秸秆收储和秸秆颗粒加工厂，确保生物质颗粒燃料的就地生产与持续供应，同时开启鹤壁市生物质秸秆收储运、颗粒加工、生物质炉具等全产业链的特许经营试点建设工作。

为确保清洁取暖工作的实施进度和工作过程的“可视可控”，鹤壁市建立了清洁供暖统一服务平台，各级政府人员可通过手机端实时查看区域分布安装概况、售后服务、后续运行及能效监控等信息内容，实现了农户设备数据的远传远控，并建立乡村两级服务站点网络，及时解决维护维修问题，形成清洁取暖全覆盖的服务体系。

（3）资源环境和经济社会效益

鹤壁市农业发达，秸秆充足，生物质资源每年 25 万~30 万吨。中能北方生物质颗粒加工厂以当地玉米和小麦秸秆、花生壳及城市园林剪枝等农林废弃物为原料，生产加工生物质颗粒燃料，供附近农户使用，实现了原料就近收集加工、就地转换、产品就近消费。既解决了燃料供应问题，又降低了村民将自家秸秆送至加工厂的燃料运输成本。

中能北方生物质炊暖两用炉以生物质颗粒为燃料，在常规采暖炉基础上增加了炊事功能，可满足用户日常生活的需求。炉内安装有自动点火装置，启停操作简便。灶台燃烧可调，通过进料速度和送风速度分档调节灶台火力，既便于炊事又确保不同燃烧条件下烟气排放达标，避免燃料燃烧不充分造成烟气排放超标。生物质颗粒燃烧后，烟气经过折流回程，在烟道内充分换热，提升炉具效率。同等出力情况下，节省燃料 30% 以上。炉内设有大型储灰室，确保夜间持续燃烧的炉灰有足够的存储空间。炉具设计使用年限高达 10 年。

生物质炊事取暖炉炊事火力强度 2.0 kW，清洁环保，烟尘排放≦30 mg/m^3，二氧化硫排放≦10 mg/m^3，氮氧化物排放≦150 mg/m^3，一氧化碳排放≦0.1%，林格曼黑度≦1 级。

该项目 2300 户炉具及安装投资 1290 万元，生物质燃料收集储藏及颗粒加工厂建设投资 400 万元，均为企业自筹。

初装费用和运行费用与农民家庭相适应，与使用散煤相比，费用差距不大。冬季供暖期（120 天）采暖实际总消耗量为 18 ~ 20 元/m^2（生物质燃料费用），单位供热面积折合标煤 15kg/m^2。单台炉具市场价 6500 余元，政府补贴后村民仅需承担 1000 元即可获得 1 台炉具和 1 个房间的暖气片。

（4）政府支持

2017 年，鹤壁市经过竞争性评审成功入选国家首批冬季清洁取暖试点城市，每年可获得中央财政专项补贴 5 亿元，用于主要技术路线（低温空气源热泵热风机、生物质炊事取暖炉与建筑能效提升改造）的实施。

鹤壁市政府坚持“企业为主、政府推动、居民可承受，运行可持续”的工作原则，提出农村清洁取暖“六个一”建设标准：一是一个村明确一个清洁取暖技术路径和品牌产品；二是遵循一套技术标准；三是户均清洁取暖改造费用控制在 10000 元左右，用户、政府均可承受；四是户均取暖季运行成本控制在1000元左右，农民可承受，项目可持续、易推广；五是取暖设备实现一键化操作，方便老人、儿童的日常生活；六是实现一个平台服务，实现农户设备数据远传远控，提升项目管控效率。

鹤壁市政府诚邀中能北方等合作运营服务商全面负责技术路线项目实施落地，主要内容包括政策实施调研、宣传、方案设计、设备采购、安装服务、售后服务等的总体打包运营服务。在推广安装生物质炊事取暖炉的同时，政府还将规划多个产量4000吨/年的燃料颗粒加工厂配套建设，确保用户燃料充足供应。燃料供应可采取先期购买、后续置换等多种灵活方式。

鹤壁市采取“补初装不补运行”的财政补贴机制。财政资金只补贴清洁取暖改造的初期投资，对取暖运行不再补贴。居民户均投入、财政补贴分别占初期投资的25%和75%。这种补贴模式既发挥了市场在资源配置中的决定性作用也符合当地的发展实际，获得了广大村民的认可。

（5）企业简介

北京中能北方科技股份有限公司成立于2007年，总部位于北京市大兴区。主要业务包括城镇供热投资运营（BOT/TOT/PPP），供热系统合同能源管理（EMC），智慧供热整体解决方案（管理信息化、运行智能化、平台协同化），精细供热与节能管理技术（精细规划、精细设计、精准选型、精细施工、精细运行、精细调控），清洁能源供热与多能互补的能源互联网建设（热电联产、生物质产业链、燃气、绿电、太阳能、地热、工业余热），锅炉低氮解决方案（低氮冷凝锅炉、低氮燃烧器）；供热研究、咨询、培训与技术服务，供热工程的方案设计、施工管理、运行维护等服务。业务覆盖北京、天津、河北、河南、山东、山西、甘肃、宁夏、新疆、内蒙古、辽宁、吉林、黑龙江等地，2017年底直接及间接投资额累计8.2亿元，供热技术服务面积达到2200万平方米。

12. 合肥德博公司的黑龙江庆安生物质联产炭、电、热项目

关键词：生物质气化、联产炭/电/热、下吸式固定床气化炉、余热锅炉、蒸汽供暖

（1）项目概述

庆安双洁天然食品有限公司（以下简称庆安双洁公司）坐落于黑龙江

省绥化市庆安县久胜镇内，周边生态环境优越，是种植绿色水稻的绝佳之地。公司以粮油生产、经销为主营业务，采购优质无公害的水稻，引进世界先进的现代化大米精加工生产线，年生产加工能力达 30 万吨，“双洁”牌大米远销全国各地。

黑龙江庆安生物质气化联产炭、电、热项目位于庆安双洁公司厂区内，采用合肥德博生物能源科技有限公司（以下简称合肥德博公司）的生物质气化多联产工艺，生产生物质炭、电力和热能，其中生物质炭和电用于销售，热能用于厂区办公场所供暖。

（2）技术要点

项目主要设备总占地面积约 680 m^2，包括 1 台产气量为 3000 Nm^3/h 的下吸式固定床气化炉、1 套燃气净化系统、1 台 500 kW 内燃发电机组和 1 台额定蒸发量为 1 t/h 的余热锅炉。气化炉出口的燃气增压风机、炉排电机和炭冷却绞龙输送机等为变频设备。

稻壳等生物质原料由加料系统送入气化炉与空气反应生成燃气；燃气经冷却、除尘、除焦油后，进入内燃机发电机做功产生电能；发电机尾气通入余热锅炉生产蒸汽，用于厂区内办公场所供暖。

设备每小时消耗约 1800 kg 稻壳等生物质原料，产生 540 kg 的生物质炭和约 1900 Nm^3的洁净燃气，燃气发电功率为 500 kW。内燃机尾气温度在 500℃左右，通入余热锅炉每小时可产生约 0.6 t 蒸汽。系统综合能效比为 55%。

该系统无特殊地域、气候要求，只要周边生物质资源量满足项目消耗即可。系统全年运行时间大于 7000 小时。系统在余热锅炉水冷管束前同时设有备用燃烧炉，可直接接入生物质燃气、天然气等其他燃料。系统突发故障时，可直接利用其他补充燃料燃烧产生高温烟气并回收热量供暖，以保证供暖的稳定性。

合肥德博公司提供整套技术服务，包括项目维护、改造、备件制造等。公司项目提供全年 24 小时电话服务，并提供各专业的技术工程师负责进行现场技术支持和售后服务工作，工程师现场服务视项目地距离 48～96 小时内到达现场。

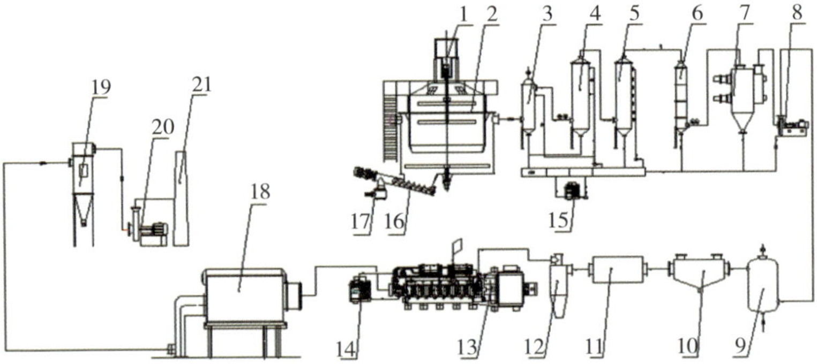

图 7-26　生物质气化联产炭、电、热项目工艺流程图

（注：1. 拨料器；2. 气化炉本体；3. 一级喷淋塔；4. 二级喷淋塔；5. 旋流塔；6. 净化塔；7. 燃气增压风机；8. 干式过滤器；9. 缓冲罐；10. 碰撞除焦器；11. 冷凝器；12. 气液分离器；13. 内燃发电机组；14. 发电机冷却塔；15. 冷却塔；16. 螺旋输送机；17. 星型卸料器；18. 余热锅炉；19. 除尘器；20. 锅炉引风机；21. 烟囱）

图 7-27　黑龙江庆安生物质气化联产炭、电、热项目实景

（3）资源环境和经济社会效益

德博生物质下吸式固定床气化发电多联产系统以稻壳、果壳等生物质为原料，气化后的稻壳炭含碳量为 45%～50%，可用来生产炭基复合肥或者直接作为钢铁厂的保温材料出售。气化后的果壳炭含碳量为 80%～85%，可采用物理法生产高品质活性炭。燃气冷却净化过程中的生物质提取液溶入循环水中，随着系统的不断运行浓度不断提高，当提取液达到出售浓度时即可用于生产叶面肥。生物质气化后的燃气可直接送入锅炉、窑炉燃烧生产蒸汽或为窑炉提供热源。内燃发电机组排烟尾气可生产蒸汽或热水，或者用于物料的烘干、制冷。生物质气化后的燃气经冷却净化后可作为居民的生活用气。

按年平均运行时长6500小时计，该项目年消耗生物质12000吨，年节省标煤5400吨，年减排二氧化碳14000吨。

该项目由庆安双洁公司投资、建设并运营。设备、土建、厂房、蒸汽管网等共计投资820万元，其中320万元为公司自有资金，500万元来自银行贷款。投资回收期为5年。供热及运行费用包括燃料费、水电费、人工费、固定资产折旧、其他费用等，年运行成本费用为550万元。每年得到的生物质炭和电力对外销售可实现收入710万元，年净利润可达160万元；产生的蒸汽用于厂区供暖，每年可节约100万元左右采暖费用。

（4）政府支持

合肥德博燃煤机组耦合生物质气化发电技术荣获“湖北省荆门市科技发明二等奖”；生物质气化多联产技术荣获“安徽省合肥市科技进步二等奖”；农林剩余物气化关键技术创新及产业化应用获得国家林业和草原局颁发的“梁希林业科学技术一等奖”；生物质气化烧锅炉、燃煤耦合生物质气化发电、生物质气化多联产入选“中国农业循环经济创新技术（产品）”，在行业内开创多个第一。

（5）企业简介

合肥德博生物能源科技有限公司是一家集生物质气化产品研发、生产、销售、工程建设、项目运营于一体的国家高新技术企业，公司在生物质气化多联产技术、燃煤机组耦合生物质气化发电技术、生物质气化合成天然气技术等领域处于行业领先地位，拥有相关专利近百项，目前国内外已有百余套成功案例，产品远销欧美多个国家。公司新开发的一步法活性炭燃气联产项目，燃气价值完全覆盖成本，实现了活性炭零成本生产，彻底改变了活性炭行业高耗能、高成本的状况。

13. 日出东方康索沃公司的青海三力太阳墙供热项目

关键词：太阳能、太阳墙、分散式供热、经济适用、新风加热、冬暖夏凉

（1）项目概述

青海三力新能源技术有限公司（以下简称青海三力公司）成立于1999年，主要从事太阳能、空气能等清洁能源的产品研发、生产、销售以及绿色建筑评价和节能服务。公司位于青海省西宁市城北区青海装备制造配套产业园内，单座厂房，钢结构，改造前外墙采用10厘米泡沫夹芯板，室内采暖末端为散热片，燃气锅炉已停用，无采暖。

青海三力公司厂区太阳墙项目总供热面积2000m^2，采用江苏日出东方康索沃太阳墙技术有限公司（以下简称日出东方康索沃）太阳墙系统采暖通风，室内冬暖夏凉，经济适用，兼具建筑外部装饰作用。

（2）技术要点

太阳墙是太阳能空气加热系统，通过向室内输送热风，实现供暖、新风加热和建筑保温。冬季运行时，室外空气通过太阳墙板微孔进入空腔，控制系统根据温度和风量的变化控制风机运行，将加热后的空气送入室内，起到供暖和换气双重功效。夏季运行时热空气通过排风系统自然排出，太阳墙起到遮阳作用减少了建筑负荷。2014年，太阳墙与蒸汽机、电灯、汽车、电脑等一同被美国机械工程师协会（ASME）评为过去两个世纪最有意义的80件发明之一。

太阳墙系统主要由太阳墙板、支撑框架、送风系统和控制系统组成。太阳墙板具有高效双面层，其独有的微孔技术将太阳能转化为空气热能，光热转化率高达80%。支撑框架由龙骨、包边等部件组成，将太阳墙板与原有墙体结合在一起，形成特定尺寸的空腔。送风系统将被加热的空气按照需求送到室内相应区域。控制系统按照设定程序和参数控制送风系统的启停和风量。

西宁市区采暖季室外平均温度－1.3℃，极端最低温度－24℃。青海三力公司太阳墙项目采用太阳墙闭式循环供热系统，SEW150型太阳墙外墙

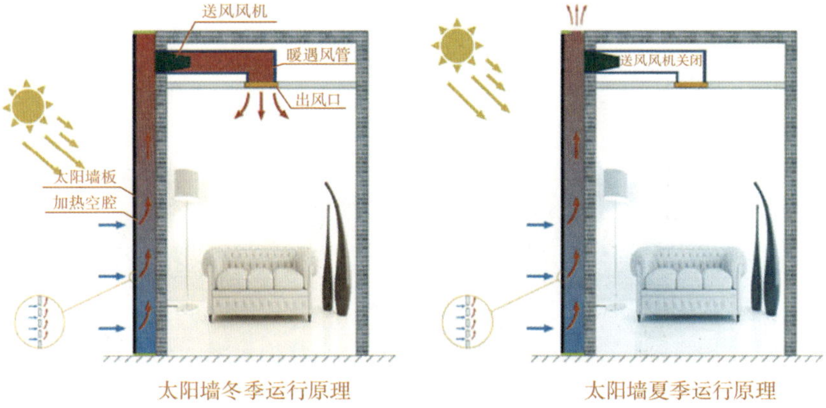

图 7－28　太阳墙运行原理

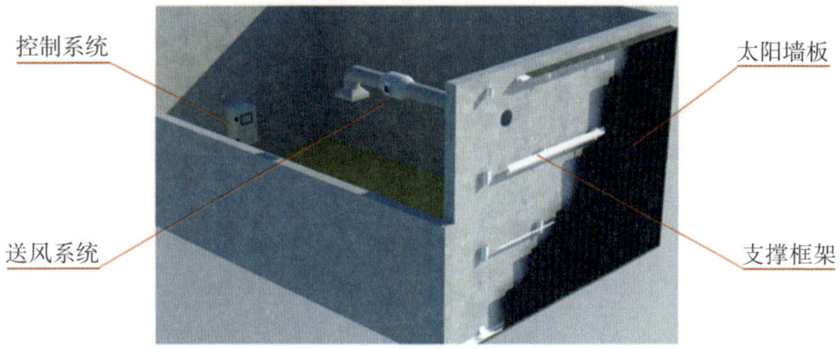

图 7－29　太阳墙系统结构

总成 400 m^2，风机风量为 8000 m^3/h 4 台，Φ500 mm 布袋风管 140 m，控制柜 1 台。设备无需用机房，太阳墙系统安装在厂房南立面，自动控制，间歇性运行。

400 m^2 太阳墙系统一个采暖季可提供 20.5 万 kW·h（73.8 万 MJ）的热量。系统运行时空腔温度 45℃左右，出风口温度 25℃左右，室内温度 15℃左右，系统总风量为 32000 m^3/h。系统除风机外无其他用电部件，每台风机功率为 1.5 kW。

太阳墙系统适合在华东、西北、华北和东北等需要分散式供热的区域推广使用。

图 7－30　青海三力新能源技术有限公司太阳墙供暖项目

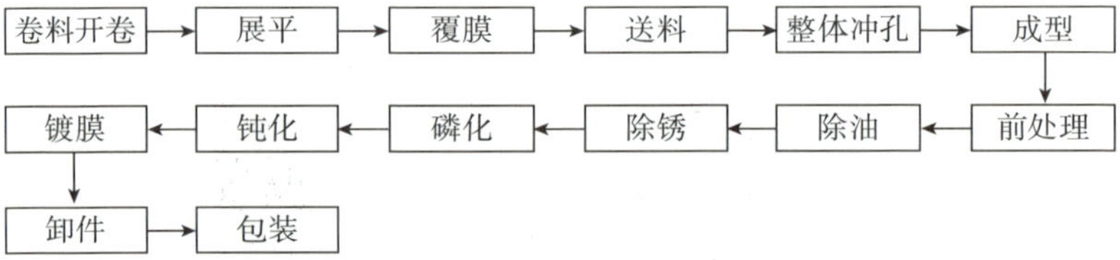

图 7－31　太阳墙外墙总成全自动生产线工艺流程图

（3）资源环境和经济社会效益

青海三力公司太阳墙系统面积和供热面积匹配合理，系统运行稳定，设备寿命长达30多年。西宁地区采暖季共六个月，平均室内供热温度可达14℃以上。采暖季风机每天耗电 42 kW·h。风机及控制系统年耗电量为7560 kW·h。

太阳墙可以最大限度地利用太阳能将其转换成热能，以热空气的形式传递到室内。与燃煤锅炉相比，每年减少燃煤消耗68 吨标煤，减排二氧化碳 178 吨、二氧化硫 580 千克、氮氧化物 510 千克、粉尘 250 千克、炉渣 19.8 吨。

青海三力公司太阳墙项目采用工程商代理模式，工程商投资做项目，日出东方康索沃提供技术支持。太阳墙系统初投资费用为32 万元，单位供热面积建设费用为 160 元/m^2，单位面积供热成本 4.2 元/m^2·年。以工业用电电费 1 元/kW·h 为参考，投资回报期为 1.5 年；以燃气费 4.2 元/m^3 为参考，投资回收期为 3 年。

太阳墙造价低廉，无需维护，微能耗，运行费用低。太阳墙采暖系统冬季以热风为供暖介质，安全可靠无冻堵，无需任何额外防冻措施。除风机外，系统无其他运动部件，运行稳定、故障率低。夏季热空气从排风口自然排出不会造成过热，且太阳墙可以避免厂房原有墙体被阳光直射，降低墙面温度，起到一定的遮阳作用。

日出东方康索沃 24 小时全天候为客户提供产品咨询、疑难解答、问题反馈等服务，对客户档案、服务管理、信息反馈进行实时监控，第一时间为客户解决售后问题；同时为客户提供免费咨询、免费设计、免费指导安装、免费培训使用等服务。系统主机（太阳墙板、龙骨、包边）全免费保修 3 年，辅助系统（控制系统、风机、风管）全免费保修 1 年。

（4）企业简介

日出东方太阳能股份有限公司成立于 1999 年，总部位于江苏省连云港市，沪市 A 股主板上市公司（SH. 603366），拥有国家级企业技术中心，通过自主创新及国内外并购与合作为全球 100 多个国家和地区提供太阳能综合解决方案。

康索沃工程股份有限公司（Conserval Engineering Inc.）是太阳墙技术发明和全球推广应用的专业化公司，位于加拿大多伦多市，40 年来一直从事太阳墙空气加热系统的研究与推广，已为全球 30 多个国家的厂房、仓库、学校、医院、剧院、商场等场所提供采暖、新风加热以及建筑节能解决方案。

日出东方太阳能股份有限公司与康索沃工程股份有限公司 2017 年合资成立江苏日出东方康索沃太阳墙技术有限公司，致力于太阳墙系统的研发、制造和全球推广。通过合作，将源于欧美的先进技术和丰富的实践经验与中国的市场开发和服务相融合，不断拓宽太阳能应用领域。来自中国、加拿大和其他众多国家的专家和工程师队伍用一流的技术为客户提供全方位服务。

14. 杭州德联公司的郑州市中心医院智慧管网节能项目

关键词：智慧管网、医院、合同能源管理

(1) 项目概述

郑州市中心医院（以下简称郑州中心医院）位于河南省郑州市中原区桐柏北路，是一所集医疗、教学、科研、预防保健为一体的综合性三级甲等医院。该院始建于1954年，2011年挂牌郑州大学附属郑州中心医院，2016年成立郑州市中心医院医疗集团。

为加强供热管理，保障供热设施的安全、正常、高效使用，根据郑州市供热管理法规政策要求，郑州中心医院将院本部公共建筑的供暖运行托给杭州德联科技股份有限公司（以下简称杭州德联）进行统一管理和运营，供暖总面积11.77万m^2。杭州德联利用郑州市市政热源，通过对二级供热管网采取节能管控措施和设备升级，提高能源利用效率，降低医院建筑热能消耗，用节省的能源费用支付节能项目全部成本。2018—2019年供热季实现节能13.9%，节约采暖费55万元。

(2) 技术要点

郑州市冬季室外平均温度－1.4℃，极端最低温度－8℃。

杭州德联首先对郑州中心医院现有的供暖热源及管网系统进行了节能诊断。诊断结果如表7－4所示。

表7－4　郑州市中心医院供热系统节能诊断结果

医院建筑	供热面积（m^2）	结构形式	节能情况	用热形式
门诊楼	17852	串联	非节能	散热器
行政楼	3718	串联	非节能	散热器
影像楼	2714	串联	非节能	散热器
6号楼	4376	串联	非节能	散热器
8号楼	4456	串联	非节能	散热器
2号楼	34732	并联	节能	风机盘管
5号楼	49870	并联	节能	风机盘管

在此基础上杭州德联针对系统问题提出了一整套解决方案，并支付改造和设备升级费用。具体改造内容如表7－5所示。

表 7－5 郑州市中心医院供热系统节能改造项目与设备

序号	项目	安装设备	数量
1	土建（3 号楼）	设备检修间	1 处
2	外管网设备安装	动态平衡调节设备	6 套
3	楼宇控制系统安装	楼宇智能控制系统	6 套
4	外管网自控调试	现场控制系统调试	6 套
5	换热站设备安装	换热站控制设备	2 套
6	换热站控制系统安装	无人值守换热站控制系统	2 套
7	换热站自控调试	现场控制系统调试	2 套
8	计量设备调试	计量系统调试	1 套
9	线缆敷设	专网辐射及现场线缆布置	1 批
10	供暖总控系统调试	总控平台搭建及调试	1 套
11	供暖平台接入节能平台	平台合并	1 套

项目主要设备包括：

智慧供热系统（DL—IBCS—QS/Z—6，自动运行）1 套，占地面积 $2m^2$；

换热站控制系统（DL—HR—03，自动运行）2 套，占地面积 $2m^2$；

楼宇智能控制系统（DL—LD—02，自动运行）6 套，占地面积 $5m^2$。

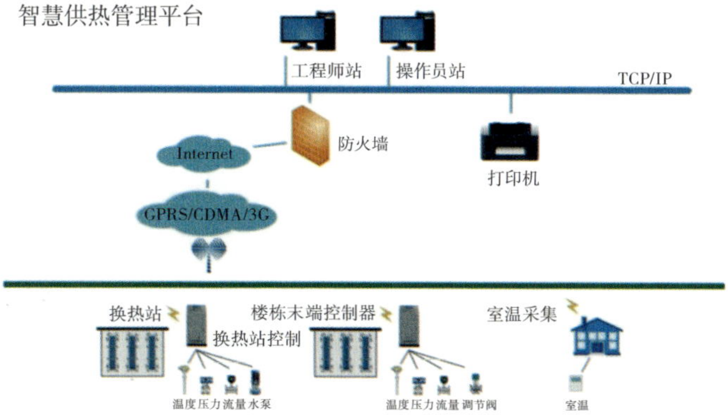

图 7－32 郑州市中心医院智慧供热系统管理平台

通过采用自动控制、气候补偿、分时分温及物联网技术，自动运行智慧供热系统、换热站控制系统和楼栋智能控制系统。设备运行稳定，供热设施与面积匹配良好。年市政热源总消耗量由原来的 31144 GJ 降低为

24957 GJ，单位供热面积折合标煤量为 7.24 kgce/m^2。

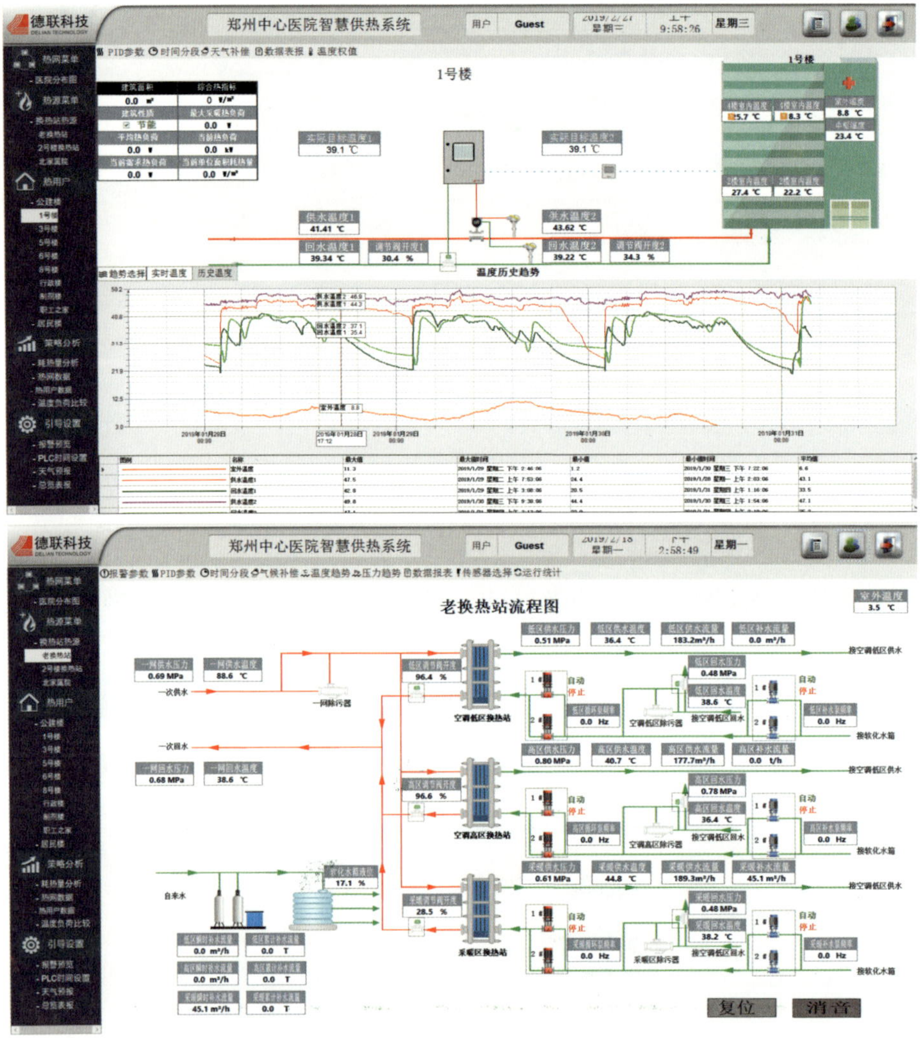

图 7－33　郑州市中心医院智慧供热系统

杭州德联按照《郑州市供热维修管理规范》的要求，负责对换热站内供热设备及院内供暖主管网的运行、维护与维修，确保供暖系统安全、稳定运行；同时负责设备、仪表的年检、校验和档案管理工作，每年向郑州中心医院报送相关资料。因集中供热市政管道热源不足造成在某时段内供暖质量不达标，杭州德联承诺在第一时间进行协调沟通，并保证在 12 小时内恢复正常供暖，否则由杭州德联承担责任并赔偿有关损失。

该项目类型适用于有自主热源或者集中供热按热计量收费的公共建筑。

（3）资源环境和经济社会效益

该项目采取合同能源管理模式，合同期 10 年（2018 年 11 月 15 日起至 2028 年 3 月 15 日止），合同金额 395.5 万元/年：

杭州德联承包郑州中心医院本部公共建筑的供暖运行管理，每年供暖季供热天数 120 天，室内平均温度 19℃，手术室、ICU 等重点部门温度不低于 22℃。郑州中心医院按照公共建筑 0.28 元/m^2·天向杭州德联缴纳年度费用 395.5 万元。

杭州德联投资 37 万元用于二级供热管网（35 万元）和室内末端（2 万元）的节能改造，单位供热面积建设费用 3.14 元/m^2，投资回收期 1 年。

杭州德联每年按热计量表向郑州市热力总公司缴纳供热费用，2018—2019 年度按热计量表应缴纳 340.5 万元，杭州德联在郑州中心医院运行人员产生费用 30000 元。单位面积运行费用为 29.18 元/m^2·年。

换热站及院内主管网设备、设施、管道等维护小修（单次单项 500 元以内）费用由杭州德联承担。设备大修及更换由杭州德联提出申请，郑州中心医院确认后，交由杭州德联进行大修更换或招标后由符合要求的专业公司进行大修更换，费用由郑州中心医院承担。楼宇内供暖设施终端的维修保养改造不在供热服务范围内。

2018—2019 年供热季郑州中心医院实现节能 13.9%，杭州德联实现 55 万元营业收入，当年收回节能改造投资 37 万元。

（4）企业简介

杭州德联科技股份有限公司是能源自动化领域的先进供应商，也是国内工业锅炉自动化行业的领军企业。公司致力于工业能源及暖通领域的前沿节能技术与系统集成的研究与应用开发，涉及内容涵盖城市供热系统节能运营、分布式供暖系统节能运营、各类工业锅炉自动化系统、工业锅炉物联网、工业锅炉合同能源管理以及通用自动化设备与系统集成等。

杭州德联科技股份有限公司倡导“自动化以行业为本”的理念，坚持自主创新，多次获得国家创新基金扶持，并于2015年获得“第四届国家创新创业大赛新能源组第三名”。公司拥有多项发明专利、实用新型专利和软件著作权，是国家级高新技术企业和软件认证企业。2014年公司成功登陆新三板，成为浙江省第一只新三板上市企业，股票代码：430455。

经过10年的积淀和发展，目前公司拥有10余家控股子公司，销售和售后服务网络覆盖全国20多个省、直辖市和自治区，产品不仅遍布全国还远销到东南亚、中亚、非洲和中北美洲的10多个国家，为国内外石油化工、生物医药、食品饮料、造纸、冶金、电力、纺织、机械制造、房地产、新能源等行业近5000家客户提供了各类高品质的能源自动化产品与服务。展望未来，杭州德联科技股份有限公司将继续秉承“务实、诚信、创新、坚守”的经营理念，发扬工匠精神，实现公司的愿景——打造工业能源领域的“苹果”品牌。

15. 招银租赁的呼和浩特市“煤改气”售后回租项目

关键词：煤改气、融资、金融租赁、售后回租、呼市热力、招银租赁

（1）项目概述

为进一步改善呼和浩特市城市环境、提高供热质量，实现2020年80%以上的清洁取暖率，呼和浩特市结合供热实际情况创建热电联产为主、清洁能源为辅、可再生能源为补充的供热格局，将能够并入热电联产或大型热源厂集中供热管网的优先拆除并网，无法并网的按照“宜气则气、宜电则电”原则，实施“煤改气”和“煤改电”。

呼和浩特市燃气热力有限公司（以下简称呼市热力）成立于2016年4月，由呼和浩特市城乡建设委员会作为出资人代表发起设立，是集热力的生产与供应，供热设备设施的销售、安装与维修，城镇燃气的销售、服务、管道安装与维修为一体的国有企业。公司注册资本3亿元人民币，由呼和浩特市人民政府出资，呼和浩特市城乡建设委员会履行出资人职责。

政府授权呼市热力的“煤改气”项目总投资32亿元，注册资本金20%，约合6.4亿元。欧洲投资银行向呼和浩特市能效提高项目提供1.62

亿欧元（约合人民币12.35亿元）贷款，主要用于呼和浩特市“煤改气”、“煤改电”和拆并锅炉房工程以及配套管网改造等方面，双方于2018年1月在欧盟驻华大使馆签约。“煤改气”项目其余资金由国内银行项目贷款解决。

由于欧元贷款批复后提款流程较长，款项到位跟不上项目实际支付进度，因此呼市热力向招银金融租赁有限公司（以下简称招银租赁）申请融资用于支付项目工程款。呼市热力作为承租人使用招银租赁投放的租赁款，及时支付了2017年底前应该结算的工程款，保证了后续项目的如期进行。

（2）交易结构与交易原理

金融产品：售后回租/售后返租。

出租人：招银租赁。

承租人：呼市热力。

租赁物：呼市热力前期自由资金投入形成的固定资产管网和设备等。

租赁物价值：1.1亿元。

融资金额：1亿元。

融资期限：3年。

资金用途：支付项目工程款项。

还款来源：呼市热力经营活动的现金流。

增信条件：供热收费权第一顺位质押（安全）。

还款方式：按等额季末的方式还款，每季度还款金额为人民币899.97万元。

承租人呼市热力先将自有设备（即呼市热力前期自由资金投入形成的固定资产管网和设备等）出售给招银租赁，然后再以融资租赁方式租回使用，并按期向招银租赁支付租金。三年后租赁期满，设备所有权重新划归承租人呼市热力。

在自有设备融资性售后回租中，设备出售方与承租人合二为一，买卖与租赁同时生效，互为条件。承租企业出售的设备必须为其合法所有，且不存在任何形式的担保权利。

自有设备融资性售后回租适用于拥有设备而流动资金不足的企业和希望优化负债结构的企业。这种方式既可以盘活存量资产，资金用途灵活广泛，又不影响设备的占有、使用和收益权，为需要优化负债结构的企业提供中长期融资，改善财务状况。

融资性售后回租总体上对承租人资产负债表的影响是银行存款增加，长期应付款增加。如果偿债指标处于达标的临界点或略有超标时可通过售后回租业务来进行改善。企业可以充分利用这一业务模式开展融资活动，最大程度锁定信用风险，保留信贷额度。

当企业出现暂时性的资金周转问题时，银行出于风险考虑，会拒绝给企业贷款。而售后回租是企业先出售自己的资产获得资金，再采用分期付款的方式进行偿还，在占用小部分资产的情况下，企业能够较好地保障经营开销。因此售后回租业务是一种对交易双方风险都相对较低、相对快速、能满足客户及时需求的金融模式，已逐渐成为一些企业除银行贷款之外进行融资的首选。

该类售后回租案例与飞机、船舶、车辆、医疗设备等行业的融资租赁结构不同，在该售后回租案例的整体信用风险判断体系中，租赁物作为该项目物权缓释风险的权重较低，更多的是承租人作为债权主体的信用风险可控。故而在租赁物的选择上，以服务客户需求为宜。而前者主要是依靠物权资产的价值作为信用风险缓释的主要手段，故而会对其资产价值折扣比例有较高要求。

（3）资源环境和经济社会效益

呼和浩特市“煤改气”工作从2013年开始，截至2017年底已改造燃煤锅炉154座，每年可实现直接减少燃煤40万吨，减排二氧化碳58万吨、二氧化硫926吨、烟尘2099吨、氮氧化物1045吨。

呼市热力作为市政府授权范围内的国有资产运营主体，主要职责是经营国有资产使其保值增值，并通过融集建设资金承建重要公用基础设施项目、承担政府“煤改气”工程等，是呼和浩特市人民政府做好城市基础设施建设，保障城市公共安全，特别是做好大气环境治理，改善人民生活环境的主要职能载体。

“煤改气”项目不仅包括燃煤锅炉的“煤改气”，也包括燃气锅炉和燃气管网等相应配套基础设施的建设，需要巨大的资金支持。项目贷款审批流程长，而项目工程款的支付进度直接影响着项目进展，资金流决定着企业的生死存亡。招银租赁通过售后回租业务，将呼市热力的资产转化为流动资金，向呼市热力投放。呼市热力利用租赁款及时支付项目工程款，不仅保证了项目的后续如期进行也提高了固定资产的利用率，盘活存量固定资产，有利于企业经济效益和生态效益的实现。

呼市热力按等额季末的方式还款，每季度还款金额本息合计 899.97 万元。3 年后租赁期满，设备所有权重新划归承租人呼市热力；招银租赁在获利 328 万元的同时为资金创造了绿色价值，为清洁供暖作出了贡献。

2018 年，呼和浩特市不断优化调整供热结构，深入实施供热体制改革，总供热面积达 1.46 亿 m^2，全市热电联产供热能力达到 7200 万 m^2，比例提升至 38.1%；“煤改气”供热面积达到 1257 万 m^2，商业自建燃气供热 1661 万 m^2，天然气壁挂炉 250 万 m^2，电供热及其他供热 70 万 m^2，共计占到总供热面积的 22.1%。环境监测显示，2018 年呼和浩特市优良天数为 272 天，与 2017 年同期相比优良天数增加 17 天，优良天数比例为 81.9%，细颗粒物（PM2.5）浓度为 36 微克/立方米，同比下降 7 微克/立方米，环境空气质量大幅度改善。

（4）清洁供热金融机构简介

招银金融租赁有限公司是国务院批准设立的首批 5 家银行系金融租赁公司之一，于 2008 年 3 月经中国银行业监督管理委员会批准成立，由招商银行全资设立，注册资本金 60 亿元。公司于 2008 年 4 月 23 日正式开业。截至 2018 年底，公司资产规模达 1700 亿元，为目前国内 8 家“千亿级”金融租赁公司之一。

自成立以来，招银租赁紧密围绕服务实体经济的要求，积极研发各类租赁产品，推出了能源、装备制造、航空、航运、节能环保、健康产业、公用事业与文化产业、租赁同业八大行业金融解决方案，客户涵盖大、中、小各种类型企业。

为推动北方地区清洁供暖工作，招银租赁于 2017 年底成立供热专业化团队，积极支持清洁供热项目，先后与中节能建筑节能公司、北控清洁热力集团、启迪清洁能源以及四川省能源投资集团等供热供能企业开展了深度的融资租赁业务合作。

未来，招银租赁在做好重点领域工作的基础上，将大力支持清洁燃煤、天然气、电能、工业余热、地热能、生物质能、太阳能、空气能、核能等清洁能源项目建设；同时积极关注城乡清洁供暖、工业园区清洁供能、建筑三联供等项目投资，以金融服务实体经济全力助推清洁能源产业全链升级，使之成为中国经济升级版中的新亮点。

后　记

《中国清洁供热产业报告（2019）》由清洁供热产业委员会（CHIC）组织研究编制，主编为CHIC主任、国务院发展研究中心原副巡视员周宏春研究员。本报告基于CHIC及编委会成员认为可信的公开资料或实地调研获取的资料。在年度报告的研究编制中，研究人员做了大量扎实工作，反复讨论报告大纲、查阅资料、赴相关协会和企业调研、召开专家座谈会等，经过近一年的努力，终于与读者见面了。我们虽然付出了极大努力，但由于初入门又因为时间紧、任务重，报告难免有疏漏之处，敬请读者提出宝贵意见，以便我们在以后的报告的研究和编制中不断完善。

清洁供热产业委员会（Clean Heating Industry Committee，简称CHIC），是由清洁供热企业、产品设备生产商、节能环保公司及投融资机构等单位和个人组成的跨地区、跨部门、跨领域的中国清洁供热行业协会组织，是中国建筑节能协会的分支机构，业务上接受国家发改委等部门指导。

CHIC **宗旨：**宣贯清洁供热产业政策、引导市场有序合理竞争、促进产业健康持续发展。

CHIC **发展理念：**共创、共享、共赢。

CHIC **任务：**清洁供热产业政策和规划研究、行业标准制定、技术推广、融资服务、能力建设、品牌宣传、市场拓展、国际交流等。

CHIC **常设机构：**CHIC秘书处是日常工作执行机构，下设会员部、研究部、宣传部、融资部、培训部、国际部、综合部、合作部八个部门，办公地点在北京（组织机构见下页）。

CHIC **会员级别：**会员单位分为常务委员单位、副主任委员单位和主

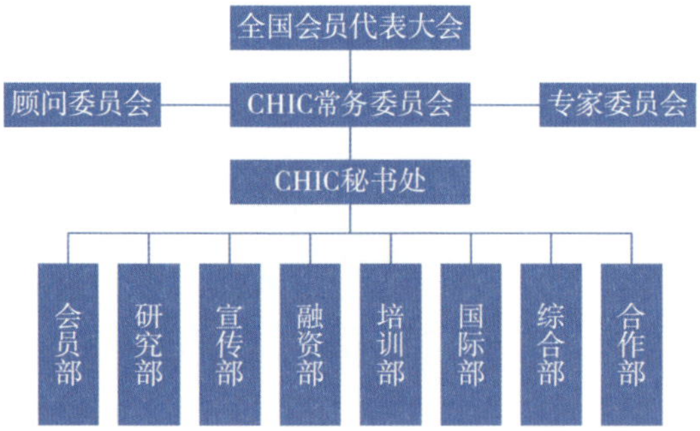

任委员单位三个级别。另外设有个人会员，主要成员为清洁供热行业专家及学者。

CHIC **行业优势**：国家发改委、国家能源局、住建部、财政部、工信部、生态环境部等部委支持成立；与国务院发展研究中心、国家发改委能源所、国家节能中心、住建部科技中心、中国环境监测总站、中国质量认证中心、清华大学等建立了长期合作关系；拥有来自政府部门、科研机构、高校、行业组织、咨询机构等近百名权威专家组成的智囊团；秘书长及其团队在节能环保领域和行业平台工作多年，具有丰富的协会运营经验。

CHIC **工作主线**：一网一报告两微五活动，为政府和企业提供专业顾问服务。

一网：中国清洁供热产业网（www. chic. org. cn）

一报告：中国清洁供热产业发展报告

两微：CHIC 官方微信、CHIC 官方微博

五活动：中国清洁供热产业峰会、中国清洁供热产业总经理交流会、中国清洁供热产业优秀技术推广会、清洁供热中国行、中国清洁供热产业银企对接会

欢迎关注 CHIC 官方微信

联系人：周春（CHIC 秘书长）

邮　箱：2540247405@ qq. com

网　站：www. chic. org. cn

地　址：北京市西城区月坛南街 59 号新华大厦二层

参考文献

[1] Lund H, Werner S, Wiltshire R, et al. 4th Generation District Heating (4GDH): Integrating smart thermalgrids into future sustainable energy systems [J]. Energy, 2014, 68(4): 1-11.

[2]蔡春雷,刘学斌,殷子程,李娇. 地方发展清洁能源供热的几点思路[J]. 区域供热,2016(06):134-136.

[3]陈华,向毅文. 核能供热新星——泳池式低温堆简介[J]. 区域供热,2018(01):19-23.

[4]代元军,孙玉新,陆亦工, et al. 风能辅助供热的地源热泵系统经济性分析[J]. 节能, 2011,30(1):72-75.

[5]邓杰文,魏庆芃,张辉,李建峰. 中深层地热源热泵供暖系统能耗和能效实测分析[J]. 暖通空调,2017,47(08):150-154.

[6]邓卓昆. 打造清洁供热新模式[N]. 中国电力报,2017-02-20(007).

[7]方豪,李叶茂,夏建军,赵海峰. 低品位工业余热应用于城镇集中供暖系统若干关键问题及解决方法[J]. 暖通空调,2016,46(12):15-22.

[8]方豪,夏建军,江亿. 北方采暖新模式:低品位工业余热应用于城镇集中供热[J]. 建筑科学,2012,28(S2):11-14、17.

[9]方豪,夏建军,林波荣,江亿. 北方城市清洁供暖现状和技术路线研究[J]. 区域供热,2018(01):11-18.

[10]方豪,夏建军. 工业余热应用于城市集中供热的技术难点与解决办法探讨[J]. 区域供热,2013(03):22-27.

[11]方豪,夏建军. 降低热网回水温度对工业余热利用系统热利用率的

影响[J]. 区域供热,2015(04):18 - 22.

[12]方豪. 低品位工业余热应用于城镇集中供暖关键问题研究[D]. 清华大学,2015.

[13]方修睦. 智慧供热对供热企业及相关企业的要求[J]. 煤气与热力,2018,38(03):1 - 6.

[14]葛辉. 垃圾转化热电项目社会影响评价研究[D]. 华北电力大学,2014.

[15]关于开展绿色公司债券试点的通知. http://bond.sse.com.cn/lawrule/sserules/rules/c/c_20160418_4083015.shtml.

[16]郭琪. 基于清洁能源应用的北方农村独立民居多源互补供热系统优化研究[D]. 青岛理工大学,2018.

[17]国家发展改革委办公厅关于印发《绿色债券发行指引》的通知. http://www.ndrc.gov.cn/zcfb/zcfbtz/201601/t20160108_770871.html.

[18]国家统计局编. 中国统计年鉴 2014[R],北京:国家统计局,2014.

[19]国家统计局编. 中国统计年鉴 2015[R],北京:国家统计局,2015.

[20]国家统计局编. 中国统计年鉴 2016[R],北京:国家统计局,2016.

[21]国家统计局编. 中国统计年鉴 2017[R],北京:国家统计局,2017.

[22]国家统计局编. 中国统计年鉴 2018[R],北京:国家统计局,2018.

[23]国务院《打赢蓝天保卫战三年行动计划》,2018 年 6 月,http://www.gov.cn/zhengce/content/2018 - 07/03/content_5303158.htm.

[24]韩建明,卫波. 浅议清洁能源供热[J]. 科技创新与应用,2017(22):179 - 180.

[25]郝杨洋. 北京市农村地区煤改清洁能源供热技术与政策研究[D]. 北京建筑大学,2018.

[26]河北将建 21 个生物质热电联产县域清洁供热示范项目[J]. 供热制冷,2018(03):16.

[27]核能供热:落地是关键[J]. 供热制冷,2018(04):24 - 25.

[28]黄俊鹏,陈讲运. 太阳能区域供热在中国发展的可行性[J]. 区域供热,2017(04):18 - 25.

[29]黄田帅.绿色信贷环境效益初探—以可再生能源及清洁能源项目绿色信贷为例[J].环境与可持续发展,2018(5):9-11.

[30]积极发展核能供热,助力“蓝天保卫战”[J].国防科技工业,2018(07):54-55.

[31]江亿.核能或成城市清洁供热重要途径,中国能源报,2018-06-28.http://www.caea.gov.cn/n6759300/n6759310/c6802005/content.html.

[32]焦宏照,李英,王娜.低温地热井+热泵机组供热的经济性分析[J].建筑节能,2016,44(4):108-113.

[33]结兄,张小松.清洁供热背景下几种供热方式的评价[J].区域供热,2018(01):44-50.

[34]寇玉佳.清洁能源供热与传统能源供热的对比探究[J].住宅与房地产,2018(18):62.

[35]李程萌,李持佳,闫一莹,et al.北京农村住宅清洁能源供热方案经济性分析[J].煤气与热力,2017(01):27-31.

[36]李风斌,钟史明.垃圾焚烧发电供热污染物的控制[J].区域供热,2007(06):13-17.

[37]李风琳.清洁高效供热助力节能减排[N].中国能源报,2015-03-23(015).

[38]李轲.城市集中供热项目中PPP模式应用研究与案例分析[J].机电信息,2016(12):48-52.

[39]李萌.京津冀农村清洁能源供热采暖成本降低路径研究[J].城市,2017(03):70-77.

[40]李先庭,宋鹏远,石文星,王宝龙.实现冬夏季均高效运行的新型热泵系统——柔性热泵系统[J].暖通空调,2016,(12).

[41]刘欢,赵云峰.论清洁能源供热(冷)——迈向零雾霾时代的“武器”[J].住宅与房地产,2018(28):64、80.

[42]刘剑桥.融资租赁与能源融资[J].金融视线,2018(7):35-36.

[43]卢志鹏.地源热泵辅助热源的经济性分析[D].2016.

[44]绿色国度.《丹麦绿色转型白皮书》系列之《区域能源:城市区域能

源效率》白皮书[R].2016.

[45]马小斐.清洁供暖业务发展浅析[J].山东工业技术,2018(20):95.

[46]裴玉萍.生物质+空气源热泵联合供暖系统在北方新农村社区的应用研究[D].青岛理工大学,2018.

[47]齐洪波.清洁能源供热与传统能源供热的研究[J].应用能源技术,2015(02):38-42.

[48]清华大学,国际能源署.中国区域清洁供暖发展研究报告-优化和多元的选择方案[R].OECD/IEA,2018.

[49]清华大学建筑节能研究中心.中国建筑节能年度发展研究报告2016[M].北京:中国建筑工业出版社,2016.

[50]清华大学建筑节能研究中心.中国建筑节能年度发展研究报告2018[M].北京:中国建筑工业出版社,2018.

[51]清华大学建筑节能研究中心.中国工程院咨询项目:中国建筑节能年度发展研究报告2019[M].北京:中国建筑工业出版社,2019.

[52]清洁供热与建筑节能发展报告(2016)[A].国际清洁能源论坛(澳门).清洁供热与建筑节能发展报告(2016)[C].国际清洁能源论坛(澳门):国际清洁能源论坛(澳门)秘书处,2016:1.

[53]清洁供热再推进[J].供热制冷,2018(04):22.

[54]邱彪.关于加快推进天津市供热系统建设政府和社会资本合作发展的思考[J].区域供热,2016(1):81-84.

[55]冉思源,李先庭,徐伟.新型间联式太阳能空气源热泵用于供热的效果分析[J].暖通空调,2016,(12).

[56]舒戈.SCADA系统在清洁能源供热领域中的应用[J].中国高新区,2017(13):14、16.

[57]覃露才,孙纪康,陈江娜.北方供热地区清洁供暖规划技术路线与案例[J].煤气与热力,2018,38(04):4-10.

[58]魏泊芝.供热企业PPP资产证券化融资模式研究—以XT热力为例[D].2017.

[59]吴仁通,董炳利,闫晓冬.清洁能源供热与传统能源供热的研究

[J]. 山东工业技术,2018(09):72.

[60]吴永新,狄耀军,姚留锁. 关于生活垃圾焚烧热电联产及区域集中供热的探索与实践[J]. 环境与发展,2018,30(05):230 - 231、233.

[61]熊健. 生物质能是清洁供热的重要选项[N]. 中国能源报,2017 - 12 - 25(003).

[62]许招根. 城市生活垃圾焚烧发电集中供热在节能减排中的作用[J]. 资源节约与环保,2013(09):30.

[63]闫柯旭. 我国绿色债券的需求、特性及实践分析[J]. 金融发展研究,2018(7):37 - 41.

[64]溢问. 清洁供热科学发展[N]. 中国建设报,2017 - 04 - 20(007).

[65]游田,王宝龙,石文星. 空气——土壤双源热泵系统在我国北方地区的应用[J]. 暖通空调,2016,(12).

[66]于宝源. 计量收费是清洁供热重要一环[N]. 中国建设报,2017 - 04 - 20(005).

[67]于守疆,王大可. 城市供热可持续发展模式[J]. 硅谷,2014,7(15):187、191.

[68]余娜. 核能供热将在能源占据一席之地——访中国电力发展促进会核能分会副会长兼秘书长田力[J]. 能源,2018(02):61 - 62.

[69]余娜. 核能供热试点之争[J]. 能源,2018(02):54 - 59.

[70]岳云力,訾振宁,李顺昕,赵东元,赵敏. 电蓄热技术在张家口清洁供热领域的适用性研究[J]. 中国电力,2018,51(08):112 - 116.

[71]张世南,高智勇. 天津清洁能源与可再生能源供热实践浅析[J]. 中国工程咨询,2016(12):57 - 58.

[72]张忠明. 发展热电联产集中供热,中国雾霾治理的一条经济适用途径[A]. 推进雾霾源头治理与洁净能源技术创新——第十一届长三角能源论坛论文集[C]. 中国工程院能源与矿业工程学部、上海市中国工程院院士咨询与学术活动中心、上海市能源研究会:江苏省能源研究会,2014:6.

[73]赵婷婷,解国珍,成建宏. 空气源热泵采暖对缓解空气雾霾程度的探讨[J]. 建筑节能,2015,43(03):1 - 4.

[74]赵玉甫.城市供热可持续发展研究[D].哈尔滨工业大学,2007.

[75]郑捷.基于供给侧改革的清洁能源多能互补发电可行性研究[D].华北电力大学(北京),2017.

[76]郑忠海.我国北方城镇清洁供热规划的发展模式研究[A].2017 城市发展与规划论文集[C].中国城市科学研究会、海南省规划委员会、海口市人民政府,2017:5.

[77]中国城镇供热协会副理事长刘荣:京津冀清洁供热要有大数据、信息化、互联网支撑[J].环境经济,2018(17):7.

[78]中国石化新星公司国家地热能中心,刘金侠.水热型地热能的关键问题及建议.2017 年 3 月.

[79]钟崴,陆烁玮,刘荣.智慧供热的理念、技术与价值[J].区域供热,2018(02):1 -5.

[80]訾振宁,赵东元,高峰.能源互联网引领清洁取暖技术变革[J/OL].中国电力:1 -4.

[81]左志远.城市核能供热发展历程及优势探讨[J].城市建设理论研究(电子版),2018(10):152.刘欢,赵云峰.论清洁能源供热(冷)——迈向零雾霾时代的"武器"[J].住宅与房地产,2018(28):64、80.